국역

서울지역 미군기지 배치 관련 문서

번역 전갑생(성공회대학교 동아시아연구소 냉전평화연구센터 연구교수)
이선아(역사학연구소 연구원)

감수 양영조(한국국가전략연구원 연구위원)

자료협조 국립중앙도서관
국사편찬위원회
김천수(전 용산문화원)

서울근현대사자료집 8

서울지역 미군기지 배치 관련 문서

발 행 인 서울역사편찬원장 이상배
발 행 처 서울역사편찬원 (history.seoul.go.kr)
서울시 송파구 올림픽로 424 (02-413-9511)
기획 · 편집 박명호(시사편찬과장), 서준석, 조범성
발 행 일 2024년 11월 30일
판 매 가 15,000원
편집 · 인쇄 새한문화사 (031-955-7121)

발간등록번호 51-6113542-000112-01
I S B N 979-11-6071-195-0
979-11-6071-026-7 (세트)

서울근현대사자료집 8

국역

서울지역 미군기지 배치 관련 문서

서울역사편찬원

발간사

서울역사편찬원에서는 2017년부터 근현대 서울의 역사와 문화를 연구하는 데 필요한 기초 자료를 수집·번역하여 서울근현대사자료집 시리즈를 간행해왔습니다. 제8권《서울지역 미군기지 배치 관련 문서》에는 광복 이후로부터 6·25전쟁을 거쳐 전후 재건시기에 이르기까지 주한미군의 서울 주둔과 철수, 전쟁 이후의 재주둔에 관련된 내용을 구체적으로 기록한 자료들을 담았습니다. 제2차 세계대전 종전 이후 한반도의 남쪽은 미군이 진주하면서 서울의 일본군 기지와 적산 부동산은 미군 시설로 전환되었습니다. 1948년 정부수립 이후 주한미군은 소련군과 함께 철수했지만, 6·25전쟁을 계기로 용산을 비롯한 서울 곳곳에 다시 미군이 주둔하게 되었습니다.

이번 자료집에 포함된 문서들은 1945년 종전 직후 미국의 한반도 진주 작전과 미군의 배치, 주한미군의 군인숙소 운영, 6·25전쟁기 미군기지 재건, 전후 UN 원조기관과 군수기지 재배치 등 다양한 주제를 다루고 있습니다. 특히 서울 용산기지의 재건 과정과 임시 서울시사령부 설치, 미군기지 반환 및 재점유 사례 등은 서울의 현대사와 한미 관계사를 이해하는 데 중요한 사료적 가치를 지닙니다. 이러한 문서들은 단순한 과거의 기록을 넘어, 오늘날 서울의 공간적, 사회적 변화를 설명하는 데 중요한 단서를 제공할 것입니다.

미군기지의 설치와 반환, 지속적인 공여 과정은 한국의 주권과 안보, 도시 개발이라는 서로 다른 가치를 조정해 온 과정이었습니다.《서울지역 미군기지 배치 관련 문서》는 이 복잡한 과정을 탐구하고, 그 안에 담긴 역사적 교훈을 되새기는 데 도움이 될 것입니다. 서울의 미군기지가 단순히 군사시설을 넘어 정치·경제·사회 전반에 미친 영향을 되짚어 보는 일은 서울뿐만 아니라 한국과 미국, 나아가 국제사회의 관계를 돌이켜보는 데 중요한 작업입니다.

이 책의 발간을 위해 까다로운 미군문서를 꼼꼼하게 번역해주신 선생님들과 감수를 맡아주신 선생님께 깊은 감사의 말씀을 드립니다. 자료 수집과 번역, 편집에 참여해주신 모든 분들의 노고가 없었다면 이 귀중한 사료들이 빛을 보지 못했을 것입니다. 이 책이 연구자뿐 아니라 일반 독자들에게도 서울의 과거를 이해하고, 현재를 성찰하며, 미래를 설계하는 데 귀중한 자료로 자리매김하기를 기대합니다.

2024년 11월

서울역사편찬원장 이 상 배

일러두기

1 본 자료집은 국사편찬위원회와 국립중앙도서관 등이 수집한 미국국립문서기록관리청National Archives and Records Administration(NARA) 산하 국립공문서관 제2관(메릴랜드 칼리지 파크 소재) 소장자료 중 광복 전후 서울의 미군기지에 관한 문서들을 발췌 번역한 것이다.

2 본 자료집의 목차는 수록문서의 내용과 성격에 따라 서울역사편찬원에서 임의로 구성·편집한 것이며, 문서의 원 명칭과 출처는 각 장 앞에 표기하였다.

3 원문에 첨부문서가 부속되어 있는 경우에는 번역하고 첨부문서가 누락되어 있는 경우에는 번역하지 않았다.

4 번역은 직역을 원칙으로 하였고, 교정·교열 과정에서 문장을 이해하기 쉽도록 정리하였다.

5 본 자료집에는 번역문만 수록하는 것을 원칙으로 하며, 일부 이미지는 원본을 보정하여 수록하였다.

6 일부 문서는 독자의 이해를 돕기 위해 순서를 재배치하였다. 또한 원문 본문의 항목표시는 원문의 표기를 따르되, 가독성을 높이기 위하여 일부분은 다시 정리하였다.

7 원문 중 번역이 불가능한 용어나 오기로 판단되는 내용은 원문 그대로 표기하고, 필요한 경우 각주로 보충 설명하였다.

8 원문 중 완전히 동일한 문서가 중복해서 편철되어 있는 경우 한 건만 번역하였다. 단, 본문 내용은 같더라도 일부분 다른 정보가 기입되어 있는 문서의 경우에는 모두 번역하였다.

9 본 자료집에서는 문서 형식의 구분을 위해 일반 서한은 , 전문은 , 첨부문서는 를 각 문서 상단에 표기하였으며, 특히 첨부문서는 테두리를 회색 격자무늬로 편집하였다.

10 본 자료집에서 사용하는 단어인 '평문'은 암호화되지 않은 문서를, '평정서'는 타 기관에서 보낸 문서에 대해 평가·결정한 내용을 담은 문서를, '참모협조전'은 사령부 내 참모들에게 협조를 요청하는 내용의 문서를 의미한다.

11 원문 내용 중 중요도가 낮고 불필요한 정보(예-각 사령부의 군사우체국, 문서 열람자의 날인 등)는 일부 생략하였으며, 원문에서는 누락되었지만 자료의 이해에 필수적인 문서형식상의 정보(예-수·발신, 보안등급, 우선순위 등)는 보충해서 표기하였다.

12 원문 중 암호화된 전문電文의 경우 번역하는 과정에서 다소 오역이 있을 수 있다.

13 원문을 판독할 수 없는 경우에는 '■'로 표기하였으며, 판독은 가능하나 의미를 알 수 없는 경우에는 원문 그대로 표기하였다.

14 '약어 목록'에는 〈주한 미 제8군 재배치 작전 보고서〉 원문에 수록된 약어 목록과 기타 문서에서 나타나는 영문 약어 중 참고가 되는 것들을 선별하여 원 명칭 및 번역어와 함께 정리하였다.

15 본문에서 길이·무게·부피 등의 단위는 원문을 따랐으며 다음과 같이 표기하였다.

단위	본문 표기	참고
마일	mi	1mi=1.61km
피트	ft	1ft=30.48cm
인치	in	1in=2.54cm
제곱피트	ft^2	$1ft^2$=0.093㎡
톤	t	1t=1,000kg
파운드	lb	1lb=0.45kg
갤런	gal	1gal=3.78ℓ
배럴	bbl	1bbl=158.9ℓ
에이커	ac	1ac=4,046.85㎡
도(화씨)	℉	1℉=-17.22℃

목차

원문자료 일부

■ 작전문서(본문 52~55쪽 원문자료)

Copy No. 24
of 100 copies

HEADQUARTERS TENTH ARMY
Office of the A.C. of S., G-2
APO 357

INIT: S.R.C. G-2
DATE: 17 Aug 45

Restricted Classification
Removed Per
Executive Order 10501

17 August 1945

ESTIMATE OF THE ENEMY SITUATION

BLACKLIST - BAKER "FORTY"

1. SUMMARY OF THE ENEMY SITUATION.

a. General. This estimate is based upon the assumptions listed in the basic plan, with particular reference to the assumption that the surrender of some or all the Japanese commanders in occupied areas outside JAPAN proper may have to be imposed by force. An air raid by Japanese planes on our fleet 12 hours after President TRUMAN's peace announcement and the raid by a single plane on IHEYA SHIMA on the night of 15-16 August indicate either that the Japanese high command is having trouble convincing their air forces that JAPAN has surrendered or that suicide KAMIKAZE elements will continue to operate. Nevertheless, enemy resistance will most probably be light, but as it is impracticable to determine from which forces the resistance may come, all of his forces in KOREA are considered.

b. Estimate of Enemy Strength. The enemy's divisions in KOREA are shown on the sketch, Annex "A". It is estimated that the total strength of his forces in KOREA (including SAISHU) are as shown:

GROUND FORCES

In Infantry Divisions	200,000
Artillery, AA, AT, AW	40,000
Miscellaneous (Engr, Sig, etc)	60,000
Air - Ground	25,000
Naval - Ground	25,000

AIR FORCES

Fighters	255
Bombers	5
Bombers (Medium)	95
Reconnaissance	140
Primary Trainers	130
Advanced Trainers	255
TOTAL	880

- 1 -

Restricted Classification
Removed Per
Executive Order 10501

Cy #3 00062A (A)

HQ TENTH ARMY, OACofS, G-2 - Est of the Enemy Sit, BLACKLIST - BAKER "FORTY", 17 Aug 45 (Cont'd).

c. Defenses.

(1) It is known that coast defenses exist at JINSEN, but at present insufficient information is available to estimate their strength. At least 12 AA guns have been observed in this area. A prisoner of war reports that there were naval installations on the island of EISO-TO in 1943.

(2) At least nine AA guns and four searchlights are reported to have been observed in the KEIJO area.

d. Beaches. See Annex "B", issued 16 Aug 45.

e. Tactical Study of the Terrain. See Annex "C", issued 16 Aug 45.

f. Engineer Terrain Study. See Annex "D", issued 17 Aug 45.

g. Weather and Oceanography. See Annex "E", issued 16 Aug 45.

h. Factual Data - KEIJO Area. See Annex "F", issued 15 Aug 45.

i. Japanese-Korean Relationship. See Annex "G", issued 17 Aug 45.

2. CONCLUSIONS.

a. Enemy Capabilities.

(1) To resist our landing with fixed defenses and with probably two divisions (one Depot and one Infantry).

Discussion. This defense may be coordinated with employment of planes, boats, submarines and other devices in a suicidal manner against our shipping and beach dumps. The enemy may fire into the rear of assaulting troops from WOLMI-DO or EISO-TO (Islands). It is possible that the enemy may have defenses on other offlying islands.

(2) To defend either in final positions or delaying positions, using caves and other fortifications he may construct, particularly in the hills between JINSEN and the KAN River.

Discussion. (a) The enemy may especially defend between the beaches and the city of JINSEN, forcing us to supply our troops across the mud flats during this time. He may defend in hills east of the narrow isthmus, some three miles across, approximately two miles east of JINSEN, and defend here in an effort to restrict our operations to the peninsula. Another position indicated by terrain is behind the wide

- 2 -

HQ TENTH ARMY, OACofS, G-2 - Est of the Enemy Sit, BLACKLIST - BAKER "FORTY," 17 Aug 45 (Cont'd).

north-and-south belt of rice paddies approximately 12 miles east of JIN-SEN. The left (south) flank of this latter position may rest in Hill 481 (940-1620) and have its north flank on or north of the KAN River.

(b) A fight to the death on the isthmus, or any other means of delaying our advance to KEIJO, would permit the enemy to bring in considerable reinforcement. However, in executing delaying action involving maneuver, he has shown himself unskillful.

(3) To defend along the northeast bank of the KAN River and in cities of KEIJO and RYUZAN.

Discussion. The modern buildings in RYUZAN and KEIJO favor the enemy's defense of this position. The enemy can rest his left (east) flank on the junction of the KAN-KO and PUKAN-GANG. However, this extension of the enemy's lines would greatly weaken this position; especially is this true if the enemy defends KEIJO with only the two divisions estimated to be there. North of KEIJO there are excellent observation points from which approaches to the river can be observed.

(4) To employ other forces in KOREA, to reinforce at a rate so that by E plus 4 he may have four divisions in this area; by E plus 5, five divisions; by E plus 7, six divisions; and by E plus 8, eight divisions.

Discussion. The speed with which the Japanese can concentrate his forces has been computed at a maximum rate of 30 miles per day. It is believed that the above figures represent the maximum amount of speed with which the enemy probably can move its forces to the particular area. The enemy troops must march in greatly dispersed formation, or at night, when within range of our air power. Supply of the enemy forces will be difficult.

(5) To reinforce his units in KOREA by the movement of forces from MANCHURIA and North CHINA and by the production of additional combat divisions by depot divisions in KOREA.

Discussion. (a) It is approximately 325 miles from KEIJO to MUKDEN, MANCHURIA, where, according to available information, the nearest Japanese forces in MANCHURIA are located. The Japanese may decide to fight a delaying action there while concentrating forces from MANCHURIA or North CHINA against our forces; or they may surrender part of their forces to the Soviet forces, while evacuating the remainder to KOREA. With Soviet forces operating in MANCHURIA, the probability of the Japanese employing forces from there or North CHINA to defend KOREA is doubtful. The number of divisions he may draw into KOREA from this source

- 3 -

HQ TENTH ARMY, OACofS, G-2 - Est of the Enemy Sit, BLACKLIST - BAKER "FORTY," 17 Aug 45 (Cont'd).

will probably be only a small part of the 21 divisions he has maintained in those areas.

(b) It has been assumed previously in this estimate that the KEIJO Depot Division has recently produced an active division, for this is his most threatening capability in this respect. It is, therefore estimated that only the four remaining depot divisions may produce new active divisions within the next few months.

(6) To withdraw from KEIJO temporarily in order to concentrate a large force for a counteroffensive.

Discussion. He may withdraw to the south to await reinforcement from Southern KOREA, or to the north to await units from North KOREA or from MANCHURIA. In conjunction with this line of action, harassing attacks by small units and delay be suicide detachments may be expected.

b. Factors Influencing Choice of Capability. In view of the probability that the surrender of JAPAN will result in the capitulation of field commanders in obedience to the order from Imperial Headquarters, it is likely that there will be little or no resistance. If resistance does occur it is possible that confusion will prevent the enemy from concentrating a large proportion of his force in the KEIJO area.

Louis B. Ely

LOUIS B. ELY
Colonel, GSC
AC of S, G-2

7 Incl:
Incl 1 - Annex "A", Sketch, KOREA.
Incl 2 - Annex "B", Beach Study - JINSEN.
Incl 3 - Annex "C", Tactical Study of the Terrain.
Incl 4 - Annex "D", Engineer Terrain Study.
Incl 5 - Annex "E", Weather and Oceanography.
Incl 6 - Annex "F", Factual Data - KEIJO Area.
Incl 7 - Annex "G", Japanese-Korean Relationship.

■ 보고서 형식 문서(본문 58~61쪽 원문자료)

SEOUL BILLETING SECTION
HISTORY OUTLINE

1. Activation of Section - (1 & 2)

   A. Who handled billeting prior to 1 December 1946

   B. Mission of SBS - (3)

   C. Problems faced upon activation

      (1) Plumbing and heating

      (2) Furniture, operating material, building supplies and mess equipment.

      (3) Fumigation and structural repair

   D. Col. Hanst relieved Col Teberg

2. Action taken to rectify problems

   A. Motor pool

   B. Supply Branch

      (1) Warehousing

         a. Foodstuffs

         b. Warehouse renovated

   C. Operations Branch

      (1) Building repair and renovations, etc

         a. Engineers

      (2) Fifty-seven American style houses built

   D. Mess Problems

      (1) Overcrowding

      (2) Equipment and supplies

      (3) Cleaning materials

      (4) Personnel

      (5) Sanitary standards

      (6) Security of equipment and rations

E. Korean type furniture

(1) Construction and delivery

(2) Turnover

F. Dependent housing furniture from Japan

3. Operations Branch activities

A. Rules and regulations published

B. Billet assignment procedure - (8)

C. Inspections for repairs and maintenance and construction

D. Assignment of personnel

(1) Personnel shortage

E. Liaison between SBS and Engineers

F. Fire regulations and prevention

(1) Structural make up of billets and wiring

(2) Water shortage

(3) Results

a. 20 months operations

b. Two major fires

c. Small fires

G. American dependents arrive

(1) Poor heating during first winter

(2) Dependent housing procedures

4. Col Coblentz arrived

5. Heating situation during second winter

A. Oil heating plants

B. Coal acquired

C. Generators

D. Individual action by billet occupants

6. Billet house committees

   A. Who composed of

   B. Why formed

   C. Results of committee meetings

7. Security Branch activated

   A. Captain John Badgley

   B. Lt. H. Fountain

   C. Robberies

      (1) Some with inside help

      (2) Action taken to protect personnel and property-(6-7-9)

   D. Billet guards - (9)

   E. Passes for Korean guests

   F. Flood lights and barbed wire

   G. Patrolling

   H. Instructions given to billet occupants

   I. USAFIK Circular #27 - (4-5)

   J. Liaison between SBS and Constabulary

8. Fiscal Branch

   A. Problems which brought it about

   B. Procedure followed prior to activation of branch

   C. Fiscal Branch activated

   D. Operations taken over

      (1) Request for funds

      (2) Preparing payroll

      (3) Card file check

E. Additional responsibilities on 1 July 1948 - (10-11)

(1) Funds cut

(2) Collections

(3) Payment of employees - (13)

9. Peak of billeting reached in April 1948

10. Electric power

A. When shut off

B. Problems that arose

C. How problems were solved

11. Mess branch divorced from supply - (12)

A. Reasons

- -

1. XXIV Corps G.O. #156 dated 30 November 1946
2. XXIV Corps G.O. #27 dated 12 March 1947
3. SOP for SBS dated 16 May 1947
4. USAFIK Circular #27 dated 22 Feb 1947
5. Interpretation of Circ #27 dated 21 June 1948
6. Memo on thefts in billets dated 3 April 1948
7. Procedure used concerning incidents dated 11 May 1948
8. Billeting procedure dated 19 May 1948
9. Thefts and guards dated 9 June 1948
10. Mess collections dated 3 July 1948
11. Billet and mess service fees dated 8 July 1948
12. Reorganization of mess section dated 22 July 1948
13. Korean payroll procedures dated 26 July 1948
14. List of billets
15. Billet house committees dated 9 January 1947

■ 전문: 평문 형식(본문 278~279쪽 원문자료)

FROM: 8th Army

TO: CG AFFE MAIN

INFO: CINCUNC, COMNAVFE, CG FEAF, CG KCAC, CG AFFE, ADV - CG KCOMZ

GX 7524 KGL. This message in 6 parts. Subject is movement US-UN agencies to properties being vacated by 8th Army area in Seoul.

I

References:

a. CINCUNC CG 63864 to CG AFFE.
b. CG AFFE EX 77 20723.
c. CG AFFE EX 20294.
d. 8th Army GX 6683.
e. CINCUNC 63636.

II

Meeting held in compliance with reference a and b. Standing Army Eight-KCAC Advisory Committee formed as directed para 4b, Ref c, to handle request of future movement of US-UN military or civilian agencies to Seoul, and forward agreed recommendations to CINCUNC thru AFFE xx if approved in case of disagreement, facts and recommendations will be forwarded CINCUNC thru AFFE for decision. Army Eight will Chairman committee.

III

Immediate problem - release of property to be evacuated by Army Eight in July and August.

a. In consonance with CINCUNC policy, conferees agreed to release on dates recommended by CG Army Eight of all properties listed in ref (SOG?) except req medical school and Ducksung Girls School which Army Eight has reallocated to 8 007 AU and 8240 AU. Seoul Industrial Co and Chung Ku Stadium and grounds are also released.

IV

As directed by reference e, the following facts were developed by the conference.

a. It is the position of CG KCAC that the space needs of CINCREP, UNKRA and KCAC for the next 30 days can be met from their own resources; but that the requirements of the augmented rehabilitation program announced by the President will at an early date require the movement of the bulk of these three headquarters to the seat of the ROK Govt. Headquarters proposes that CINCREP present to CINCUNC the detailed requirements of Exc office, UNKRA

SECRET

SECURITY INFORMATION

043

RELEASE ON DATES RECOMMENDED BY CG ARMY EIGHT OF ALL PRIPERTIES LISTED IN REF SOG EXCEPT REQ MEDICAL SCHOOL AND DUCKSUNG GIRLS SCHOOL WHICH and KCAC as soon as he has detailed info of the augmented rehabilitation program.

b. Long range problem of providing housing and billets to meet CINCREP requirements for ultimate move of KCAC - UNKRA - CSR will be studied by KCAC and submitted for CINCUNC approval through medium established, part II above. CG KCAC considering request to ROK government for Seoul University presents its sites of Hq Army Eight, among other possibilities.

c. Military mission of Army Eight, Transportation problems incident of movement of POWS and displaced persons, lack of office space and billets and general overcrowding of Seoul, as a result of return of ROK government, will probably prevent general displacement of OSR, KCAC, UNKRA to Seoul during phase 1 (post armistice period).

V

Announcement to ROK of scheduled release of all properties will be made except for present Seoul University site of Hq Army Eight. Latter will not be announced for release pending study by KCAC in part 4b above. Early policy decision on retention of Seoul University essential to eliminate requirement of Eighth Army to guard after 20 August closing of Hqs in Yongsan.

VI

Eighth Army will make appropriate press release regarding return of properties in furtherance UNC policy toward restoration ROK educational system.

SECRET

SECURITY INFORMATION

2

044

RELEASE ON DATES RECOMMENDED BY CG ARMY EIGHT OF ALL PRIPERTIES LISTED IN REF SOG EXCEPT REQ MEDICAL SCHOOL AND DUCKSUNG GIRLS SCHOOL WHICH AUEIGHT HAS REALLOCATED TO EIGHT ZERO ZERO SEVEN ABLE UNCLE AND EIGHT

■ 전문: 암호문 형식(본문 278~279쪽 원문자료)

PRIORITY

MCN 9996

TOO 280915Z

TOR 280802Z

RG

SECURITY INFORMATION
SECRET

Clear Text

G-6154
KCAC

K-9414
IN OUT
#6

FM AREIGHT

TO CG AFFE MAIN

INFO CINCUNC // COMNAVFE // CG FEAF // XKXX // CG KCAC // CG AFFE ADV // CG KCOMZ

GX 7524

GEORGE XRAY SEVEN FIVE TWO FOUR KGL THIS MSG IN SIX PARTS PD SUBJ IS MOVEMENT UNCLE SUGAR SLASH UNCLE NAN AGENCIES TO PROPERTIES BEING VACATED BY EIGHT ARMY AREA IN SEOUL PD PART ONE PD REF CLN ABLE CINCUNC CHARLIE GEORGE SIX THREE EIGHT SIX FOUR TO CG AFFE PD BKAER PD CG AFFE EASY XRAY TWO ZERO SEVEN TWO THREE PD CHARLIE PD CG AFFE EASY XRAY TWO ZERO TWO NINE FOUR PD DOG PD AREIGHT GEORGE XRAY SIX SIX EIGHT THREE PD EASY PD CINCUNC SIX THREE SIX THREE SIX PD PART TWO PD MEETING HELD IN COMPLIANCE REF ABLE AND BAKER PD STANDING AREIGHT DASH KCAC ADVISORY COMMITTEE FORMED AS DIRECTED PACA FOUR BKAER CMM REF CHARLIE TO HANDLE RQST OF FUTERE MOVEMENT OF UNCLE SUGAR SLASH UNCLE NA N MILITART OF CIV AGENCIES TO SEOUL CMM AND FORWARD AGREED RECOMMENDATIONS TO CINCUNC THRU AFFE OFR APPROVED IN CASE OF DISAGREEMENT CMM FACTS AND RECOMMEDATIONS WILL BE FORWAREDE CINCUNC THRU AFFE FOR DECISION PD ARMY EIGHT WILL CHARMAN COMMITTED PD PART THREE PD IMMEDIATE PROBLEM DASH RELEASE OF PROPERTY TO BE EVACUATED BY AREUGHT IN JUL AND AUG

PD ABLE PD IN CONSONANCE WITH CINCUNC POLICY CMM CONFEREES AGREED TO RELEASE ON DATES RECOMMENDED BY CG ARMY EIGHT OF ALL PRIRERTIES LISTED IN REF SOG EXCEPT REQ MEDICAL SCHOOL AND DUCKSUNG GIRLS SCHOOL WHICH AUEIGHT HAS REALLOCATED TO EIGHT ZERO ZERO SEVEN ABLE UNCLE AND EIGHT

IO FOUR ZERO AU PD SEOUL INDUSTRIAL CO AND CHUNG KUSTADIUM AND GROUND
RE ALSO E RELEASED PD PART FOUR AS DIRECTED BY REF EASY CMM THE FOL
ACT WERE DEVELOPED BY THE CONFERENCE PD ABLE PD IT IS THE POSITION
OF CG KCAC THAT THE SPACE NEEDS OF CINC REP CMM UKRA AND KCAC FOR THE
EXT THREE ZERO DAYS CAN BE MET FROM THE IR OWN RESOURSES SIX CLN BUT
HAT THE REQTS OF THE AUGMENTED REHABILITATION PROGRAM ANNOUNDED BY THE
RESIDENT WILL AT AN EARLY DATE REQUIRE THE MOVEMNT OF THE BULK OF
THESE THREE HEADQUARTERS TO THE SEAT OF THE ROK GOVT PD HQ
PROPOSES THAT CINC REP PRESENT TO CINCUNC THE DETAILED REQUIREMENTS
OF SXS OFFICE CMM UNKRA AND KCAC AS SOON AS HE HAS DETAILED INFO OF THE
AUGMENTED REHABILITATION PROGRAM PD BAKER PD LONG RANGE PROBLEM OF
PROVIDING HOUSING AND BILLETS TO MEET CINC REP REQMTS FOR ULTIMATE MOVEM
OD KCAC DASH UNKRA DASH OSR EWILL BE STUDIED BY KCAC AND SUBMITTED FOR
CINCUNC APPROVAL THOUGH MEDIUM ESTABLISHED PART TWO ABOVE PD CG KCAC
CONSIDERING REQST TO ROK GOV FOR SEOUL UNIVERSITY PRESENTS ITS SITES
OF HQS ARMY EIGHT CMM AMONG OTHER POSSIBLE TIES PD CHARLIE PD MILITARY
MISSION OF AREIGHT CMM TRANS PORBLEMS INCIDENT OF MOVEMENT OF POWS AND
DISPLACED PERSONS CMM LACK OF OFFICE SPACE AND BILLET S AND GEN OVER
CROWDING OF SEOUL CMM AS A RESULT OF RETURN OF ROK GOV CMM WILL PROBALY
PREVENT GEN DISPACEMENT OF OSR CMM KCAC CMM UNKRA TO SEOUL DURING PHASE
ONE PAREN POST ARMISTICE PERIOD PAREN PD PART FIVE PD ANNOUNCE MENT TO
ROK OF SCHEDULED RELEASE OF ALL PORPERTIED S WILL BE MADE EXCEPT FOR
PRESENT SEOUL UNIVERSITY SITE OF HQ EIGHTARMY PD LATTER WILL NOT BE
ANNOUNDEC FOR RELEASE PENDING STUDY BY KCAC IN PART FOUR BAKER ABOVE
PD EARLY POLICY DEICION ON RETENTION OF SEOUL UNIVERSITY ESSENTIAL TO
ELIMINATE REQMT OF EIGHT ARMY TO GUARD AFTER TWO ZERO AUG CLOSING OF
HQS IN YONGSAN PD PART SIX PD EIGHTARMY WILL MAKE PROPIRIATE PREWS
RELEASE REGARDING RETURN OF PROPERTIES IN FURTHERANCE UNC POLICY TOWWRD
RESTORATION ROK EDUCATIONAL SYSTEM

ANSWERS OR REPLIES TO BE CLASSIFED PARAPHRASE NOT REQUIRED

SECRET

■ 평정서 형식 문서(본문 224쪽 원문자료)

SECRET

SUBJECT: Construction Requirements for Relocation Eighth Army Headquarters and Collateral Headquarters to Yongsan Military Area, Seoul

HQ EUSAK
AG FILE NO 370.5

K-7071 6-4

AG 600.1 1st Ind
(31 Oct 52)GD/F

HEADQUARTERS, FAR EAST COMMAND, APO 500 9 NOV 1952

TO: Commanding General, Eighth Army, APO 301

1. Construction necessary to effect Phase III relocation is authorized. Standards of construction and rehabilitation will adhere to those prescribed in letter, AG 600.1 (16 Oct 52)GD/F, Headquarters, Far East Command, 16 October 1952, subject as above.

2. It is desired that the construction and rehabilitation required to effect the Phase III relocation be initiated as soon as engineer effort can be made available and completed as soon as possible thereafter consistent with orderly and efficient organization of the work involved. The relocation of Eighth Army Headquarters will be effected as soon as the necessary construction is completed unless the tactical situation at that time dictates otherwise.

3. By separate action, relocation of Fifth Air Force Forward Headquarters from its present location in the Seoul National University Medical College and Hospital to the Yongsan Military Area is being coordinated with the Commanding General, Far East Air Forces.

BY COMMAND OF GENERAL CLARK:

C. C. B. WARDEN
Colonel, AGC
Adjutant General

12 NOV 1952
8 AG

AG FILE

SECRET

■ 참모협조전 형식 문서(본문 256쪽 원문자료)

SECURITY CLASSIFICATION (If any)

SECRET
SECURITY INFORMATION

DISPOSITION FORM

FILE NO.	SUBJECT
AG 322 KGO-C	QM Supply Functions of the Seoul City Command

TO	FROM	DATE	COMMENT NO. 1
Qm CONCUR See Comment #Y	G3 NONCONCUR	27 Nov 52	
G-1 Concur Wallace	Nonconcur	Date 27 Nov 52	
G4 CONCUR	NON CONCUR		
C/S Approved	Disapproved	Date	

1. Attached TAB "A" is a study originated by CO, SCC in which he delineates the personnel necessary to replace the loss of headquarters and one (1) platoon of the 961st QM Service Co on 1 Dec 1952.

2. In order to save personnel to replace above loss, which spaces would have to be provided from Hq EUSAK sources, Quartermaster, EUSAK, is prepared to take over the functions of Class 1, Class III (Pol only), Class II & IV and shoe repair facilities now performed by the 961st from sources available to QM units within Eighth Army located in Seoul. (TAB "B")

3. A further study is being conducted by this section as recommended in staff study (TAB "A") to further reduce the responsibilities of SCC to include PM, Transient Billets, Fire Department, Labor, R & U, Real Estate, etc and thereby further reduce the requirements of that headquarters.

4. Recommend approval of action by QM, EUSAK to take over the responsibilities indicated in paragraph 2 above.

Lee　　　　Martin

-COL LEE-　　　　-BRIGGEN MARTIN-
820　　　　603

SECRET
SECURITY INFORMATION

DD FORM 1 FEB 50 96 REPLACES NME FORM 96, 1 OCT 48, WHICH MAY BE USED.

028

DECLASSIFIED
Authority NND795003
By PT NARA Date 2/13/01

해제

서울지역 미군기지 배치 관련 문서

전 갑 생
성공회대학교 동아시아연구소 연구교수

1. 머리말

20세기의 극단적 폭력성은 유럽에서 아시아로 확산되면서 제국들 간의 충돌과 전쟁으로 이어졌다. 아시아는 청일전쟁과 러일전쟁을 거쳐 기존 아메리카와 유럽 제국과 손을 잡은 일본의 등장으로 인해 참담한 폭력적 전구戰區의 시발점이 되었다. 제1·2차 세계대전은 최악의 재앙이라고 불릴 정도로 인종간의 충돌과 더불어 수많은 식민지 국가에서 학살과 강제동원을 발생시켰고, 자주적인 독립국가 수립을 방해하는 결과를 초래했다. 또한 제2차 세계대전 종전 직전부터 시작된 냉전체제는 독일을 동서로, 조선을 남북으로 분단시키고 중국과 대만, 일본 본토와 오키나와 사이에 대립과 충돌을 낳았으며, 6·25전쟁이라는 열전熱戰을 야기했다.

이러한 근현대사의 연속된 전쟁 속에서 서울은 일본군과 미군의 군사기지도시로 기능하였다. 미군은 미군정기와 6·25전쟁기에 서울의 구 일본군 주둔지와 일본인 적산 등을 점령하여 군 사령부나 장교 숙소 등 군사시설로 활용했다. 한국 정부로부터의 부동산 공여도 임시와 장기 혹은 영구 주둔을 염두에 둔 미군의 계획 속에서 이루어졌다.

서울을 비롯한 전국의 주요 도시에는 각종 미군기지 시설이 유지되고 있다. 해방 전후 어떤 절차를 거쳐 미군기지 공여가 이루어졌을까. 미군정기와 한국전쟁기는 각각 종전과 열전의 상황이었고, 또한 정부수립 이전과 국가비상사태라는 전혀 다른 상태였다. 두 시기의 자료로는 국사편찬위원회와 국립중앙도서관에서 꾸준하게 조사·수집한 재조선미군정과 주한미군사령부, 유엔군사령부 등의 문서들이 있다.[1] 여기에는 미군기지 공여나 설치뿐 아니라 정책,

1 정용욱, 《미군정자료연구》, 선인, 2003; 방선주선생님저작집간행위원회 편, 《미국 국립문서보관소의 한국현대사자료》, 선인, 2018; 국사편찬위원회, 《(해외사료총서 13) 미국소재 한국사 자료 조사보고 V》, 2007.

작전, 보급, 병참 등 여러 분야의 자료가 존재한다. 하지만 기존에는 주로 미군정기와 한국전쟁기 용산기지를 대상으로 연구가 진행되어 왔다.[2]

그러나 서울지역의 군사기지 변동에 대한 연구는 용산기지를 제외하면 아직 시작 단계이다. 미군 공여지에 대한 자료들은 미국 국립문서기록관리청 국립공문서관 제2관의 여러 문서군에 흩어져 있어 체계적이고 장기적인 계획을 수립해 조사·수집할 필요성이 있다. 이번 자료집에서 번역한 서울지역 미군기지 관련 문서들은 용산기지 외 서울 주요 지역에 산재한 미군기지들을 파악하기 위한 자료로서 중요한 사료적 가치를 갖고 있다.

2. 미군의 서울지역 점령 및 기지 공여 관련 문서

1) 미군의 점령과 기지 신설 과정

1945년 1월 미국 국무·육군·해군 삼부조정위원회State-War-Navy Coordinating Committee, SWNCC는 한국과 일본을 비롯한 태평양 지역의 점령 정책과 한국 남·북한에 대한 분할 결정뿐 아니라 전후 신질서를 재편하고자 했다.[3] 삼부조정위원회는 점령정책 결정에 따라 "일본으로부터 분리된 영토에 있는 국외 일본인의 재산은 연합국의 결정으로 처분"[4]하는 원칙을 세우고 "점령군 최고사령관은 '남한의 모든 유형과 형성에 상관없이 모든 일본의 공공 및 사유재산 이익을 찾아내고 소유권을 갖는다."[5]고 규정했다.

태평양 미육군사령부는 1945년 7월부터 육·해군의 한국과 일본 점령을 위해 3단계에 걸친 블랙리스트Blacklist 작전을 계획했다.[6] 이 작전 중 1단계인 베이커 포티Baker-forty는 제24군단과 제7보병사단을 서울-인천 일대의 점령군으로 지정해 실행한 작전이다.[7] 이처럼 삼부조정위

---

2 김천수, 〈6·25 전쟁기 용산기지의 재건과 상설기지화〉, 서울시립대학교 석사학위논문, 2022; 전갑생, 〈해방 이후 용산 주한미군기지의 변천〉, 《전쟁과 유물》 9, 2018; 신주백·김천수, 《(사진과 지도, 도면으로 본) 용산기지의 역사 2(1945~1949)》, 선인, 2020; 《(사진과 지도, 도면으로 본) 용산기지의 역사 3(1950~1953)》, 선인, 2021.

3 강성현·백원담 편, 《종전에서 냉전으로: 미국 삼부조정위원회와 전후 동아시아의 '신질서'》, 진인진, 2017.

4 SWNCC Directive - 150/4A. 21 September 1945, p.7.

5 SWNCC Directive - 176/8, 13 October 1945, p.68.

6 Basic Outline Plan For "Blacklist" Operation 26-3, World War II Operations Reports, 1940~1948, Entry NM3 427, Box 446, RG 407, Archives II.

7 베이커 포티의 상세한 실행과 서울 등지의 점령 과정은 다음의 문서와 책을 참조. History of the United States Army Forces in Korea 1945-1948, Part I Vol. I, Classified Organizational History Files, Entry A1 2, Box 181, RG 550, Archives II; 박남수·김득중, 《주한미군사 I》, 국사편찬위원회, 2014, 60~97쪽.

원회의 정책과 베이커 포티의 구체적인 실행 계획은 1945년 8월 14일 '첨부 5.d. 기본정보계획Annex 5.d. Basic Intelligence Plan'[8]을 기초로 미군정기의 일본군과 일본인 적산처리에 대해 명시하고 있다.

> 1945년 8월 작전 블랙리스트 계획에서 일본군 최고사령부는 명령을 받은 시점으로부터 48시간 이내에 태평양 미국 육군 최고사령관에게 완전한 정보를 다음과 같이 제공할 것
> ① 일본군 점령 내 모든 육·해·공군의 부대의 위치와 인원·장교와 사병 명부
> ② 모든 항공기(육해공 및 민간)의 번호·타입·위치 목록
> ③ 모든 일본인 또는 일본인 통제 아래의 선박과 보조기계의 위치와 이동 현황
> ④ 100톤 급 이상의 선박목록, 1941년 12월 7일 이후 비 일본인의 선박소유 현황
> ⑤ 기뢰 및 지뢰 현황
> ⑥ 모든 군사 시설과 건립시기·비행장·해안시설·대공포 방어·항만과 해군기지·저장고·임시 및 영구 토지·해안방어시설, 모든 요새, 설치 및 시설의 계획 및 도면과 함께 위치와 설명(위안소 시설) - 매뉴얼을 비롯한 실제 확보한 자료
> ⑦ 모든 기지와 연합군 포로 및 민간인 억류자, 그 유사한 억류장소의 위치

⑥항에서 미군이 일본군 기지를 어떻게 점령하게 되는지를 추론할 수 있다. 1945년 8월 28일 재조선미군사령부는 제24군수지원사령부 공병계획 제12호에 따른 〈건설 정책Construction Policy〉에서 항공시설, 기지시설, 도로 및 철도, 연합군포로수용소, 저장고 시설, 저수시설 등에 대한 조사계획을 수립했다.[9] 재조선미국육군사령부군정청United States Army Military Government in Korea, USAMGIK은 1차로 1945년 10월부터 11월까지 군사기지 중심의 시설들을 조사했으며, 2차로 1945년 12월부터 1947년 1월 31일까지 14개월 동안 남한 내 약 4만 개의 산업시설들에 대한 조사를 실시했다. 군정청 부동산국Real Estate Division은 적 재산 조사 규정에 따라 1948년 미군이 철수할 때까지 관리·감독했다.

1948년 6월 30일 미군정은 토지 50,430,496m²와 일본군 기지 및 일본인 적산 건물 1,312,070m², 미군정 건설 건물 552,756m²를 포함한 1,864,827m²를 한국 정부에 반환했다. 반환된 서울시의 미군 점령 건물과 부동산은 통인·마포·인현·팔관·남산·아현·삼청·한남·홍제·양평동과 이태원, 남대문 및 세종로 등의 총 46만 5,844평이다.[10] 9월 11일 서명된

8 Basic Outline Plan For "Blacklist" Operation 26-3, 1945. 7. 25; Annex 5d, "Blacklist" Plan, 14 August 1945, NM3 427, Box 447, RG 407, Archives II.

9 General Correspondence Files, 4, 1944-6, 1949, A1 1378, Box 91, RG 554, Archives II.

〈한미 간 재정 및 재산에 관한 최초협정〉(1949년 1월 18일 공표)은 미군정이 점령 토지와 건물 등을 반환하고 캠프 서빙고 일부와 반도·수도·국제호텔과 내자아파트 등을 무상 차용하도록 규정하고 있다.[11]

2) 미군의 서울지역 점령 관련 문서

해당 문서들은 태평양 미국 육군사령부 예하 제10군단 정보참모부G-2 작전참모부와 제24군단 정보군사실G-2 Historical Section에서 작성한 군사편찬 자료이다. 두 문서는 RG 332(제2차 세계대전기 미국 전구 문서)에서 RG 554(극동사령부·연합군최고사령부·유엔군사령부 문서)로 재분류된 것으로, 주한미군 제24군단 정보참모부 제1보도군사지원대(훗날 군사실로 변경)[12]에서 작성한 것이다. 이 문서는 주한미군 전술기록, 군사문제, 미소공동위원회와 한국의 정치, 기타 출판 및 정기보고 등 9개 시리즈로 구성되어 있으며 각각 주제별로 재배열되어 있다. 무엇보다 제1보도군사지원대는 해당 문서뿐 아니라 제10군단의 문서 일체와 일본 점령의 종결, 미소공위의 신탁통치 배경, 주한미군의 배경 및 행정 정보, 한국의 국제 정세 및 정치 상황 등에 관한 다양한 문서를 기록했다.

첫 번째 문서인 1945년 8월 15일자 〈작전지시 제4호Operation Instruction No.4〉는 태평양 미국 육군사령부가 일본 정부와 대본영의 갑작스러운 붕괴 또는 항복에 따라 본토와 조선을 점령하고 민간인에 대한 통제권을 확립한다는 내용이다.[13] 문서에는 항복 조건, 태평양 함대의 작전 및 조정, 태평양 항공수송사령부와 미국 육군사령부의 일본 본토 및 한국 점령을 언급하는 내용, 부대의 책임 구역과 작전 중심지, 점령 순서 등이 기록되어 있다. 그리고 제6군, 제8군, 제24군단, 제10군, 제1군, 극동공군, 중태평양·서태평양 미국 육군의 사령관 명단, 부대 배치, 점령의 단계를 정리하고 있다. 한국과 직결되는 제24군단 사령관은 제7육해군 사령관과 함께 공동으로 3단계로 점령 작전을 수행했다. 1단계는 다음과 같다.

> 1단계: 합동 수상 작전을 통해 한국의 경성 지역을 점령하고 태평양 미군 사령관의 일본 중앙 정부와 한국의 육해군 지휘권에 대한 통제권을 확립한다.

---

10 Negotiator's Handbook Initial Financial and Property Settlement, Records pertaining to American Economic Aid to Korea, 1948-50, UD 2849, Box 1, RG 84, Archives II.

11 금보운, 〈한국정부 수립시기 한미 간 행정권 이양과정과 성격: '재정 및 재산에 관한 최초협정'을 중심으로〉, 《韓國史研究》 166, 2014.

12 이 조직은 제1보도군사지원대의 후신이다. 자세한 내용은 박남수·김득중, 앞의 책, 2014, 26~28쪽 참조.

13 RG 332, USAFIK, XXIV Corps, G-2, Historical Section, Box No. 45, XXIV Corps History thru Korean National Defense(1 of 2), Operation Instruction No.4.

1. 작전명: "베이커 포티(Baker-Forty)"
2. E-day 목표 날짜: B+27

이는 한국 점령 작전에서 초기 명령에 해당하며 구체적인 지명 대신 경성에 소재한 '일본 중앙 정부'(조선총독부)를 간접적으로 언급하고 있다. 또한 모든 점령군은 일본과 한국에서 모든 무장된 일본군의 항복을 받고, 일본군과 민간인을 통제하며, "점령군의 작전에 불리할 수 있는 개인과 단체의 활동을 억압"하고, 군사정부 수립 과정에서 민간인들 사이에 법과 질서를 유지할 것 등을 전달받았다. 미군은 이를 해방 직후 건국준비위원회나 치안대(보안대), 인민위원회를 탄압·해산하는 논리로 활용했을 것이다.

두 번째 문서는 태평양 미국 육군사령부의 블랙리스트 작전과 관련된 8월 17일자 〈적 상황 추정Estimate of the Enemy Situation〉이다.[14] 이 문서에서 제10군단 사령부 정보참모부는 조선 내 일본군 병력 현황과 서울 용산, 인천의 방어 현황 등을 정리하고 있다. '1. 적 상황 요약'에는 8월 15~16일 일본 본토 밖에서 일본 비행기가 미국 함대를 공격하는 상황과 일본군 인원 등을 파악하는 내용이 담겨 있다. 특히 한국의 인천과 서울의 방어 상황에 대해 상세히 서술하고 있다. 인천에서 서울로 이어지는 한강 일대의 일본군 무기와 방어 시설 등을 파악하면서, 일본군이 마지막까지 저항할 것으로 예상된다면 일본군 잔류 인원과 부대, 지형 등을 고려해 대응해야 한다고 하였다. 또한 용산기지를 비롯해 서울에 잔류한 일본군 사단이 "한강의 북동쪽 둑을 따라 경성과 용산의 도시들을 방어한다."며 "용산의 현대식 건물들은 적의 방어에 유리"하고 "적이 두 사단만 있는 것으로 추정되는 경성을 방어할 경우에는 더욱 그러하다."고 파악하고 있었다. 또한 중국이나 만주 등지에서 조선으로 유입될 사단이 경성보급사단을 재결집할 것으로 예측하고 있었다. 그러나 제10군단 정보참모부의 정보는 용산기지 내의 정확한 사단이나 인원을 제대로 확인하지 못하고 있었다.

3) 미군기지 공여 관련 문서

미군정은 1945년 9월 9일 조선총독부에서 개최된 일본군 항복 정식 조인식을 시작으로 본격적인 군사정부 조직 구성과 민간인 통제에 들어갔다. 인천에서 이동한 제7사단은 9월 7일부터 23일까지 용산기지에 본부를 두고 북위 38도선에 접하는 지역까지 점령을 마치면서

14 RG 332, USAFIK, XXIV Corps, G-2, Historical Section, Box No. 75, U.S.-U.S.S.R.: Establishing Liason with Soviets thru U.S.-U.S.S.R.: Soviet Propaganda(3 of 5), Estimate of the Enemy Situation, Blacklist - "Baker Forty".

베이커 포티를 완료했다.[15] 이후 미군정은 예하 부대의 증강에 따른 장교와 그 부양가족, 일반 사병, 민간인 피고용자, 임시거주자, VIP의 임시숙소를 일본군 기지와 일본인 적산에서 징발하여 해결했다.[16]

이와 관련한 주한미군의 임시숙사 공여 관련 문서를 보면, 제24군단 정보참모부 군사실 시리즈 중 〈보충역사: 서울군인숙소구역, 1948년 8월 1일 ~ 11월 15일Supplemental History: Seoul Billeting Section, 1 August-15 November 1948〉이라는 서류철에 3개의 문건이 있다.[17] 이 중 첫 번째 문서인 〈역사: 서울군인숙소구역, 1946년 12월 1일 ~ 1948년 8월 1일History: Seoul Billeting Section, Dec. 1. 1946 ~ Aug. 1. 1948〉는 서울군인숙소구역Seoul Billeting Section, SBS의 설립, 임무, 문제를 시정하기 위해 취해진 조치들, 운영분과 활동, 두 번째 겨울 동안 난방 상황, 군인숙소주택위원회, 경비 분과 설립, 회계 분과, 1948년 거주 인원 현황, 식당 분과가 보급에서 독립된 상황 등을 기록하고 있다.

서울군인숙소구역은 1945년 11월 24일 미군정 행정관 직속으로 본부 사령관, 본부 식당, 숙소, 장교클럽, 부동산 한국인 민간 등 8개 부문을 두었다.[18] 이후 1946년 11월 30일 제24군단 일반명령 제156호에 따라 군단 특별참모 구역으로 설정한 뒤 12월 1일 사령관실로부터 4개의 식당과 7개의 숙소를, 군정청으로부터 15개의 숙소와 4개의 식당을 받았다. 이 조직의 임무는 서울 지역 점령지 전체의 장교와 그 부양가족, 민간인 피고용자, 임시거주자, VIP, 특별 인사들에게 적절한 주거 및 식사 시설을 제공하는 것이다.

그러나 기존 시설은 일본식 건물의 배관과 난방이었으며 가구, 작업 설비, 건물 공급과 식당 장비, 건물의 훈증소독과 구조적인 수리 등이 추가로 필요했다. 1947년 3월 10일에 한스트 대령이 테버그 대령을 대신해서 서울군인숙소구역을 책임지게 됐다. 1947년부터 1948년 사이 미군정 공병대는 군인 숙소 건물의 보수 및 복원 공사, 시설 수리를 담당했다. 1947년 6월까지 서울군인숙소구역은 방 6개 및 7개짜리 복층 아파트 방식의 미국 스타일 주택 57채를 완공해 배정했다.

1947년 5월 16일 서울군인숙소구역은 예규에 따라 행정과, 운영과(계획검사·시설관리·군

---

15 박남수·김득중, 앞의 책, 2014, 190~191쪽.

16 미군은 《현장교범 27-10: 육상전의 규정(Field Manual 27-10: Rules of Land Warfare)》에 따라 "점령군은 자산을 징발할 수 있고 점령된 국가의 공공 부동산을 보상 없이 사용할 수 있다. 점령군이 자산을 징발해 사용하더라도 소유권을 양도받는 것은 아니었다. 사용자는 자산에 손상을 입히지 않아야 하고 점령이 끝날 때 그 자산을 돌려주어야 한다."라고 규정했다(pp. 82~83).

17 USAFIK: XXIV Corps, G-2 Historical Section, 1945-1948, A1 1256, Box 40, RG 554, Archives II.

18 Ibid., USAMGIK: Military Government Organizational Charts I, A1 1256, Box 43, RG 554, Archives II.

인숙소분과), 보급과(식당감독·식량·부양가족 주택·차량분과)를 두어 체계적이고 조직적으로 운영하기 시작했다. 1948년 2월 재정 분과가 설립되었고 존슨 중위가 책임자로 임명되었으며 1948년 4월 숙소에는 총 271가족과 비혼 상태인 1,912명의 장교 및 여성과 남성 민간인들이 거주했다. 1948년 5월 14일에 소련이 점령한 북한 지역으로부터 공급되는 전기가 모두 차단됐다. 이로 인한 전력 부족은 많은 문제를 야기했다. 식당 분과는 1948년 7월 24일부터 보급 분과에서 갈라져 나와 독립된 분과였다.

두 번째 〈보충역사: 서울군인숙소구역, 1948년 8월 1일~1948년 11월 15일Supplemental History: Seoul Billeting Section, 8/1/48 ~ 11/15/48〉은 1948년 8월 1일부터 11월 15일까지 서울군인숙소구역의 회계·운영·보안·보급·관리·식당 부서에서 부동산의 해제, 군인 숙소와 식당의 통폐합, 잔여 건물과 공실의 재배정, 재정 긴축에 따른 단계적 건물의 철거 등을 규정하고 있다. 눈여겨볼 대목은 주한미군의 철수를 앞두고 운영 부서에서 179개의 부양가족 주택과 10개의 군인숙소 여분을 처리하는 문제와, 11월 10일 군인 숙소를 주한미사절단American Mission in Korea, AMIK에 이관한다는 것이다. 또한 군납 증명서의 원환 환산(10월 1일), 11월 서비스 이용료(10월 25일), 제1보충대에서 돌아오는 것에 대한 허가(10월 26일), 한국인 직원들의 초과근무(11월 11일), 필요한 군인 숙소 파일과 기록(11월 16일) 등의 문서가 있다.

세 번째 〈역사: 서울군인숙소구역, 1948년 11월 15일~구역폐지History: Seoul Billeting, 11/15/1948 - Section Discontinued〉는 1948년 11월 15일부터 서울군인숙소구역을 운영 중단하며 12월 15일까지 운영 부서에 10개의 군인숙소와 103개의 부양가족 주택이 남았다는 보고, 12월 8일 수도 아파트를 주한미군사령부와 함께 잔류하는 여성들에게 숙소로 제공하고자 다시 운영한다는 내용 등이 있다.

그 외에 주한미군사고문단Korea military advisory group, KMAG에서 제작한 〈서울시의 도시도면과 영등포 애스컴, 인천까지의 노선주행거리 표시 약도Sketch of the City of Seoul and Indicates Route and Mileage to Young Dong Po, Ascom and Inchon〉와 〈캠프 서빙고 구역 약도Sketch of Camp Sobinggo Area〉는 1949년 10월 19일 〈참모각서 제83호〉의 '처리명령-후임장교들'이라는 제목으로 된 문서에 포함된 자료로, 신임 장교들의 가사 도우미를 배정하고 이용 가능한 시설과 그 위치를 파악하고자 작성된 것이다.[19]

19 Advisory Group to the Republic of Korea (KMAG), Adjutant General, Decimal File, 1948 - 1953, Box 30, RG 554, Archives II.

3. 미 제8군 사령부의 용산기지 이전과 극동의 중심지

1) 용산기지의 재건과 극동에서의 역사적 의미

한국전쟁 직전까지 서울지역의 미군에게 공여된 건물들은 주한미군사고문단에서 사용하고 있었다. 그러나 전쟁 발발 이후 미국 공군은 1950년 7월 16일부터 9월 22일, 1951년 1·4후퇴 과정에서 서울 내 북한 인민군 주둔지였던 캠프 서빙고를 비롯한 마포 등지에 초토화 폭격을 실시해 큰 피해를 입혔다.[20]

그 이후 전쟁의 흐름이 고착되자 1951년 5월 17일 국가안전보장위원회National Security Council, NSC는 〈아시아에서의 미국의 목적, 정책 조치의 절차U.S. Objectives; Policies and Courses of Action in Asia〉[21]에서 정전협정과 전쟁의 종결, 한국으로부터 외국군의 단계적 철수를 발표했다.[22] 이 기조에 따라 미군은 7월 10일부터 정전협정에서 연합군과 미국 제8군 등을 문산리에 전진배치하기로 했다. 이어서 12월 20일 〈한국에서의 미국의 목적과 조치의 절차U.S. Objectives and Courses of Action in Korea〉에서는 합동참모부에서 추가적인 군사력을 한국에 배속하고 증강된 군사행동을 허용하며, 정전협상에서 합의에 실패하면 유엔사령부는 공군과 해군의 활동을 계속하는 동시에 한국 군대의 수와 효율성 증강 등을 논의하기로 했다.[23] 또한 〈한국에서의 미국의 조치United States Courses of Action in Korea〉[24]이라는 제목의 문서에 따르면, 같은 해 11월 13일 국가안전보장위원회는 국무부, 국방부, 합동참모부 관계자들과 중앙정보국 덜레스 국장, 국가안전보장위원회 레이lay 위원 등이 참석해 소련과 중국의 위협에 대응하고자 사단 이상의 부대를 주둔하기로 결정했다.

그러나 아이젠하워 대통령과 험프리 재무장관, 군부 사이에서 주한미군의 완전 철수와 부분 철수를 놓고 갈등이 벌어졌다. 행정부는 미국의 재정적 부담을 이유로 완전한 군대의 철수를

---

20 자세한 내용은 김천수, 앞의 논문, 2022, 19~38쪽 참조.

21 Report to the National Security Council by executive secretary on United States objectives, politicies and courses of action in Asia, NSC 48/5, NAID 17010460, UD-WX 1584, Box 6, RG 273, Archives Ⅱ.

22 이 발표 이전 5월 14~15일 국가안전보장위원회는 현재의 전쟁에 대한 대응을 단·장기로 나눠 북한의 위협뿐만 아니라 아시아의 다른 곳에서 공산주의 억제, 한국에서 유엔군을 철수하고 미군을 다른 곳에 배치하며, 유엔의 기구들은 한국의 경제 회복 및 재활을 위한 노력을 지속한다는 내용의 문서를 남겼다. 다만 정전협정이 결렬되었을 때 별도 내용을 담지 않았다. 이 문서에서는 소련과 중국을 위시한 공산주의 세력에 대해 일본의 안보 정책을 우선하는 기조가 결정되었다.

23 Ibid. NSC 118/2, Entry A1-1, Box 16, RG 273, Archives Ⅱ.

24 Alphabetical Files, 1948-1961, Entry A1 1583B, Box 19, Participation in the National Security Council, 1935-1962, Box 19, Lot File 61D167, N3-59-91-022 (3 of 5).

역설했다. 미국 군부는 한국의 전략적 가치를 과소평가하며 완전한 철수를 주장하는 행정부를 비판하고 유엔군과 미군의 주둔을 계속 주장한다. 1953년 12월 6일 국가안전보장위원회에서 라드포드 합동참모의장과 아이젠하워 대통령, 윌슨 국방장관 등이 참석하여 한국의 미군 조기 철수에 동의하지만 철수 시기와 한국군의 증강 계획 등을 고려해야 한다고 논의했다. 아이젠하워와 덜레스는 미군 3개 사단을 1954년 3월 1일부터 철수해야 한다고 주장했다. 12월 26일 국가안전보장위원회는 기존 3개 사단에서 2개 사단의 철수를 발표했다. 이에 제8군사령관 테일러는 주한미군에 대해 군사적으로 "바람직하지 않을" 뿐만 아니라, "이승만의 인질"이 될 뿐이라고 철수를 주장했다. 특히 미군의 존재가 북한이나 중국의 군사적 억제에 효과적이지 않다고 보았다. 이러한 과정에서 1954년 4월 1일 합동참모부는 한국에 미군 2개 사단만 잔류하고 철수하는 결정을 내린다. 1953년 7월 7일 〈한국의 정전 직후 미국의 전술U. S. tactics immediately following an armistice in Korea〉이라는 문서는 정전협정에도 불구하고 중국의 위협이 상존하기에 유엔군은 한국에 계속 주둔하며, 다만 미군은 제한된 범위 내에서 재배치가 필요하고 한국에 대한 원조와 상호방위조약을 추진하며, 제네바 정치회담을 준비한다는 내용 등을 담고 있다.[25]

이처럼 미군의 철수와 재배치는 1951년 5월부터 1953년 7월까지 국가안전보장위원회에서 논의되고 최종 결정되었다. 한국에서 미군 철수는 일본의 방위와 안보를 강화하는 절차였다. 그럼 제8군의 용산기지 재건 관련 문서들을 살펴보자.

2) 용산기지의 재건 과정

다음의 문서들은 시기와 성격별로 한국군의 신용산과 묵동 지역 사용 문제, 용산기지의 재건 프로젝트, 유엔한국재건단을 비롯한 원조와 재건 관련 단체의 서울 이전, 서울시 사령부 설치 과정을 다루고 있다.

〈용산 군사기지의 프로젝트 역사Project History of The Yongsan Military Reservation〉는 1952년 2월부터 11월 사이 작성된 것으로 주한 제8군사령부를 서울-용산 지역으로 이전한다는 내용이다. 제79공병건설대대에서 작성한 이 문서는 1952년 10월 3일부터 1953년 11월 30일까지 용산기지 재건 과정의 역사와 4단계에 걸친 계획 및 예산, 폭격으로 파괴된 건물, 향후 완공 예정인 건물과 공사과정 등 구체적인 내용을 기록하고 있다.[26]

---

25 Ibid. NSC 118/2, Entry A1-1, Box 22, RG 273, Archives II.

26 Project History of The Yongsan Military Reservation(79th Engineer Construction Battalion), 3 Oct 1952 to 30 Nov 1953. Box 338, A-1 1, RG 550, Archives II. 김천수는 용산기지의 피해 상황, 재건공사의

1952년 1월 제8군사령관 밴 플리트, 주한미군사고문단장 라이언, 대한민국 육군 참모총장 이종찬 등이 서울 전역을 시찰하고 군사시설을 재건하고자 했으며, 3월 제24건설공병단에서 기존 건물 88채를 복구하고, 단독 조립식 건물 16채와 대형 조립식 식당 4곳 건설 및 기존 기반시설 체계의 재건을 계획했다.

1952년 8월 거제와 통영 용초도 포로수용소 건설 작전을 마치고 돌아온 제79건설공병대대에 용산기지 재건 계획의 1단계에 해당하는 임무가 부여되었다. 이때 여군의 숙소와 상하수도 가사 시설 공사가 이루어졌고, 노스포스트North Post에 헌병 및 한국 경찰구역, 메인포스트Main Post에 기계화 기록부서, 법무관실, 공동시설(예배당, 극장, PX, 간이식당, 의무실, 도서관)이 건설되었다. 제24건설공병단은 1953년 5월까지 석조 건물 132채 복구와 신규 건물 117채 건설을 담당했다. 또한 대형 사령부 건물 3채의 중앙 증기난방용으로 보일러실이 지어졌다. 증기 배분 체계에 대한 작업은 겨울에 시작해서 1953년 10월에 완료되었다.

6월에 제79공병건설대대는 용산 프로젝트를 위한 도로 건설, 포장 작업, 헬리콥터 발착장용 부지 조성, 소화전 설치, 행정 건물, 막사, 식당 및 임시 화장실 시설 건설에 집중했다. 7월에는 사우스포스트South Post에 독신장교숙소 49동의 복구가 완료되었고, 이들 건물 중 24동이 공식적으로 사용 기관에 양도되었다. 9월에는 노스포스트 통합 식당의 확장, 노스포스트 급수 체계, 이발소, 용산지역 및 전방지휘소의 예비 발전기 2대 설치, 사령관 숙소의 강제대류 난로 설치와 구조물 밀폐 등이 완료되었다. 그리고 테니스장(클레이 코트), 볼링장 및 용산 사우스포스트 공군의 기존 송수관 실지 조사가 개시되었다. 새로 건축한 보일러실의 두 보일러 모두 유체정역학流體靜力學 시험을 거쳤으며 1대는 시험 연소를 했다. 반송식 펌프실과 변압기 설치가 완공되었고, 남아있는 증기 파이프 설치공사가 완성되었다.

또한 제5공군 사령부는 서울대 의과대학 및 병원에서 용산기지로 이전되었다. 1952년 10월 19일 지급금 없이 대한민국 정부에 토지 이용을 요구했다. 기존에 이용했던 것의 변경 또는 재건은 공병 건설대대, 한국노무단, 보급창 군수품, 현지 절차 및 계약 서비스를 활용하여 수행되었다. 달러 비용은 육군군사기금에서, 한국노무단 숙소 비용은 한국정부에서 해결해야 했다.

용산기지 재건과 이전에서 중요한 부동산 등록 과정을 살펴보면 1952년 9월 17일 〈용산 군사지역으로 군수참모부 보급 및 기술병과의 이전〉 이라는 문서에는 "현재 대한민국 정부와의 기존 합의하에서, 부동산의 사용에 대해, 우리의 소유권은 무기한이 아니라 대한민국이

과정과 진척, 제8군사령부 이전까지 아주 상세히 다루었다(김천수, 앞의 논문, 2022, 47~94쪽).

요구하면 양도해야 한다. 부동산에 대한 소유권은 대한민국 육군에 귀속"된다고 하여 구체적인 소유권을 언급하고 있다. 여기서 '기존 합의하' 라는 것은 1949년 1월 18일 공포된 〈한미 간 재정 및 재산에 관한 최초협정〉인지, 미국 육군 《현장교범 27-10》의 규정을 뜻하는지 명확하지 않다.

〈주한 미8군 사령부의 서울-용산 지역으로의 이전Movement of Hq. EUSAK to Seoul-Yongsan Area〉[27] 관련 문서는 1952년 6월 18일부터 11월 2일까지 용산기지 건설 프로젝트 준비 과정에서의 예산 승인 문제, 대구 소재 한국후방관구사령부Korean Communications Zone, KCOMZ[28]의 설립과 용산기지 건설 프로젝트의 진행에 따른 제8군과 제5공군 두 사령부의 재배치 문제, 용산기지 건설 자금의 승인에 따른 자재수급 문제를 집중적으로 다루고 있다. 또한 제8군사령부의 지휘소와 부서, 제5공군 사령부의 위치에 대한 문서가 대부분이다. 다음 표는 1952년 6월부터 11월 사이 두 사령부의 위치 변동사항을 정리한 것이다.

명칭	현 위치	잠정 계획	최종목표	비고
제8군사령부 전방지휘소	서울대	서울대	반도호텔	
후방지휘소	서울대	용산	용산	
기술병과	서울대	용산	용산	
행정병과	대구 제8군사령부	반도호텔	반도호텔	교전 지속시 전방지휘소 포함
제5공군사령부	대구 제8군사령부	캠프 서빙고, 용산	용산군사구역	

이러한 위치 변경에 따라 용산기지 내의 건설 프로젝트가 다시 빠르게 진행되었다. 이로써 제8군사령부의 행정과 기술병과 외에 군수참모부 등이 모두 용산기지로 이전하게 되었다.

다음으로 〈원조기관들의 용산기지 입주 관련 문서Movement to seoul〉이다.[29] 이들 기관은 주한유엔민간원조사령부United Nations Civil Assistance Command in Korea, UNCACK, 유엔한국재건단United Nations

27 Eighth U.S. Army, 370.5, Movement of Hq. EUSAK to Seoul-Yongsan Area, Security Classified General Correspondence Files, 1946-1953, A-1 133, Box 836, RG338, Archives Ⅱ.

28 이 사령부는 1952년 7월 28일 주한미군사고문단의 활동을 제외한 모든 미군기지, 주둔지, 병참 부대의 이동, 항구 및 기타 미군 시설과 포로사령부 등을 포함하는 군수·병참 임무를 담당했다(Unit Histories Korean Communications Zone, 1955, A1-1, Box 339, RG 550, Archives Ⅱ).

29 국사편찬위원회에는 "RG338, UN Civil Assistance Command, Korea(UNCACK), 1951, Entry UNCACK UNIT 11028, Classified General Correspondence Files, 1951 - 1954 A-1 1354, Box 77"로 표기되어 있다. 그러나 미국국립문서기록관리청 국립공문서관 제2관에서는 "RG 554, Security Investigation Files, 1953-1953, A1 1307, Box 85 313.53 to 381과 Box 86 381 to 720"으로 재분류했다.

Korean Reconstruction Agency, UNKRA, 유엔한국위원회 등이다. 유엔한국재건단은 1953년 8월 1일 부산에서 서울로 이동하고자 각 부서의 인원을 유엔민간원조사령부에 통보했다. 이에 유엔민간원조사령부의 서울팀은 유엔한국재건단의 이동에 따른 임무를 맡아 진행하게 되었다. 또한 1952년 8월 1일 제8군은 극동육군사령관에게 유엔민간원조사령부 본부는 제8군사령부의 이전에 따라 서울대 사범대학 건물을 사용하는 것을 고려하고 있었다. 그러나 같은 해 9월 5일 제8군사령부는 서울대의 법대 및 공대 등을 한국 정부에 반환하고 유엔한국재건단, 경제조정관실, 유엔민간원조사령부 등의 본부와 숙소를 서울로 이동한다는 원칙을 수립했다.

다섯 번째 문서는 〈서울시사령부 병참 보급 기능 관련 문서QM supply Functions of the Seoul city Command〉이다. 임시 서울시사령부는 1951년 7월 제2병참사령부 예하에서 서울 영등포-인천 지역을 포함하고 있었으며 제3군사철도수송지원본부, 연합정찰사령부일명 8240부대, 제10야전포병단, 제68야전포병대대, 제52의료대대, 제55헌병중대 등 방어와 병참 부대들로 구성되었다.[30] 1952년 11월 21일 제8군사령부는 '서울시사령부의 기능 검토 및 가능한 책임 감축 또는 재배치 결정'에서 서울시사령부의 기능과 지원에서 주둔지, 숙영지 또는 기지 보충대에 대한 기능과 각 부서별 인원 재배치를 담고 있다. 행정, 정보, 작전, 군수, 공병·노동사무소, 헌병대, 임시 숙소 및 식당, 부동산, 소총 사격장, 서울·영등포 PX, 수리 및 유지, 소방부, 통신, 특수 근무, 수송부 등의 부서와 배급소와 유류 지급소, 구두수선 시설의 종별로 인원과 시설별 재배치가 기재되어 있다. 미군기지 공여와 직결되는 부동산 처리와 관련해 서울시사령부에서는 공병참모실과 함께 서울과 영등포에서 유엔군을 위한 모든 부동산을 확보, 할당, 기록했고, 이는 서울 내 부동산의 대략 37%를 차지했다.

4. 주한미군의 재배치와 미군기지 공여

1) 재배치의 논의 과정

정전협정 체결 이후 미군은 군수기지의 재배치와 한국군의 군수지원, 보급시설 양도, 지원부대 등을 본격적으로 논의하면서 한국에서 장기적인 주둔 계획 수립에 들어갔다. 1954년 5~7월 사이 제8군사령관 출신 밴 플리트는 한국, 일본, 필리핀, 타이완 등지의 미군 배치와

---

30 2nd Log Comd Station Lists, 1-15, 1952, Classified HQ General Administrative Files, 1952, A1 1310, Box 26, RG 554, Archives II. 제8군은 1951년 8월 19일 이전까지 남한 전역을 관할했지만, 8월 20일부터 제8군 지역과 한국후방관구사령부 지역으로 나누어 관할하였다. 앞의 지역에는 38도선 이남의 경기 북부와 서울, 포천, 고성 등지가, 뒤의 지역에는 충남 광천리에서 함창, 포항을 비롯한 부산까지가 포함되었다.

대아시아전략 전체 속에서 주한미군 철수를 보류할 것을 주장한다. 반면 헐 극동사령관은 주일미군 2개 사단과 1/3개 사단을 유지하고 주한미군의 완전한 철수를 요구한다. 이에 제8군사령관 테일러가 적극 지지하고 나섰다. 헐과 국무부는 극동에서 미군의 주요 임무는 "일본의 방위"이므로 주한미군이 일본으로 이동해야 한다고 맞섰다.

1954년 7월 28일 국가안전보장위원회의 미군 재배치가 확정되기 전, 윌슨 국방장관은 1954년 12월 9일 1개 사단 감축을 지시했다. 미국 해병 제1사단은 미국 본토로 귀환시키고, 그 공백에 제24보병사단이 일본에서 한국으로 이동하는 것이다. 1955년 6월 9일 국가안전보장위원회는 최종적으로 주한미군 2개 사단이 잔류하는 것으로 결론 내렸다. 윌슨 국방장관은 국무부와 합참 안을 수렴해 한일 간의 '정치적 부담감'을 해소하는 차원에서 주한 미군 2개 사단이 잔류하는 것에 합의한다. 한국전쟁 직후 미군의 철수계획은 제8군사령부를 비롯한 유엔군사령부의 재편에 영향을 미친다.

〈주한 미 제8군 재배치 작전보고서Report of Eighth United Army roll-up operations in Korea〉 문서[31]는 1955년 시점에서 주한미군의 재배치뿐 아니라 동북아시아와 서독을 비롯한 동유럽 배치와 무관하지 않다. 미국은 유럽과 아시아에서 소련 및 중국의 영향력을 억제하는 수단으로 일본의 방어라는 실질적인 목적을 달성하고자 했다. 따라서 주한미군의 재배치는 주일미군과 오키나와, 타이완을 연결하는 아시아의 '군사냉전 벨트'와도 맞닿아 있다.

2) 미군의 군수부대 재배치

이 문서의 주요 목차는 기관, 참고문헌, 목적과 범위, 형식, 배경, 계획의 전개, 재배치 작전의 기본 개념, 중요 조치 요약과 한국군 군수 지원과 보급 시설 양도·훈련, 주한 기관에 대한 군수지원, 한국후방관구사령부의 책임 이전, 보급품과 장비 반납·재배치, 대한군사원조계획과 애스컴시티의 보급창 신설과 부동산의 양도, 전방 제8군 참모부의 작전과 분석 등 매우 포괄적인 내용이 담겨 있다. 그 외에도 인사, 정보, 작전참모부의 활동까지 포함하고 있는 주한 미군들의 대규모 재배치 계획이다.

이 문서는 1954년 6월 3일 극동사령부Far East Command, FEC의 군수 시설에 대한 재배치 계획과 6월 8일 극동육군 작전계획 5-54, 1955년 3월 14일 제8군사령부(전방) 예하 미군·유엔군 잔류부대에 대한 병참 지원에 따른 대규모 재배치에서 기인한 것이다. 이 계획의 목적과 범위는 1954년 재배치 개시부터 한국후방관구사령부의 단계적 철수(1955년 6월)[32]까지

---

31 Report of Eighth United States Army Roll-up Operations in Korea, 1955, Box 98, Entry A1 2, NAID, Classified Organizational History files, 1959-1974, RG 550, Archives II.

재배치 작전의 지침을 제공하는 것이다.

주한미군의 재배치 작전의 기본 개념은 다음과 같다. 정전체제에서 괌–오키나와–타이완–중국–일본–한국–소비에트연방으로 이어지는 벨트는 상시 전쟁의 위협 아래 있으므로 극동 공군을 축소하지 않고 미군 및 유엔군 전투부대 주요 일원의 철수, 부산과 인천의 대공포 확대와 오산공군비행장을 중심으로 운용하며, 서울-인천단지인 애스컴시티의 7개 단지로 확장하고 제8군 전방사령부가 책임진다. 또한 한국군 군수 체계의 발전과 미국 육군 보급 품목 반납, 한국에서 미군의 초과 보급품 및 장비의 재배치와 처리, 한국후방관구사령부의 군수 지원 임무해제 등이 주요 골자이다. 이 작전의 최종기간 임무는 다음과 같다.

(1) 배치전환에 따라, 미군과 유엔군 및 대한민국 부대의 전투 준비를 보장하고 교전이 재개될 경우 필수적인 지원을 보장하기 위해 현재의 제한적 군수 지원을 계속한다. 추가하여, 전방 미국 제8군은 한국후방관구사령부의 단계적 철수 시 잔류 공군의 제한적 군수 지원에 대한 책임을 맡는다.
(2) 보급품과 장비의 재배치
(3) 한국후방관구사령부로부터 군수 지원책임을 인수
(4) 보급소와 보급창 설치
(5) 하위지역사령부 창설[33]
(6) 항만 작업

제8군의 재배치는 1954년 1월 1일부터 1955년 6월 30일까지 미군과 유엔군 7개 군단, 27개 사단과 주한미군 3개 군단과 7개 사단 및 연합부대, 한국군 4개 군단과 18개 사단을 대상으로 실시했다. 1954년 12월 23일 제8군의 부대 계획에 따라 총 5만 3,606명의 미군이

---

32 1955년 6월 25일 극동사령부와 제8군은 〈한국후방관구사령부의 재배치 보고서(Report of KCOM Roll-up (U))〉에서 한국후방관구사령부의 인사, 작전, 군수, 화학, 공병, 의료, 병참, 통신 분야를 제8군사령부로 이관하는 상세하게 정리하고 있다. 서울지역사령부에서 관리하던 공병 보급소와 탄약보급소 등을 정리하는 내용이 제8군의 재배치 계획과 동시에 이루어지고 있음을 알 수 있다(Report of KCOM Roll-up Operations, A1-1, Box 95, RG 550, Archives Ⅱ).

33 서울지역의 사령부는 1951년 서울지역사령부, 1952년 8월 서울시사령부, 1957년 12월 2일 서울지역사령부로 바뀌었다. 앞의 1951년과 1952년의 경우 보급과 병참 성격이었다. 1957년 12월 서울지역사령부는 용산기지와 안양, 평택 등의 기지들을 포함하고 있었다. 비슷한 시기에 동두천리 보급사령부, 부산지역사령부, 미국 육군병참단(애스컴시티), 미국 육군인천항만사령부, 미육군야전종합창(대구), 북쪽지역사령부(제1군단), 문산리 보급사령부 등의 하위사령부가 설립되었다(Exhibit a Statement of Work for Preparation of Master Plan Folders for Army Installations Eighth United States Army Korea, 21 June 1957, Box 87, A1 315, RG 338, Archives Ⅱ).

잔류하는 것으로 계획되었으나 1955년 4월 15일 잔류 병력을 최대 5만 6,298명으로 늘렸다.

미군의 한국군 군수지원과 보급시설 양도 상황을 보면 한국군은 주한미군으로부터 초과로 지원받은 군수품을 한국군 20개 사단 계획에 따라 지원했다. 보고서에서 따르면 제8군은 1954년 10월 1일부터 1955년 6월 30일까지 한국군에 영등포 제1공병 보급소와 신공덕 제5공병 보급소, 제2화학보급소를 비롯해 미군 탄약보급소 10개소를 폐쇄하고 탄약과 영구 지속 건물 16동, 임시건물 등을 포함해 2,312개소를 한국군에 양도했다. 여기에는 유엔한국 재건단과 유엔한국통일부흥위원단 등 국방부 기관, 그 외 정부 기관, 유엔군사령부 기관, 공인된 외국 대사관, 군을 지원하는 민간 기관, 선교, 구제기관 및 상회 등이 포함되었다. 대한군사원조로는 제5공군, 한국후방관구사령부 및 제8군 부대를 포함한 주요 사령부에 1,500만 달러가 분배되었다. 또한 한국 최초의 흉부외과인 제8군 기념병원이 있었다.

문서에는 미군기지 재배치에서 중요한 부동산의 양도 과정이 담겨 있다. 1954년 6월 말까지 제8군이 보유한 부동산이 학교 34곳, 상용 건물 73채, 개인 주택 75채로 감소했다. 6월에만 용산기지 내의 토지 0.8km^2 이상이 대한민국에 양도되었다. 12월에 토지 및 중요한 재산의 양도와 제9군단 병력의 단계적 철수 및 제24보병사단 배치전환에 따라 미군은 한국정부에 경작지 약 54km^{2}와 비경작지 약 518km^{2}를 양도하고, 학교 3곳, 공장 3개, 창고 6개, 개인 주택 21채 및 사무실 건물 4채를 반환했다. 1955년 1월 서울 영등포 지역에서 26건이 대한민국 육군으로 양도되고, 4~6월 용산 군사기지(중앙 주둔지와 남쪽 주둔지의 서쪽 끝)의 일부(한국군 육군본부)와 132건이 양도되었다. 1955년 6월 말 이후 미군의 재배치는 후송 화물 발송, 애스컴시티의 신규 보급창 건설 완료와 제55병참보급창의 부산에서 인천으로 이전 등이다.[34] 그 외 한국노무단은 1955년 6월 30일까지 7,700명으로 축소되어 재배치되었다. 제8군(전방) 참모부의 작전으로는 화학, 공병, 의무, 병기, 병참, 통신, 수송, 인사, 정보, 작전 참모부의 활동 등을 다루고 있다.

5. 맺음말

이번 자료집에서 번역한 문서들은 광복 이후 미군의 점령과 기지 설치부터 운영 과정, 6·25

34 애스컴시티의 55보급창과 6개 기지는 1953년 6월부터 1954년 11월까지 제8군 공병감실에서 〈한국에서 공병 재배치와 해제에 관한 역사〉(1955)를 참조하면 된다. 특히 한국뿐 아니라 일본 본토와 오키나와의 공병 및 군수 부대 재배치가 동시에 이루어졌다(A History of Engineer Roll-Up and Redeployment. 1955, Box 70, A1-1, RG 550, Archives II).

전쟁을 거쳐 전후 제8군의 군수기지 재배치까지 다양하다. 1945년 7~8월 블랙리스트의 베이커 포티와 작전지시 제4호, 서울임시숙소 규정 등은 미군정기 미군기지의 운용 과정을 알 수 있다. 6·25전쟁기 용산기지 재건과 서울(시)지역사령부 신설, 전후 제8군의 군수 및 병참 시설 등의 재배치는 서울지역의 미군기지 변화를 한눈에 볼 수 있다. 두 시기의 문서들은 서울 내 미군기지의 형성과, 한국정부에 반환되었다가 다시 점유·공여되는 일부 과정을 파악하는 데 실마리를 제공한다.

물론 이 문서들만으로 서울 내의 모든 미군기지들이 어떤 방식으로 공여되고 반환을 반복하는지를 매우 구체적으로 규명하기는 쉽지 않다. 한국과 미국 사이 미군기지 공여 관련 문제는 시기별로 미군 점령과 미군정기, 1948년 11월 최초협정, 한국전쟁과 비상사태 시기, 1966년 주한미군지위협정Status of Forces Agreement, SOFA부터 현재에 이르기까지 풀어야 할 과제가 산더미다.

이번에 소개된 문서들은 서울지역을 중심으로 미군기지의 공여 과정을 풀어내기 위한 첫 단추를 꿰는 바늘코와 같다. 무엇보다 6·25전쟁기 미군의 폭격으로 파괴된 용산기지가 어떻게 재건되는지를 살펴볼 수 있는 문서를 번역했다는 점에서 매우 큰 의미를 갖고 있다. 그리고 1955년 주한미군의 군수 및 병참 부대와 시설 등의 재배치 문서는 서울뿐 아니라 국내 미군기지 공여 과정과 시설 변동 등을 파악할 수 있는 기본자료이다. 이 문서들은 앞으로 현대 서울역사를 분석하고 연구하는 데 길라잡이 역할을 충분히 할 것으로 보인다.

광복 전후 미군의 서울지역 점령 관련 문서

작전지시 제4호

(Operations Instructions No. 4)

출처: RG 332, USAFIK, XXIV Corps, G-2, Historical Section, Box No. 45, XXIV Corps History thru Korean National Defense(1 of 2)

적 상황 추정(블랙리스트_베이커 포티)

(Estimate of the Enemy Situation, Blacklist - "Baker Forty")

출처: RG 332, USAFIK, XXIV Corps, G-2, Historical Section, Box No. 75, U.S.-U.S.S.R.: Establishing Liason with Soviets thru U.S.-U.S.S.R.: Soviet Propaganda(3 of 5)

작전지시 제4호

2급 비밀

태평양 미 육군 총사령부

1945년 8월 15일

1. a. 적군과 아군에 대한 정보는 현재 정보 요약 및 작전 보고서를 참조하라.
   b. 일본 정부와 대본영의 갑작스러운 붕괴 또는 항복에 따라 태평양 미 육군은 일본(카라후토 제외)과 한국(북위 38도 이남)을 점령하고, 일본군과 민간인에 대한 통제권을 확립하고, 이들에게 즉각 군사 행동을 필요로 하는 소정의 항복 조건을 부과할 것이다.
   c. 항복 조건: 첨부 10 〈항복 조건 및 그 시행〉을 참조한다.
   d. 미 태평양 함대 최고 사령관은 다음과 같이 행동한다.
      (1) 정박지, 화산, 이즈 섬, 쿠릴 열도, 마커스 섬에 군사 정부를 수립한다.
      (2) 미 태평양 부대에 의해 일본 영토 점령의 해군 및 육해군 공동 작전 단계를 수행한다.
      (3) 해군 계획의 세부 사항은 나중에 관련 있는 지휘관들에게 제공될 것이다.
      (4) 작전 조정은 항목 3x를 참조한다.
   e. 미군 전략 공군 사령관은 작전에 대한 전략적이고 일반적인 지원을 제공하고 점령 지역에 항공으로 군대를 수송하는 것을 지원한다. 미국 전략 공군 투입에 대한 자세한 내용은 나중에 관련 있는 지휘관들에게 제공될 것이다.
   f. 태평양 항공 수송 사령부의 사령관은 점령지역으로 병력과 물자 수송을 지원한다. 항공 수송 사령부 투입에 대한 자세한 내용은 나중에 관련 있는 사령관들에게 제공될 것이다.

2. a. 태평양 미 육군은 미 태평양 함대와 연계한 해외 합동 작전에 의해 일본 본토(카라후토 제외)와 한국(북위 38도 이남)을 점령하고, 그 안에 군사 정부를 수립하고 항복 조건

을 부과할 것이다.

b. B-Day(이 명령이 적용되는 날짜): 추후 공포

c. 군대 책임 구역: 첨부 1 〈책임 구역과 점령 중심지〉 참조

d. 점령 순서: 첨부 2 〈점령 순서〉 참조

e. 태평양 미 육군

미 육군 원수 더글러스 맥아더, 미 육군

(1) 미 제6군

월터 크루거 장군, 미군

제1군단, 제10군단 및 제5상륙단(해병)

제6보병사단, 제24보병사단, 제25보병사단, 제33보병사단, 제41보병사단, 제98보병사단, 제2해병사단, 제3해병사단, 제5해병사단

기타군대, 지상군 및 서비스군: 첨부 3 〈임시 병력 목록〉 참조

(2) 미 제8군

로버트 아이첼버거 중장, 미군

제9군단, 제11군단, 제14군단

제27보병사단, 제43보병사단, 제77보병사단, 제81보병사단, 제1기병사단, 제11공수부대, 제112기병연대, 제158보병연대

기타 군대, 지상군 및 서비스군: 첨부 3 〈임시 병력 목록〉 참조

(3) 제24군단

존 하지 중장, 미군

제7보병사단, 제96보병사단, 제40보병사단

기타 군대, 지상군 및 서비스군: 첨부 3 〈임시 병력 목록〉 참조

(4) 미 제10군

조셉 스틸웰 장군, 미군

구성된 바와 같다.

(5) 미 제1군

코트니 하지스 장군, 미군

나중에 구성될 것.

(6) 극동 공군

조지 케니 장군, 미군

제5공군, 제7공군, 제13공군
공군이 점령의 중심지로 이동하는 경우: 첨부 3 〈임시 병력 목록〉 참조

(7) 중태평양 미 육군
로버트 리처드슨 중장, 미군
구성된 바와 같다.

(8) 서태평양 미 육군
빌헬름 스티어 중장, 미군
구성된 바와 같다.

3. a. 미 제6군 사령관은 다음과 같이 행할 것이다.

(1) 제5육해군 사령관과 함께 아래와 같이 3단계로 규슈, 시코쿠, 혼슈 서부를 점령할 것이다.

(a) 1단계: 합동 수상작전

① 규슈의 사세보-나가사키 지역을 점령하라.

ⓐ 작전명: 베이커 2

ⓑ A-Day 목표 날짜: B+20

② 혼슈의 오사카-교토-고베 지역을 점령하라.

ⓐ 작전명: 베이커 10

ⓑ K Day 목표 날짜: B+23

(b) 2단계: 후속 지상 및 수상 작전

① 혼슈 서부와 규슈 북부의 시모노세키-후쿠오카 지역을 점령하라.

ⓐ 작전명: 베이커-1

ⓑ C-Day 목표 날짜: 미 제6군의 사령관에 의해 지정된 바와 같다.

② 혼슈 남부의 나고야 지역을 점령하라.

ⓐ 작전명: 베이커-11

ⓑ M-Day 목표 날짜: 미 제6군 사령관에 의해 지정된 바와 같다.

(c) 3단계: 후속 지상 및 수상 작전

① 혼슈 서부의 히로시마-쿠레 지역을 점령하라.

ⓐ 작전명: 베이커-3

ⓑ F-day 목표 날짜: 미 제6군 사령관에 의해 지정된 바와 같다.

② 시코쿠의 고치 지역을 점령하라.

ⓐ 작전명: 베이커-4

ⓑ G-day 목표 날짜: 미 제6군 사령관에 의해 지정되는 바와 같다.

③ 내해의 북쪽 해안에 있는 혼슈의 오카야마 지역을 점령하라.

ⓐ 작전명: 베이커-5

ⓑ I-day 목표 날짜: 미 제6군 사령관에 의해 지정되는 바와 같다.

④ 필요에 따라 후쿠이현의 쓰루가 지역, 혼슈 및 인접지역을 점령하라.

ⓐ 작전명: 베이커-12

ⓑ N-day 목표 날짜: 미 제6군 사령관에 의해 지정되는 바와 같다.

(2) 미 제6군의 책임 구역 내에 있는 규슈, 시코쿠, 혼슈 서부 및 인접한 근해 섬들에 대한 통제권을 설정하고 아래 3x(2)항에 규정된 임무를 수행한다.

(3) 첨부 3 〈임시 병력 목록〉에 작전을 위해 나열된 모든 부대를 준비한다. 이들은 B-day 이전에 미 제6군의 통제 하에 있는 부대들로, 작전을 위해 제8군과 제24군단의 통제에 넘겨질 부대들을 포함한다.

(4) 제5상륙군 사령관 및 극동공군 사령관과 함께 편성된 첨부 3 〈임시 병력 목록〉에 표시되었듯이, 그의 책임구역에 고용될 서태평양 미 육군 지상군과 공군 부대를 탑재시킨다.

(5) 이후 지시에 따르거나 관련 지휘관들 사이에서 직접 합의한 대로, 미 제8군, 제24군단, 극동공군을 지휘하는 사령관들이 각각의 부대를 배치하고 탑재하도록 지원한다.

(6) 극동 공군 사령관과 함께 합의한 대로 레이더 및 항공기 경고 설치를 위해 규슈, 시코쿠 및 혼슈 서부 지역을 점령하고 방어한다.

(7) 극동공군 사령관과 함께 첨부 3 〈임시 병력 목록〉에 제시된 공군 부대를 위해 규슈, 시코쿠, 혼슈 서부에 시설물을 설비한다. 시설에 대한 자세한 내용은 첨부 7 〈엔지니어〉를 참조한다.

(8) 미 제6군의 책임 구역에 있는 해군기지 시설 설치에 있어 미 태평양 함대를 지원한다.

(9) B+5일 동안 첨부 3 〈임시 병력 목록〉에 나열되지 않은 모든 미 제6군부대를 서태평양 사령관의 통제에 넘겨라. 이 사령부는 이전될 부대의 지정에 대해 지체 없이 통보받을 것이다.

(10) 이러한 부대들의 통제권 통과와 동시에, 작전을 위한 부대의 준비 및 설치와 직접 관련된 것들을 제외한 모든 임무들과 의무들을 서부 태평양 사령부로 이전한다.

b. 미 제8군 사령관은 다음과 같이 행할 것이다.

(1) 제3상륙군 사령관과 함께 배치되어 공동으로 다음과 같은 3단계로 혼슈 북부와 홋카이도를 점령한다.

(a) 1단계: 합동 수상작전

① 혼슈의 간토 평야 지역을 점령하고, 태평양 미 육군 총사령관의 중앙 일본정부와 대본영의 통제권을 수립한다.

ⓐ 작전명: 베이커-20

ⓑ Y-day 목표 날짜: B+15

② 혼슈 북부의 아오모리-오미나토 지역을 점령하라.

ⓐ 작전명: 베이커-21

ⓑ O-day 목표 날짜: B+30

(b) 2단계: 후속 수상 작전을 통해 홋카이도의 삿포로 지역을 점령한다.

① 작전명: 베이커-23

② W-day 목표 날짜: 미 제8군 지휘관에 의해 지정된 바와 같다.

(c) 3단계: 후속 지상 및 수상 작전

① 미야기현 혼슈의 센다이-마쓰시마 지역을 점령한다.

ⓐ 작전명: 베이커-24

ⓑ S-day 목표 날짜: 미 제8군 지휘관에 의해 지정된 바와 같다.

(2) 미 제8군 책임 구역 내에 있는 북부 혼슈와 홋카이도 및 인접한 근해 섬에 대한 통제권을 수립하고, 아래 3x(2)항에 규정된 임무를 수행한다.

(3) 작전에 있어 미 제6군과 제24군단의 통제를 받게 될 부대를 포함하여 B-day 이전에 미 제8군의 통제를 받으며 첨부 3 〈임시 병력 목록〉에 나열된 모든 부대를 준비한다.

(4) 제3상륙군 사령관 및 극동공군 사령관과 함께 편성된 첨부 3 〈임시 병력 목록〉에 표시되었듯이, 그의 책임구역에 고용될 서태평양 미 육군과 공군 부대를 탑재시킨다.

(5) 이후 지시에 따르거나 관련 지휘관들 사이에서 직접 합의한 대로, 미 제6군, 제24군단, 극동공군을 지휘하는 사령관들이 각각의 부대를 배치하고 탑재하도록 지원한다.

(6) 극동공군 사령관과 함께 배치된 레이더 및 항공기 경고 설치를 위해 혼슈 북부, 홋카이도를 점령하고 방어한다.

(7) 극동공군 사령관과 함께 첨부 3 〈임시 병력 목록〉에 제시된 공군 부대를 위해 혼슈 북부와 홋카이도에 시설물을 설비한다. 시설에 대한 자세한 내용은 첨부 7 〈엔지니어〉를 참조한다.

(8) 쿠릴 열도를 점령하고 있는 미 태평양 함대와 함께 "베이커-23(홋카이도)" 작전에 나타나는 활동을 조정한다.

(9) (a) B+5일 동안 첨부 3 〈임시 병력 목록〉에 나열되지 않은 모든 미 제8군부대를 서태평양 사령관의 통제에 넘겨라. 이 사령부는 이전될 부대의 지정에 대해 지체 없이 통보받을 것이다.

(b) 이러한 부대들의 통제권 통과와 동시에, 남서태평양 지역에서의 전투 책임 임무와 작전을 위한 부대의 준비 및 설치와 직접 관련된 임무를 제외한 모든 다른 임무와 의무들을 서태평양 사령부에 이양한다.

(c) 작전, 의무, 임무의 연속성을 보장하기 위해서 지휘권 및 임무 이전에 필요한 세부사항을 정리한다.

c. 제24군단 사령관은 다음과 같이 행할 것이다.

(1) 제7상륙군 사령관과 함께 배치되어 공동으로 다음과 같은 3단계로 작전을 수행하면서 한국을 점령한다.

(a) 1단계: 합동 수상 작전을 통해 한국의 경성 지역을 점령하고 태평양 미 육군 사령관의 일본 중앙 정부와 한국의 육해군 지휘권에 대한 통제권을 확립한다.

1. 작전명: 베이커-40

2. E-day 목표 날짜: B +27

(b) 2단계: 후속 지상 및 수상 작전을 통해 한국 남쪽의 부산 지역을 점령한다.

1. 작전명: 베이커-41

2. R-day 목표 날짜: 제24군단 지휘관에 의해 지정된 바와 같다.

(c) 3단계: 후속 지상 및 수상 작전을 통해, 한국 남서쪽의 군산-전주 지역을 점령한다.

1. 작전명: 베이커-42

2. P-day 목표 날짜: 제24군단 지휘관에 의해 지정된 바와 같다.

(2) 제24군단 책임 구역 내에 있는 한국 및 인접한 근해 섬에 대한 통제권을 수립하고, 아래 3x(2)항에 규정된 임무를 수행한다.

(3) 제7상륙군 사령관 및 극동 공군 사령관과 함께 합의했듯이, 첨부 3 〈임시 병력 목록〉에 표시되어 있는 그의 책임구역에 투입될 서태평양에 있는 미 육군 지상군과

공군 부대를 탑재시킨다.

(4) 극동공군 사령관과 함께 배치된 레이더 및 항공기 경고 설치를 위해 한국을 점령하고 방어한다.

(5) 극동공군 사령관과 함께 첨부 3 〈임시 병력 목록〉에 제시된 공군 부대를 위해 한국에 시설물을 설비한다. 시설에 대한 자세한 내용은 첨부 7 〈엔지니어〉를 참조한다.

d. 류큐에서 현재 임무를 수행하고 있는 동안 미 제10군 지휘관은 다음과 같이 행할 것이다.

(1) B-day 전에 미 육군 제10군 통제하에 있는 첨부 3 〈임시 병력 목록〉에 열거된 모든 부대를 준비한다.

(2) 관련 지휘관들이 합의한 대로 류큐의 모든 미 지상군과 공군 부대의 증가를 조정한다.

(3) 이후 지시에 따르거나 관련 지휘관들 사이에서 직접 합의한 대로, 미 제8군, 제24군단, 극동공군을 지휘하는 사령관들이 각각의 부대를 배치하고 탑재하도록 지원한다.

e. 극동공군의 사령관은 다음과 같이 행할 것이다.

(1) 본 사령부의 지시가 있을 때, 일본이 보유한 영토의 목표물을 향한 모든 공습을 중단하고, 1945년 8월 11일자 본 사령부의 작점 지침 1/11에 규정된 조정선 서쪽의 일본과 한국의 중요 지역(북위 38도 남쪽)에서 무력시위를 하기 위한 공중 작전을 개시한다.

(2) 미 태평양 함대의 공군과 미 육군 전략 공군은 함께 다음과 같이 행할 것이다.

(a) 미 태평양 함대의 총사령관(또는 대표)과 협의한 대로 해군, 호송대 및 선박에 대한 항공 보호를 제공한다.

(b) 미 태평양 함대 사령관(또는 대표)과 협의한대로, 점령 지역에서 공중 지원(무력과시를 위한 작전 포함)을 제공한다.

(3) 본 사령부의 지시에 따라 일본과 한국에 최대한의 실행 가능한 부대의 공수작전을 제공하기 위해 병력 수송 작전을 수행한다.

(4) 책임 구역에 공군을 설치하고, 사령부가 나중에 지정하는 날짜에 지상군 및 해군 작전의 항공 지원 임무를 해당 구역에 맡기고 (2)의 (a) 및 (b) 항에 명시된 임무를 계속 수행한다.

(5) 미 제6군, 제8군, 제24군단 사령관의 요청에 따라 항공 정찰 및 사진을 제공한다.

(6) 미 제6군, 제8군, 제24군단의 사령관들과 합의한 대로 그들의 책임 구역에 레이더

및 공중 경보를 설립하고 작동한다.

(7) 관련된 사령관들과 합의한 대로 책임 구역 내에, 첨부 3 〈임시 병력 목록〉에 제시된 공중 수비대를 설치한다.

(8) 관련 지휘관들이 합의한 대로, 첨부 3 〈임시 병력 목록〉에 표시된 극동공군의 배치 및 탑재에 있어서 미 제6군, 제8군, 제24군단의 지휘관을 지원한다.

f. 미국 육군의 중태평양 사령관은 다음과 같이 행할 것이다.

미 육해군 태평양 함대 사령관과 관련된 사령관이 합의한 대로, 첨부 3 〈임시 병력 목록〉에 지정되어 있는 류큐 지역을 제외한 중태평양에 미군 병력을 준비하고 배치한다.

g. 미 육군 서태평양 사령관은 다음과 같이 행할 것이다.

(1) 이후 지시에 따르거나 관련 지휘관들 사이에서 직접 합의한 대로, 미 제6군, 제8군 제24군단, 극동공군을 지휘하는 사령관들이 각각의 부대를 배치하고 장비를 갖추고 탑재하도록 지원한다.

(2) 첨부 3 〈임시 병력 목록〉에 작전을 위해 나열된 모든 부대를 준비한다. 관련된 사령관들이 협의한 대로 이들은 B-day 이전에 서태평양 미 육군의 통제 하에 있는 부대이다.

(3) (a) B+5일 동안, 첨부 3 〈임시 병력 목록〉에 나열되지 않은 모든 미 제6군과 제8군의 통제를 맡는다.

(b) 이 부대들의 통제권을 맡는 것과 동시에

① 남서태평양의 미 제8군 지역에 있는 모든 미 제8군의 전투 책임을 교대한다.

② 작전을 위해 부대를 준비하고 증가시키는 것과 직접 관계된 것들을 제외하고 미 제 6군과 제8군의 모든 임무와 의무들을 교대한다.

(c) 작전, 임무 및 의무의 연속성을 보장하기 위하여 지휘권의 이전에 필요한 세부사항을 준비한다.

(4) 첨부 5 〈병참〉과 첨부 6 〈의사소통〉에 배정된 임무들을 수행한다.

h. 미 제1군 사령관은 본 사령부에 의해 지시된 대로 작전을 위해 준비한다.

x.[35] (1) 미 제6군과 제8군, 제24군단 사령관은 해당하는 해군 기동 부대 사령관과 함께 협의하여 제2단계와 3단계에 명시된 목표의 점령 순서를 변경할 수 있다.

---

35 순서상 'i'에 해당하나, 원문에는 'x'로 표기되어 있다.

또는 이러한 취지 및 진행되는 상황에 따라, 요구되는 다른 목표를 점령할 수 있다. 본 사령부와 사령부의 선발대는 실행할 수 있는 가능한 빨리, 검토된 조치와 날짜를 포함한 변경된 계획에 대해 통보받을 것이다.

(2) 배정된 책임 구역 내에서 미 제6군, 제8군, 제24군단의 사령관은 다음과 같이 행할 것이다.

(a) 모든 무장된 일본군의 항복을 받는다.

(b) 일본군과 민간인의 통제를 마련하고, 그들에게 즉각적인 군사행동을 요구하는 소정의 항복 조건을 부과한다. 첨부 10 〈항복 조건과 그 집행〉 및 첨부 11 〈일본군의 통제, 무장해제, 해산〉을 참조한다.

(c) 일본군과 그들의 보충군을 무장 해제 및 해산시키고 상황이 허락하는 한 신속하게 군사 자원의 통제권을 확립한다. 첨부 11 〈일본군의 통제, 무장해제, 해산〉을 참조한다.

(d) 일본인에 대한 항복조건에 대한 군사 행동에 반대하는 적대 세력을 파괴한다.

(e) 점령군의 작전에 불리할 수 있는 개인과 단체의 활동을 억압한다.

(f) 육군 통신의 주요 경로를 통제하고, 해군 세력과 협력하여 적절한 해군 지휘관과 함께 해안 통신의 주요 경로를 통제한다.

(g) 신호통신을 통제한다.

(h) 군사정부를 수립하고 시민들 사이에서 법과 질서가 유지되도록 보장한다. 첨부 8 〈군사정부〉를 참조한다.

(i) 특히 주민들의 생계, 의복, 피난처 등에 기여하는 안정된 상업을 촉진시킨다.

(j) 미국의 가치에 대한 기밀 정보를 확보 및 보호하며, 상호 교환 및 각 서비스별로 관심 있는 사안에 대한 무제한 접근을 위해 적절한 해군사령관과 협의한다.

(k) 동맹군 포로 및 민간인피억류자를 지체 없이 회복, 구제 및 송환한다. 첨부 12 〈동맹군 포로 및 민간인피억류자의 보호 및 대피〉를 참조한다.

(l) 필요에 따라, 제1단계 후 단거리 육해군 작전을 위한 1개 사단 규모의 수륙양용선의 투입에 대한 세부사항을 해당 해군 지휘관과 협의한다.

(m) 병력의 상황 및 가용성이 허락하는 한 신속하게 제1단계 이후 지역의 점령을 수행한다.

(n) 그 후의 지시에 따라 즉각적인 군사 요구 너머의 항복 조건을 부과하도록 준비되어야 한다.

(o) 전후 점령 및 정부(그렇게 규정될 때)를 위한 정책을 시행하는데 필요한 일본 통제를 확장할 준비가 되어야 한다.

(p) 해군 탐색 및 연안통신의 통제를 위한 해군 시설 설치에 필요한 미 태평양 함대를 지원한다.

(2) 모든 작전은 군대가 적대 행위, 배신행위 또는 파괴 행위에 끊임없이 전투로 대비하는 방식으로 계획되고 수행될 것이다.

(3) 미 제6군, 제8군, 제24군단 사령관은 각각의 지정된 책임 구역 내에서 작전 계획을 조정할 것이다. 해군과 항공 기동 부대 지휘관들은 각각의 상급 지휘관들의 지시에 따라 작전 계획의 조정을 위해 연관된 육군 또는 군단 지휘관들과 만날 것이다. 자세한 사항은 추후 통지한다.

(4) 미 태평양 함대의 세력과 미 태평양 육군의 한국과 일본 본토 내의 작전 조정에 대한 세부사항은 관련 해군 기동대와 육군 사이에서 직접 협의될 것이다.

(5) 첨부 3 〈임시 병력 목록〉 가운데 제2단계에서 고용(투입)될 부대들은 본 사령부의 승인이 있을 때만 배치되거나 투입될 것이다.

(6) 미 제6군, 제8군 및 제24군단의 사령관은 수륙양용작전(육상, 해상, 공군)과 그들이 배정된 책임구역 내의 해안가에서의 후속 조치를 다루는 세부 조정계획의 개요를 가능한 한 빨리 사령부에 제출할 것이다.

(7) 극동공군 사령관은 조정된 일반 공중 계획 (극동공군 및 미 육군전략공군)의 개요를 가능한 한 빨리 사령부에 제출할 것이다.

(8) 정보 및 방첩 지침에 대해서는 첨부 4 〈정보〉 및 첨부 9 〈방첩 활동〉을 참조한다.

4. 병참: 첨부 5 〈병참〉을 참조한다.

5. a. 작전 본부

(1) 태평양 미 육군-마닐라
선발대-일본(공지대로)

(2) 미 태평양 함대-하와이
다음 부대-괌

(3) 미 제10군-오키나와

(4) 미 제1군-칸루방, 라구나

(5) 미 제6군-샌프란시스코, 팜팡가
선발대-일본(공지대로)

(6) 미 제8군-레이테
선발대-일본(공지대로)

(7) 제24군단-오키나와
선발대-한국(공지대로)

(8) 중태평양 미 육군-하와이

(9) 서태평양 미 육군-마닐라

(10) 제3함대-항해 중

(11) 제5함대-항해 중

(12) 제7함대-마닐라, 항해 중(공지대로)

(13) 태평양 함대 상륙군-마닐라, 항해 중(공지대로)

(14) 극동공군-마닐라
선발대-오키나와(일본-공지대로)

(15) 미 육군전략공군-괌

b. 의사소통: 첨부 6 〈의사소통〉을 참조한다.

맥아더 장군의 명령으로.

R. K. 서덜랜드
미 육군 중장, 참모총장

S. J. 체임벌린
소장, 일반참모단, 작전참모

첨부문서 12건

1. 책임 구역과 점령 중심지
2. 점령 순서
3. 임시 병력 목록
4. 정보
5. 병참(나중에 발행될 것)
6. 의사소통(나중에 발행될 것)

7. 엔지니어
8. 군사 정부(나중에 발행될 것)
9. 방첩 활동
10. 항복 조건과 그 집행(나중에 발행될 것)
11. 일본군의 통제, 무장해제, 해산
12. 동맹군 포로 및 민간인피억류자의 보호 및 대피

* 배포

- 미 육군 참모총장, 워싱턴 DC (8)
- 태평양 미 육군 총사령관
- 태평양 함대 총사령관, 괌 (26)
- 제3함대 지휘관-사령관 (5)
- 제5함대 지휘관-사령관 (5)
- 제7함대 지휘관-사령관 (5)
- 태평양 함대 상륙군 지휘관-사령관 (15)
- 제3육해군 지휘관-사령관 (3)
- 제5육해군 지휘관-사령관 (3)
- 제7육해군 지휘관-사령관 (3)
- 미 육군 제10군 사령관 (11)
- 미 육군 제6군 사령관 (20)
- 미 육군 제8군 사령관 (20)
- 미 육군 제1군 사령관 (5)
- 태평양 해병함대 사령관 (5)
- 극동공군 사령관 (10)
- 미 육군 전략공군 사령관 (15)
- 중태평양 미 육군 사령관 (7)
- 서태평양 미 육군 사령관 (13)
- 중국 주둔 미 육군 사령관 (5)
- 연합지상군 사령관(전방군) (3)
- 미 제24군단장 (10)
- 총사령부 참모

적 상황 추정(블랙리스트-베이커 포티)

제10군단 사령부 정보참모부

1945년 8월 17일

1. 적 상황 요약

a. 일반: 이 추정치는 기본 계획에 나열된 가정에 기초하며, 특히 일본 본토 밖의 점령지에서 일본 지휘관의 일부 또는 전부의 항복이 무력에 의해서만 할 수 있다는 가정에 기초한다. 트루먼 대통령의 평화선언 12시간 만에 일본 비행기가 우리 함대를 공습하고, 8월 15~16일 밤 이헤야 섬[36]에 단일기가 공습한 것은 일본 최고사령부가 일본이 항복했다고 공군을 설득하는 데 어려움을 겪고 있거나 자살 가미카제 부대가 계속 활동할 것임을 시사한다. 그럼에도 불구하고 적의 저항은 아마 가벼울 것이지만, 어느 세력으로부터 저항이 올지는 현실적으로 판단할 수 없기 때문에, 조선에 있는 그 모든 병력이 고려된다.

b. 적 인원의 추정: 조선에 있는 적의 사단은 스케치 부록 A에 나와 있다. 조선(제주 포함)에 있는 총 병력은 다음과 같다.

지상군 (단위: 명)

보병사단	200,000
포병, 고사포대, 대공포대	40,000
기타(공병, 통신 등)	60,000
공군 - 지상	25,000
해군 - 지상	25,000

공군 (단위: 명)

전투기	255
폭격기	5
폭격기(중형)	95
정찰기	140

36 이헤야 섬[伊平屋島]은 일본 오키나와섬의 북단 헤도곶[邊戸岬]에서 북서쪽으로 약 33km 떨어진 동중국해 동부 해역에 있는 섬이다.

초등 연습기	130
보조 연습기	255
전체	880

c. 방어

(1) 인천에는 해안 방어가 존재하는 것으로 알려져 있지만, 현재 그들의 인원을 추정하기 위한 충분한 정보가 없다. 이 지역에서 적어도 12개의 야전포병 포가 관측되었다. 전쟁 포로는 1943년 영종도에 해군 시설이 있었다고 보고한다.

(2) 적어도 9개의 야전포병 포와 4개의 탐조등이 경성 지역에서 관측된 것으로 보고되었다.

d. 해변: 1945년 8월 16일자 첨부 B를 보라.

e. 지형에 대한 전술적 연구: 1945년 8월 17일자 첨부 C를 보라.

f. 공병에 대한 전술적 연구: 1945년 8월 16일자 첨부 D를 보라.

g. 해양과 날씨: 1945년 8월 15일자 첨부 E를 보라.

h. 사실에 기반을 둔 자료(경성 구역): 1945년 8월 15일자 첨부 F를 보라.

i. 일본인-조선인 관계: 1945년 8월 17일자 첨부 G를 보라.

2. 결론

a. 적의 능력

(1) 고정된 방어시설과 2개 사단(각각 1개의 보급과 보병)

논평 : 이 방어시설은 비행기, 보트, 잠수함 및 기타 장비를 사용하여 우리의 선박 및 해변 임시창고에 대해 자살적인 방법으로 불리하게 조정될 수 있다. 적이 월미도나 영종도에서 공격하는 부대의 후방으로 사격할 수 있다. 적군이 다른 앞바다에 있는 섬들에 방어선을 가지고 있을 수 있다.

(2) 그들은 최종 진지나 지연 진지에서 방어하기 위해, 인천과 한강 사이의 언덕에 건설한 동굴과 다른 요새를 특히 활용하고 있다.

논평 : (a) 적들은 특히 해변과 인천부 사이를 방어할 수도 있고, 이 기간 동안 우리는 갯벌을 가로질러 군대를 지원해야 한다. 그는 좁은 지협에서 동쪽으로 약 3mi, 인천에서 동쪽으로 약 2mi 떨어진 언덕에서 방어할 수 있으며, 우리의 작전을 반도로 제한하기 위해 이곳에서 방어할 수 있다. 지형으로 표시된 또 다른 위치는 인천에서 동쪽으로 약 12mi 떨어진 넓은 논의 남북 벨트 뒤에 있다. 왼쪽 측면은 481고지(940-1620)에 위치하며 북쪽 측면은 한강 이북에 위치한다.

(b) 지협에서 죽을 때까지 싸우거나, 경성으로 진격하는 것을 지연시키는 다른 수단을 사용하면 적이 상당한 지원군을 가져올 수 있을 것이다. 그러나 그는 기동을 수반하는 지연 행동을 실행하는 데 있어 자신이 미숙하다는 것을 보여주었다.

(3) 한강의 북동쪽 둑을 따라 경성과 용산의 도시들을 방어한다. 한강의 북동쪽 강둑과 경성과 용산의 도시들을 방어하기 위해서다.

논평 : 용산과 경성의 현대식 건물들은 적의 방어에 유리하다. 적들은 한강과 북한산의 경계에 있는 왼쪽(동쪽) 측면에서 쉴 수 있다. 그러나 이러한 적의 전선 확장은 이 위치를 크게 약화시킬 것이며, 특히 적이 2개 사단만 있는 것으로 추정되는 경성을 방어할 경우에는 더욱 그러하다. 경성 북쪽에는 강의 접근을 관찰할 수 있는 훌륭한 관측 지점이 있다.

(4) 조선에서 다른 군대를 운용하기 위해서는 E+4로 이 지역에 4개 사단, E+5로 5개 사단, E+7로 6개 사단, E+8로 8개 사단을 증원해야 한다.

논평 : 일본군이 병력을 수송시킬 수 있는 속도는 하루에 최대 30mi로 계산되었다. 위의 수치는 적이 특정 지역으로 병력을 이동시킬 수 있는 최대 속도를 나타낸다고 여겨진다. 적군은 반드시 크게 분산된 대형으로 진군해야 한다. 그렇지 않으면 밤에 아군의 공군력이 미치는 범위 내에서 진군해야 한다. 적군의 보급은 어려울 것이다.

(5) 만주와 중국 북부에서 병력을 이동시키고 조선의 보급 사단에 의한 추가적인 전투 사단을 신편함으로써 조선에 있는 부대를 강화한다.

논평 : (a) 경성에서 만주의 묵단까지는 약 325mi이며, 입수 가능한 정보에 따르면 만주에서 가장 가까운 일본군이 위치해 있다. 일본인들은 우리의 군대에 대항하여 만주나 북중국의 군대를 집중시키는 동안 그곳에서 지연작전으로 싸우기로 결정할지도 모른다. 혹은 그들은 군대의 일부를 소련 군대에 내주고 나머지는 조선으로 철수시킬지도 모른다. 만주에서 활동하는 소련 군대와 함께, 일본인들은 그곳이나 북쪽에서 군대를 운용할 가능성이 있다. 조선을 방어할지 중국은 의심스럽다. 이 출처에서 조선으로 끌어들일 수 있는 사단의 수는 그 분야에서 유지해온 21개 사단 중 작은 부분에 불과할 것이다.

(b) 이 추정치에서 이전에 경성 보급 사단이 최근 활발한 사단을 배출했다고 가정했는데, 이는 이 점에서 경성의 가장 위협적인 능력이기 때문이다. 따라서 남은 4개의 보급 사단만이 앞으로 몇 달 안에 새로운 전투 사단을 생산할 수 있을 것으로 추정된다.

(6) 반격을 위한 대규모 병력을 집중시키려고 일시적으로 경성에서 철수하는 것이다.

논평 : 남한의 지원군을 기다리기 위해 남쪽으로 철수하거나, 북한이나 만주의 부대를 기다리기 위해 북쪽으로 철수할 수도 있다. 이러한 행동 라인과 연계하여, 소부대의 괴롭힘 공격과 자살 분대에 의한 지연이 예상될 수 있다.

b. 공정 능력 선택에 영향을 미치는 요인: 일본의 항복이 제국 사령부의 명령에 따라 야전

사령관들의 항복을 초래할 가능성을 고려할 때, 저항은 거의 또는 전혀 없을 것 같다. 저항이 발생하면 혼란이 일어나 적이 경성지역에 병력의 상당 부분을 집중하는 것을 막을 수 있다.

루이스 B. 일리
대령, 정보참모부 참모

첨부문서 7건

첨부 A. 〈한국 스케치〉
첨부 B. 〈해변 연구-인천〉
첨부 C. 〈지형에 관한 전술적 연구〉
첨부 D. 〈공병 지형 연구〉
첨부 E. 〈날씨와 해양〉
첨부 F. 〈사실에 기반을 둔 자료-경성 구역〉
첨부 G. 〈일본인-조선인 관계〉

* 배포: 제10군단 사령부 정보참모부, 〈적 상황 추정〉, 1945년 8월 17일.

- *참모총장 (4)*
- *인사참모부 (4)*
- *정보참모부 (12)*
- *작전참모부 (6)*
- *군수참모부 (4)*
- *민사참모부 (4)*
- *포병 (2)*
- *공병 (4)*
- *통신 (3)*
- *대공 (2)*
- *병기 (2)*
- *병참 (2)*
- *의무 (1)*
- *화학 (1)*
- *애스컴*ASCOM *10 지휘관 (8)*
- *본부 사령관 (1)*
- *태평양 연합군 총사령관 (2)*
- *태평양 함대 사령부 (2)*
- *제6군 (2)*
- *제8군 (2)*
- *제24군단 (6)*
- *제7상륙군 (2)*
- *애스컴 1 (1)*

미군정기 서울지역 미군 숙소 관련 보고서

서울군인숙소구역 역사(1946.12.1~1948.8.1)
(History: Seoul Billeting Section, Dec. 1 1946 - Aug. 1 1948)

서울군인숙소구역 보충역사(1948.8.1~1948.11.15)
(Supplemental History: Seoul Billeting Section, 8/1/48~11/15/48)

서울군인숙소구역 역사(1948.11.15~구역 폐지)
(History: Seoul Billeting, 11/15/1948~Section, Discontinued)

이상의 출처: RG 554, USAFIK: XXIV Corps, G-2 Historical Section, 1945-1948 ; Series

서울군인숙소구역 역사(1946.12.1~1948.8.1)

서울군인숙소구역 역사 개요

1. 숙소 구역 설립(첨부 1, 2 참조)

A. 1946년 12월 1일 이전에 누가 군인숙소를 담당했나

B. 서울군인숙소구역의 임무(첨부 3 참조)

C. 서울군인숙소구역 설립 직후 당면한 문제들

(1) 배관 및 난방

(2) 가구, 운영 설비, 건물 공급, 식당 장비

(3) 훈증소독과 구조적 수리

D. 한스트 대령이 테버그 대령을 대신함

2. 문제를 시정하기 위해 취해진 조치

A. 수송부

B. 보급 분과

(1) 창고

a. 식재료

b. 창고 개조

C. 운영 분과

(1) 건물 수리 및 개조, 기타 등등

- 공병들

(2) 57채의 미국식 주택 건축

D. 식당 문제들

(1) 인원 혼잡

(2) 장비 및 보급

(3) 청소 도구

(4) 인사

(5) 위생 기준

(6) 장비와 식량 배분 보안

E. 한국식 가구

(1) 건축과 배달

(2) 회전율

F. 일본산 부양가족 주택 가구

3. 운영분과 활동

A. 공표된 규칙과 규정

B. 군인숙소 배정 절차(첨부 8 참조)

C. 수리, 정비, 그리고 공사에 대한 검사

D. 인사 배치

- 인원 부족

E. 서울군인숙소구역과 공병 사이의 연락

F. 화재 관련 규정 및 예방

(1) 군인숙소와 배선의 구성 구조

(2) 물 부족

(3) 결과

a. 20개월 동안의 운영

b. 두 차례의 대화재

c. 소규모 화재

G. 미국인 부양가족 도착

(1) 첫 번째 겨울 동안 열악한 난방

(2) 부양가족 주택 절차

4. 코블렌츠 대령 도착

5. 두 번째 겨울 동안 난방 상황

A. 기름 난방 장치

B. 획득한 석탄

C. 발전기

D. 군인숙소 거주자 개개인이 취한 조치

6. 군인숙소 주택 위원회

A. 누가 구성하는가?

B. 왜 구성됐는가?

C. 위원회 회의의 결과

7. 경비 분과 설립

A. 존 배드글리 대위

B. H. 파운틴 중위

C. 강도

(1) 내부의 도움이 있었던 몇몇 사례들

(2) 인원과 재산을 보호하기 위해 취해진 조치들(첨부 6, 7, 9 참조)

D. 군인숙소 보호(첨부 9 참조)

E. 한국인 방문객을 위한 패스

F. 투광 조명등과 철조망

G. 순찰

H. 군인숙소 거주자들에 대한 지침

I. 주한미군 사령부 〈회람문서 제27호〉(첨부 4, 5 참조)

8. 회계 분과

A. 회계 분과의 설립을 초래한 문제들

B. 회계 분과를 설립하기 전에 밟은 절차들

C. 회계 분과 설립

D. 인수한 작업

(1) 재정 요청

(2) 임금 대장 준비

(3) 카드식 목록 점검

E. 1948년 7월 1일에 추가된 책임(첨부 10, 11 참조)

(1) 재정 삭감

(2) 비용 징수

(3) 피고용자 임금 지급(첨부 13 참조)

9. 거주 인원이 1948년에 정점을 찍음

10. 전력

A. 언제 차단하는가?

B. 발생한 문제들

C. 이러한 문제들은 어떻게 해결됐는가?

11. 식당 분과가 보급에서 독립됨(첨부 12 참조)

- 이유

첨부문서 15건

1. 제24군단 사령부, 〈일반명령 제156호〉, 1946년 11월 30일
2. 제24군단 사령부 사령관실, 〈일반명령 제27호〉, 1947년 3월 12일
3. 제24군단 사령부 서울군인숙소구역, 〈서울군인숙소구역 예규〉, 1947년 5월 16일
4. 주한미군 사령부 사령관실, 〈회람문서 제27호(군인숙소 내 방문객들을 위한 엔터테이닝)〉, 1947년 2월 22일
5. 제24군단 사령부 서울군인숙소구역, 〈비망록(회람문서 제27호의 해석)〉, 1948년 6월 21일
6. 제24군단 사령부 서울군인숙소구역, 〈비망록(군인숙소 내에서의 도난)〉, 1948년 4월 3일
7. 제24군단 사령부 서울군인숙소구역, 〈군인숙소 내 사고발생 시 적절한 절차와 행동〉, 1948년 5월 11일
8. 제24군단 사령부 서울군인숙소구역, 〈비망록(군인숙소 절차)〉, 1948년 5월 19일
9. 제24군단 사령부 서울군인숙소구역, 〈절도와 메트로폴리스 숙소 경비의 직무상 과실을 보고하는 절차〉, 1948년 7월 9일
10. 제24군단 사령부 서울군인숙소구역, 〈비망록(개인 서비스에 대한 이용료 징수 방법 요약)〉, 1948년 7월 3일
11. 제24군단 사령부 서울군인숙소구역, 〈비망록(숙소 및 식당 서비스 이용료)〉, 1948년 7월 8일
12. 제24군단 사령부 서울군인숙소구역, 〈비망록(식당 부서의 재조직)〉, 1948년 7월 22일
13. 제24군단 사령부, 〈재정 비망록 제3호(한국인 임금 대장 절차)〉, 1948년 7월 27일
14. 〈군인 숙소 목록〉
15. 제24군단 사령부 사령관실, 〈비망록(군인숙소 주택 위원회)〉, 1947년 1월 9일

서울군인숙소구역은 1946년 11월 30일의 제24군단 일반명령 제156호에 의해 어니스트 J. 테버그 대령을 책임자로 임명하면서 같은 날 공식적으로 신설됐다. 이 명령은 후에 1947년 3월 12일 발표일부터 서울군인숙소구역을 제24군단의 특별참모 구역으로 설정하는 제24군단 〈일반명령 제27호〉에 의해 폐지됐다. 1946년 12월 1일에 해당 구역은 제24군단장실로부터 4개의 식당을 포함한 7개의 숙소와 재조선미군정청으로부터 15개의 숙소와 4개의 식당을 받았다.(첨부 1, 2 참조)

서울군인숙소구역을 신설하기 전에 모든 군인숙소는 제24군단 사령관실과 미 군정청의 공동 책임이었다.

서울군인숙소구역의 임무는 서울지역 점령지 전체의 장교와 그 부양가족, 민간인 피고용자, 임시거주자, VIP 그리고 특별 인사들에게 적절한 주거 및 식사 시설을 제공하는 것이다.(첨부 3 참조)

서울군인숙소구역이 설립되자마자 즉각 기존의 이용 가능한 시설들이 적절하지 않다는 것이 밝혀졌다. 추가적인 시설이 긴급하게 필요했다. 일본식 건물의 배관과 난방은 미국 기준에 한참 못 미쳤다. 가구, 작업 설비, 건물 공급과 식당 장비가 절실하게 필요했다. 건물은 훈증소독과 구조적인 수리가 필요했다. 이들은 서울군인숙소구역 설립 직후 당면했던 여러 문제 중 일부였다.

1947년 3월 10일에 K. F. 한스트 대령이 테버그 대령을 대신해서 서울군인숙소구역을 책임지게 됐다.

1946년 12월 1일에 시설의 열악한 상태를 개선하기 위한 즉각적이고 적극적인 조치가 취해졌다. 보급 분과 소속의 수송부는 필요한 차량 추정치 53대 중 20대만 보유하고 있었다. 당시 차량에 대한 필요가 최우선순위였다. 필요한 추정치를 충당할 때까지 매달 차량을 추가로 획득해서 1947년 한여름에 마침내 53대의 차량을 보유하게 되었다. 이는 서울군인숙소구역이 설립되고서 약 7개월 만의 일이었다.

보급 분과를 압박하는 또 다른 문제들이 있었는데, 그중 하나는 창고 시설이 적절하지 않다는 것이었다. 서울역 근처 창고는 하나밖에 없는 유일한 활용 가능한 창고였다. 다른 보급품에 더해 배급을 위한 식료품을 이곳에다가 저장해야만 했다. 적절한 난방 시설이 없었기에 민감한 식료품들의 경우 얼고 사람이 먹기에 부적절한 상태가 됐다. 이 창고의 위생 상태도 매우 열악했다. 1947년 3월 20일 즈음에 한스트 대령이 창고에 대한 검사를 진행했다. 검사 결과, 모든 문제점을 해결하고자 창고 보수 공사가 즉각적으로 실시됐다. 전반적인 위생 상태를 개선하기 위해 시작된 공사는 완료되기까지 한 달이 소요됐다.

군인숙소 건물의 보수 및 복원 공사, 시설 수리는 공병대가 담당했다. 공사 인원, 특히나 숙련된 인원을 비롯해서 보급품과 장비 모두 부족했기에 전체적인 개보수 공사는 매우 느리게 진척될 수밖에 없었다.

1947년 6월까지 방 6개 및 7개짜리 복층 아파트 방식의 미국 스타일 주택 57채가 완공되어 서울지역의 거주자들을 맞이할 준비가 되었다. 이들 건물은 최고 수준의 경비를 갖춘 하나의 복합 시설이 되었다.

식당이 급격하게 많은 사람들로 붐비게 되면서 보급 분과는 또 다른 문제와 마주하게 되었다. 식당에서 사용하는 장비와 관련 보급품은 구하기가 상당히 어려웠다. 해당 지역의 상황에서 취사 활동을 하기엔 청소도구가 부족했다. 미국인 인사와 장비가 모두 부족했던 데다가 사실상 대부분의 조선인 인원이 별다른 훈련을 받은 적이 없이 없다는 사실이 식당이 당면한 문제들의 주된 원인이었다. 이런 상황에서 식당에서 일하는 한국인들을 교육해야 했다. 이들에게 미국의 위생 기준을 가르치고 강제해야만 했다. 도난이나 도둑질을 최소한으로 방지하기 위해서 식탁에서 사용하는 식기류와 주방용품 그리고 식료품에 대해 끊임없이 체크해야만 했다.

모든 숙소 건물에서 사용할 가구들을 구하는 작업은 끊임없이 계속됐다. 공사하고 필요한 가구나 물품들을 운송에 걸리는 시간과 더불어 한국에서 해당 물품들이 품질이 떨어지고 한국인들의 기술적 역량이 뒤떨어진다는 사실로 인해 가구들을 끊임없이 교체해야 했고 이는 다시 숙소 건물들 내에서의 만성적인 가구 부족으로 이어졌다. 1947년 필요분을 모두 채우고자 일본에 충분한 수의 독립주택 가구를 요청했다. 요청에 따라 1년이 지나 1948년에 배달이 진행됐다. 사실 배달이 완료된 시기와 거의 같은 시기에 부양가족들은 미국 본토로 돌아갔다.

군인숙소와 숙소 관련 작업에 대한 규칙 규정은 명확하고 세심하게 만들고 공표되어야 한다. 숙소 배정 절차는 만들어져 있다. 시설 내에서 체류할 인원들은 성별과 계급에 따라 숙소에 배정된다. 일부 시설들은 여성 전용 숙소로 지정되었고 다른 일부 시설들은 남성용으로 지정됐다.

시설은 추가로 위관급 장교 숙소와 영관급 장교 숙소로 나눠졌다. 위관급 장교 숙소는 위관급 장교들과 더불어 민간인 중 비슷한 직급을 가진 이들이 숙박했던 곳이다. 영관급 장교 숙소는 마찬가지 방식으로 운영됐는데, 다만 이들은 오로지 영관급 인사들만 숙박했다는 점에선 다르다. 대령급이나 그 이상 계급의 인사나 다른 VIP 인사들에겐 조선 호텔이 마련되었다. 숙소에서 체류 중인 모든 인원들은 반드시 반도 호텔의 로비에 위치한 숙소 관리 및 배정 사무실에 들려야한다. 그곳에서 체류 인원들은 숙소 서류를 받고 이를 자신이 배정받은 숙소로 가져와야 한다. 방이나 숙소 배정을 바꿀 시에는 다음의 규정을 따라야 한다.

옮기길 희망하는 방이 비었을 시, 숙소의 모든 체류자들은 새롭게 비게 된 방으로 배정받을 신청 기회를 얻게 된다. 최종 선발은 다음의 것들에 기반해서 이루어진다.

a. 계급과 해당 계급으로의 진급일

b. 계급과 진급 날짜가 같을 시 한국에서 중단 없이 임무를 수행한 기간(첨부 8 참조)

어떤 수리와 정비 그리고 공사가 요구되는지를 결정하는 데 필요한 검사가 완료됐다. 검사는 작업 분과가 수행했다. 인원을 숙소에 배정하는 것도 작업 분과가 담당한 임무였는데, 이는 큰 골칫거리였다. 한국에서 숙련된 사람은 매우 적었기에 구하기 힘들었다. 이러한 작업을 위해 필요한 인원들은 자신들에게 전혀 익숙하지 않은 업무 위치에서 새로운 일을 배우고 이를 최소한의 시간 안에 수행했어야 했다. 작업에는 서울군인숙소구역과 공병대 사이의 연락을 지속하는 것도 포함됐다. 작업 분과는 1947년 초에 숙소 시설의 형태를 적절하게 개조하고 필요한 추가적인 숙소 건물을 확보하는데 상당히 바쁜 시간을 보냈다.

화재 관련 규정 또한 공표해야 했다. 그에 따라 소방 훈련이 실시됐다. 주 단위, 월 단위로 화재 예방 점검이 실시됐고, 엄격한 화재 예방 규율이 강제되었다. 숙소 건물들의 구조적 구성, 열악한 전기 배선 상태 그리고 적재적소에 필요한 물이 부족하다는 사실 때문에 이 모든 화재 예방 조치가 강조됐다. 그에 따른 기록 그 자체가 성취한 결과를 보여줬다. 50채에 가까운 숙소 건물을 스무 달이란 시간 동안 운영했지만, 주요 화재 사건은 두 건밖에 발생하지 않았다. 기라쿠는 1947년 7월 11일에 발생한 화재로 파괴되었고, 소비에트 제2호는 같은 해인 1947년 11월의 화재로 파괴됐다. 비록 이들 두 화재 사건으로 적지 않은 재산 손실 피해가 발생했지만, 그 누구도 죽거나 다치는 일은 발생하지 않았다. 이 두 화재 사건 모두 개인 차원에서의 부주의로 발생한 것이었다. 만약 화재 발생 당시 충분한 양의 물을 활용할 수 있었다면 이들 두 건물이 전소되지 않고 부분적으로라도 남았을 가능성이 있다. 물론 숙소 건물과 식당 건물들에서 소규모 화재가 몇 번 발생하긴 했지만, 그에 따른 재산 피해는 무시해도 좋은 수준이었고 사상자도 전혀 발생하지 않았다.

미국인 부양가족들은 서울에 1946년 9월 9일부터 서울에 도착하기 시작했다. 1946년과 이듬해인 1947년 겨울 동안 대부분 집은 온수난방 시스템이나 실내 난방기 혹은 온풍난방 시스템을 통해 난방했다. 적절한 난방 시설이 부족하고 석탄 또한 충분하지 않았기에 이때의 겨울은 몹시 힘들었다.

서울군인숙소구역의 몇몇 분과들이 장교들과 육군부 군무원의 부양가족들에게 숙소를 제공하는 데 관여했다.

운영 분과는 작업, 계획, 공사, 점검, 관리 그리고 부양가족이 주거하는 데 필요한 공공시설 마련에 필요한 전반적인 계획 수립과 조율 그리고 참모 감독을 담당했다. 운영 분과는 부양가족이 살 집의 위치를 지정하고 조사했으며 해당 위치가 생활하기에 적합할 수 있도록 난방, 조명, 수자원, 배관, 그리고 건설에서의 변경 사항 등 필요한 사항들을 제안했다. 지정된 위치의 부동산을 소유한 조선인들에 대한 정보를 획득하기 위해 주한 미군정청 사령관에게 요청하기 시작했다. 공사 중에 빈번한 검사가 이루어졌다.

부양가족들이 거주하는 주택에 대한 모든 파일들과 함께 모든 제24군단 인원의 부양가족들과 관련된 종업원들의 임금 대장을 행정분과가 관리했다. 주택 관리와 관련한 우선순위 리스트는 계급 및 계급 진급 날짜에 따라 구성됐다. 각 개인에게 사용할 수 있는 집들이 공개됐고, 몇몇 선택지를 고르는 것도 가능했다. 그렇게 주택이 배정되었다.

1947년 11월 2일에 S. P. 코블렌츠 대령이 한스트 대령을 대신해 새로 서울군인숙소구역 사령관을 맡게 되었다. 이때 당시에도 숙소의 전반적인 상황은 만족스러운 것과는 매우 멀었다. 1947년과 1948년 겨울 동안 석유 난방 시설들이 설치되었다. 충분한 양의 석탄도 확보했다. 발전기들을 작동시켜서 석유 버너에 있는 전기 모터를 돌렸다. 이제 무언가 상황이 변하기 시작하는 것처럼 보였다. 전체적인 시설들 모습이 나아지고 있었고 숙박 시설들은 더욱 사용하기 편리해지고 있었다. 거주자들 대부분은 시설 내에서 스스로 할 수 있는 것들을 통해 자신들의 생활공간을 더욱 편리하게 가꾸어 나갔다.

각 숙소 건물별 주택 위원회가 구성됐다. 이들 위원회는 각 생활공간의 일부 거주자들이 구성했다. 군인숙소 관리자가 참석한 가운데 정기적인 회의가 열렸고 생활공간 내에서 발생한 문제들이 제기되었다. 이들 위원회에서 제출한 제언들은 전체 숙소 거주자들이 필요한 것이 무엇인지를 알아내는데 필요한 기초 자료가 되었다. 버스 일정이 변경됐다. 버스의 경로가 변경됐다. 가능할 때면 언제든 새로운 시설이 서울군인숙소구역에 들어서는 것에 대한 허가가 내려졌다. 이들 회의를 통해 거주자들은 서울군인숙소구역에 합법적인 절차로 필요한 것들을 요청할 수 있는 창구가 생겼다.

1948년 2월에 서울군인숙소구역은 경비를 온전히 담당하는 분과가 필요하다고 판단했다. 그전까지는 존 배드글리 대위가 별도의 전담 분과가 따로 없는 상황에서 서울군인숙소구역에 필요한 경비 업무를 담당했다. 경비 분과가 처음 설립되었을 때 H. 파운틴 중위가 이를 담당하게 됐다. 경비 분과는 인명과 재산을 보호할 새로운 수단을 위해 끊임없이 주의를 기울였다. 강도 사건들이 발생했다. 몇 사건은 시설 내부인의 도움까지 받았었다. 가능하다면 사건에 가담한 모든, 혹은 일부 사람이 누구인지 알고 취득할 수 있는 모든 정보를 얻고자 각 사건에 대해 즉각적인 조치가 취해졌다. 시설 경비(조선경비대[37])를 계속해서 점검했다. 한국인 게스트가 시설을 방문하는데 필요한 방문증에 대한 요청은 모두 새롭게 설립된 보안 분과가 승인 여부를 결정했고, 방문증 하나하나를 승인할지 승인하지 않을지가 신중하게 판단됐다. 투광 조명등이 설치되었고, 가시가 달린 철조망 설치 공사도 진행됐다. 중단 없는 순찰이 일상이 되었다.

숙소의 모든 거주자에게 자신의 방문을 잠그고 다니고 자신들의 직접적인 예방 수단을 통해 직접 자기 재산을 보호할 수 있도록 공지사항을 전달했다(첨부 6, 7, 9 참조).

재조선미군정청이 1947년 2월 22일에 발표한 〈회람문서 제27호〉의 집행은 보안 분과가 담당했다. 해당 공문은 여성 생활관에 방문한 남성들, 혹은 반대로 남성 생활관에 방문한 여성들을 규제하는 것이었다. 보안 분과는 서울군인숙소구역과 조선경비대 사이의 연락도

---

37 미군정이 1946년 4월에 창설한 경비부대이다.

담당했다.

서울군인숙소구역에는 또 다른 문제가 발생했는데, 바로 보안 분과에서 일하는 조선인 인원들에게 급여를 지급하는 것이었다. 임금 대장에는 임금 과다지급이나 과소 지급 등의 오류가 있었을 뿐만 아니라 때때로 두 배의 급여를 지급하는 일도 발생했다. 숙소 관리자들은 임금 대장을 자신들이 직접 쓰고 그에 따라 급여를 직접 챙기면서 이를 위한 금액을 요청하고 있었다. 조선인 인원들의 급여를 지출하는 작업을 제어하는 중심적인 기구나 담당자가 없었다. 1948년 2월에 서울군인숙소구역의 재정 분과가 설립되었고 E. W. 존슨 중위가 책임자로 임명됐다. 새로 생긴 분과는 실제로 지급하는 것을 제외하고는 한국인들에게 급여를 지불하는 것과 관련해서 이전까지 숙소 관리자들이 하던 모든 작업을 담당했다. 모든 한국인 피고용자들을 대상으로 카드식 목록이 만들어졌다. 숙소 관리자들은 자신들의 요구 초안을 제출했고 재정 분과는 자금을 요청했다. 이어 재정 분과가 언급한 카드식 목록을 통해 이중으로 점검하면서 임금 대장을 준비했다. 1948년 7월 1일에 재정 분과는 새로운 책무를 담당하게 됐다. 숙소 구역이나 식당에서 일하는 일부 한국인 인원들에게 보유 자금으로 급여를 지급하는 것이 더 이상 가능하지 않게 되었다. 급여에 필요한 돈은 이들 한국인 인원의 서비스를 통해 직접 이익을 받는 모든 이들로부터 직접 거둬졌다.

돈을 거둬야 하는 인원들에 대한 엄격한 분류 기준이 마련되어야 했다. 모인 돈은 원으로 환전된 뒤 한국인들에게 급여로 지급되어야 했다(첨부 10, 11, 13 참조).

1948년 4월에 시설 내 작업은 최고로 분주해졌다. 하지만 곧바로 부양가족들이 미국 본토로 돌아가기 시작하면서 작업량이 급격하게 줄어들었다. 가장 바쁜 기간에는 서울 군인숙소에 총 271가족과 비혼 상태인 1,912명의 장교 및 여성과 남성 민간인들이 거주했다. 이는 서울군인숙소구역의 통제하에 있지 않았던 제7사단 구역은 제외한 수치다.

얼마 지나지 않은 1948년 5월 14일에 소련인들이 점령한 북한 지역에서 공급되는 전기가 모두 차단됐다. 이로 인한 전력 부족은 많은 문제를 야기했다. 숙소 내에서 사용할 뜨거운 물을 위해 전기가 필요했다. 숙소의 조명 상황도 심각했다. 조명이 줄면서 보안 상황도 악화됐다. 다른 전력원을 사용할 수 없을 시엔 발전기를 즉각적으로 가동했다. 경비 분과는 전력 절약 규정을 집행할 책임을 맡게 됐다.

서울군인숙소구역에서 현재까지 가장 마지막으로 설립된 분과는 식당 분과다. 식당 분과는

1948년 7월 24일부터 보급 분과에서 갈라져 나와 독립된 분과로서 기능하기 시작했다. 이러한 조직 변동의 이유는 다음과 같다. 전체 숙소의 작업이 줄고 있었고 육군이 모든 부양가족을 미국 본토로 돌려보내고 있었다. 이는 숙소 구역과 식당이 불필요한 부분을 통폐합해야 한다는 것을 의미했다. 보급 분과가 통폐합 작업을 진행하면서 떠안게 된 막대한 양의 업무량으로 인해 보급 업무와 식당 업무를 각기 다른 분과가 맡을 필요가 생겼다(첨부 12 참조).

서울군인숙소구역의 임무는 처음 생겼을 때와 여전히 다름없다. 서울군인숙소구역의 미래 계획은 전체 점령 기간에 계속해서 맡은 임무를 수행하는 것이다.

첨부 1. 〈일반명령 제156호〉, 1946년 11월 30일

제24군단 사령부

1946년 11월 30일

일반명령 제156호

Ⅰ. 서울군인숙소사령부의 설립

서울군인숙소 사령부는 반도호텔의 로비에 있는 숙소 담당 사무실과 함께 본 사령부에 설립됐다. 현재의 작전 계획에서 본 명령에 따른 계획으로의 변경은 점진적으로 이루어질 것이나, 늦어도 1946년 11월 30일이나 그 전에 완료되어야 한다.

Ⅱ. 서울군인숙소사령부의 기능

서울군인숙소 사령부의 기능은 다음과 같을 것이다.

a. 영등포와 김포의 제7보병사단을 제외한 모든 부양가족과 부양가족이 없는 장교들, 국무부 인원들, 연합국 인원들, 전쟁부에 고용된 민간인들, 미국 적십자사 인원들, 육군여군부대 및 간호단 인원들, 승인받은 민간인 대표들 대표적인 선교사들, 승인받은 미국 혹은 다른 국가 국민들, 공식적인 방문자들, 서울지역을 임시로 방문한 이들에게 숙소를 제공한다.

b. 적절한 시설 관리를 위해 필요한 화재 예방, 청결, 식당 관리, 숙박 제공, 행정, 검사에 대한 책임을 진다.

c. 서울 도시 내에서 필요한 교통을 위해 버스 시간표 및 노선을 관리한다.

(1) 현재 짜인 버스 운송 서비스를 운영하는 것은 앞으로도 계속 제24군단 사령부 사령관의 담당 업무일 것이다.

(2) 모든 숙소의 관리는 앞으로도 서울 시설 공병이 책임일 것이다.

(3) 유기적인 부대의 숙박, 혹은 그러한 부대 지역에서 숙박하는 인원들은 숙소 사령부의 책임 소관이 아니다.

Ⅲ. 군인숙소 관리 장교 임명

어니스트 J. 테버그 대령(공병단 0176783). 위 사람을 서울지역의 숙소 관리 장교로 공식

임명한다.

하지 중장의 명령에 따름.

토마스 W. 헤렌
준장, 일반참모단, 참모장

찰스 에니스
대령, 부관참모부, 부관참모

* 배포: X

첨부 2. 〈일반명령 제27호〉, 1947년 3월 12일

제24군단 사령부 사령관실

1947년 3월 12일

일반명령 제27호

Ⅰ. 일반명령의 폐지

본 사령부의 1946년 11월 30일자 〈일반명령 제156호〉는 폐지되었다.

Ⅱ. 군인숙소구역의 설립

서울군인숙소구역은 본 문서에 의하여 본 사령부의 특별참모구역으로 선포된다.

Ⅲ. 군인숙소 구역의 기능

서울군인숙소구역의 기능은 다음과 같을 것이다.

a. 영등포와 김포의 제7보병사단을 제외한 모든 부양가족과 부양가족이 없는 장교들, 국무부 인원들, 연합국 인원들, 전쟁부에 고용된 민간인들, 미국 적십자사 인원들, 육군여군부대 및 간호단 인원들, 승인받은 민간인 대표들 대표적인 선교사들, 승인받은 미국 혹은 다른 국가 국민들, 공식적인 방문자들, 서울지역을 임시로 방문한 이들에게 숙소를 제공한다.

b. 적절한 숙소 관리를 위해 필요한 화재 예방, 청결, 식당 관리, 숙박 제공, 행정, 검사에 대한 책임을 진다.

c. 서울 도시 내에서 필요한 교통을 위해 버스 시간표 및 노선을 관리한다.

(1) 현재 짜인 버스 운송 서비스를 운영하는 것은 앞으로도 계속 제24군단 사령부 지휘관의 담당 업무일 것이다.

(2) 모든 숙소의 관리는 앞으로도 서울 시설 공병이 책임일 것이다.

(3) 부대의 숙박, 혹은 그러한 부대 지역에서 숙박하는 인원들은 숙소 사령부의 책임 소관이 아니다.

Ⅳ. 특별 참모 장교 발표

케네스 F. 한스트(보병대 0-5124)를 서울군인숙소구역의 사령관으로 공식 임명한다.

브라운 소장의 명령에 따름.

토마스 W. 헤렌
준장, 일반참모단, 참모장

찰스 에니스
대령, 부관참모부, 부관참모

* 배포: *X*

첨부 3. 〈서울군인숙소구역 예규〉, 1947년 5월 16일

제24군단 사령부 서울군인숙소구역

1947년 5월 16일

서울군인숙소구역 예규

Ⅰ. 기능

1. 영등포와 김포의 제7보병사단을 제외한 모든 부양가족과 부양가족이 없는 장교들, 국무부 인원들, 연합국 인원들, 전쟁부에 고용된 민간인들, 미국 적십자사 인원들, 육군여군부대 및 간호단 인원들, 승인받은 민간인 대표들 대표적인 선교사들, 승인받은 미국 혹은 다른 국가 국민들, 공식적인 방문자들, 서울지역을 임시로 방문한 이들에게 숙소를 제공한다.
2. 적절한 숙소 관리를 위해 필요한 화재 예방, 청결, 식당 관리, 숙박 제공, 행정, 검사에 대한 책임을 진다.
3. 서울 도시 내에서 필요한 교통을 위해 버스 시간표 및 노선을 관리한다.

Ⅱ. 조직

4. a. 계획 검사 분과, 시설 관리 분과, 군인숙소 분과로 구성된 운영과
   b. 행정과
   c. 군인숙소 및 부양가족 숙소 배정과
   d. 식당 분과, 군인숙소 창고 분과, 부양가족 숙소 창고 분과, 차량 분과로 구성된 보급과

Ⅲ. 기능 및 작전 절차

5. 운영과
   a. 기능: 운영과는 부양가족 숙소 및 군인숙소 공간에서 운영되는 식당을 포함한 모든 숙소 시설에 대한 운영, 계획, 건설, 교육, 검사, 유지보수 및 편의 시설 요구사항에 대한 전반적인 계획, 조정 및 직원 감독을 담당한다.

b. 임무와 절차: 운영과는 부양가족이 사용할 주택의 위치를 결정하고, 그 위치를 조사하며, 부양가족 주택에 필요한 것을 확보하고, 군인숙소 구역을 지원하는 공병 인원과 협력하고, 선정한 위치와 주택들을 새로 활용할 방안을 제안한다. 이러한 제안에는 난방, 조명, 물, 하수 부양가족이 체류하기에 적절한 장소가 될 수 있도록 공사에 필요한 변경 사항 등이 포함된다. 조사가 완료된 후엔 주한미군정청 총사령관에게 해당 위치의 부동산을 소유한 조선인에 대한 정보 제공을 요청해 해당 지역을 적절하게 징발하고 조선인을 몰아낼 수 있도록 조치했다. 프로젝트 지시 요청은 부동산 정리가 완료된 이후에 위의 제안 사항을 기반으로 제24군단 사령부 공병대 앞으로 작성된다. 운영과는 언급한 부동산이 사용할 수 있는 상태가 되고 시설 공병에게 넘겨지기 전까지의 부동산이 위치한 장소를 재활용하는 과정에서 직원 감독을 수행한다. 해당 부동산을 서울군인숙소구역이 운영하는 숙소가 되는 경우에도 마찬가지 과정이 이어진다. 지정한 위치에서 공사가 필요할 때면 운영과는 담당 공병 작업자와 협력하고 수자원, 전력, 하수 관련 필요사항을 위한 장소들을 설계하는 것을 돕는다. 운영과는 또한 공사하는 동안의 작업 감독을 돕고 제24군단 사령부 군인숙소 구역이 진행 과정을 알 수 있도록 주기적인 검사를 수행한다.

(1) 계획 및 검사 분과

(a) 기능: 모든 실제 및 미래 활동에 관한 소식에 뒤떨어지지 않도록 기록 및 보고서들을 관리. 계획 및 조사 준비. 군인숙소를 위해 선택되거나 추천받은 부동산에 대한 시설 공병의 조사 협력. 시설과 관련해서 요구되는 재활용, 공사, 수리, 변경을 위한 계획에서 협력, 지원, 조언(공병대 혹은 외주업체). 군인숙소 혹은 부양가족 주택으로 사용하기 적합한 부동산 위치 선정 및 보고. 자산관리국과 공병대의 부동산 내역 및 명세서 작성에 협력. 이와 같은 부동산을 취득하기 위한 요청서 혹은 다른 필요한 조치 취하기. 필요한 경우 부동산에 대한 추가적인 조사 수행하기. 빈번한 검사와 그에 따른 시정 조치 제안을 통해 군인숙소를 최상의 상태로 유지. 버스 일정 및 노선 짜기.

(b) 임무와 절차: 운영과는 민간 인원과 군 인사국으로부터 서울지역 내에서 미래에 필요한 인사에 대한 보고 받고 이들을 추합한다. 이들 보고에 기반해서 서울지역 내에서 (추가적으로) 필요한 군인숙소 공간을 예상하게 된다. 이들 예상치는 현재 사용할 수 있는 공간과 균형을 맞추게 되며,

만약 공간이 충분하지 않다면 운영과는 다음의 조치를 통해 즉각적으로 공간을 확보한다.

1. 미국인이 사용할 수 있으나 현재 한국인이 사용하고 있는 부동산 징발
2. 징발해서 군인숙소 구역에 귀속 중이거나 징발될 수 있는 장소에 숙소 시설을 추가적으로 건축

이러한 조치가 필요할 시엔 운영과가 프로젝트 요청사항을 작성해서 군단 공병대로 전달한다. 운영과와 공병대에서 각 한 사람이 해당 부동산을 방문해서 프로젝트 지시사항에 포함될 일반적인 세부 사항들을 결정한다. 운영과는 자산관리국이 해당 부동산에 대한 재산 내역을 작성하는 것을 지원하고 공병대가 부동산 명세서를 작성하는 것을 돕는다. 운영과의 인원들이 숙소 조사와 검사를 수행해서 군인숙소 구역의 사령관에게 시정 조치를 제안한다. 버스 일정은 사령관실, 여타 버스 운영을 담당하는 이들과 함께 작업해서 짠다. 배포용 버스 스케쥴 등사판 준비 및 미리 보내기 버스 스케쥴에 대한 복사본을 숙소와 안내데스크에 배부. 버스 운행과 관련된 모든 불만 사항은 운영과가 담당한다.

(2) 운영과의 시설 관리 분과

(a) 기능: 숙소, 식당 그리고 부양가족 주택을 운영하는 데 필요한 보수, 수리, 개조, 공사 인원 감독. 이러한 작업에 필요한 견적치 작성. 모든 숙소가 만족스러운 상태로 운영될 수 있도록 시설 공병과 협력해서 시설 관리 상태를 적절하게 유지. 숙소 내에서 필요한 작업을 수행하는데 다음의 절차들이 작업을 수월하게 할 것이다.

1. 각 작업명령서에 대한 복사본 한 부씩을 임시 미결 파일로서 운영과의 숙소 관련 폴더에 보관한다.
2. 본 숙소 구역 내에서 긴급 요청사항을 제외한 모든 작업 필요 사항은 군인숙소 분과의 사령관에게 요청한다. 서울 군인숙소 메신저가 서명 요청서를 서울군인숙소구역에 전달한다.
3. 시설 관리 분과 분과장이 작업 지시서 사본을 4부 작성한다. 이 중 두 개는 공병대로 보내며, 다른 하나는 군인숙소 관리자에게 전달하고 나머지 하나는 군인숙소 미결 폴더에 보관한다.
4. 시설 관리 분과의 분과장은 군인숙소 관리자에게 그가 담당하는 숙소에

대한 모든 프로젝트 지시사항과 관련된 정보 문서 사본 및 시설 관리 분과의 작업명령서 복사본을 제공한다.

5. 군인숙소 관리자는 자신이 관리하는 숙소와 관련된 모든 프로젝트 및 작업명령서에 대한 미결 파일을 최신 상태로 유지한다. 완료한 작업은 따로 체크하고 지시사항에 적절하게 표시한다.
6. 그룹 감독자들은 군인숙소 관리자들이 작업명령서에 맞춰 미결 파일을 관리하게 할 책임이 있으며, 그에 따라 이들 파일은 늘 최신 상태로 유지되어야 한다.
7. 그룹 감독자들은 주간 경과 보고서를 보증한다. 그룹 감독자는 해당 보고서의 정확성에 대한 책임을 지며 이들 보고가 주마다 제대로 이루어지는지 감독한다.
8. 시설 공병이 전화로 수신한 모든 긴급 요청사항은 기록되며 이에 대한 복사본 한 부는 본 시설 관리 분과로 보내져 숙소 관련 파일에 보관한다.
9. 군인숙소 관리자는 7일 이상 계류 중인 모든 작업에 대한 보고서를 작성하며, 이는 군인숙소 분과 분과장을 통해 서울 군인숙소 관리반으로 전달된다.

위의 사항들에 더해, 목수, 배관공, 전기 기술자 등과 같은 관리팀 인원이 군인숙소의 긴급한 수리 사항을 담당한다. 이들 관리팀은 불만 사항을 체크하고 해결 가능하다면 상황을 시정하거나 작업명령서를 위한 밑 작업을 시작한다. 이런 방식으로 작성된 작업명령서에 대한 후속 조치는 위의 문단에 서술된 내용에 따라 수행된다.

(3) 군인숙소 분과

(a) 기능: 모든 남성 비혼자와 여성 비혼자 숙소, 임시거주자 숙소의 운영 감독을 담당한다. 군인숙소의 시설 관리, 개조 감독, 시설 관리 분과와 협력해서 이들의 후속 작업에 대한 작업명령서 작성을 위한 밑 작업 실시, 빈번한 검사로 각각 따로 운영되는 식당들이 적절한 위생과 음식 영양 수준을 통해 높은 서비스를 유지하도록 감독(각 식당은 각각의 재정과 상담 장부를 담당), 군인숙소 인원에게 필요한 화재 예방책 교육 등이 포함된다.

(b) 임무와 절차: 군인숙소 분과는 서울군인숙소구역의 관할 아래에 있는 모든 숙소의 관리, 유지, 식당 운영을 감독한다. 분과는 숙소 그룹 감독자들과

군인숙소 보급부서를 통해서 식량과 기타 숙소에 필요한 보급품을 확보하는 작업을 조율하고 작업과 관련해 조언한다. 수리와 보수 작업이 지연되지 않고 최단기간에 완수될 수 있게 시설 공병과 연락을 유지하며 군인숙소 관리자들이 시설 공병대에 제출한 작업 지시 요청사항을 자세하게 알아본다. 군인숙소 분과는 군인숙소 내 모든 한국인과 미국 직원, 그룹 관리자들을 감독할 뿐만 아니라 충원하고 교육한다. 군인숙소는 총 7개의 그룹으로 나뉘는데, 각 그룹은 한 명의 그룹 감독자가 관할한다. 그룹 감독자들은 군인숙소 분과의 분과장에 대해 각각의 숙소 건물에 필요한 보급품을 확보하고, 숙소와 식당 인원을 감독하고 운영과의 과장에게 작업 지시 요청사항을 전달하는 데에 책임이 있다. 그룹 관리자들은 자신이 맡은 그룹 내에 있는 각 식당을 감독하고 검사를 빈번하게 진행한다. 그룹 관리자는 정해진 절차에 따라 군인숙소 관리자에게 작업 지침을 전달한다; 그들은 완성도와 정확성을 위해 숙소 기록을 점검하고 군인숙소 분과의 지휘관에게 제출되기 전에 주간 진척 보고서를 체크하고 내용을 보증한다. 그룹 관리자는 보고된 모든 강도나 절도 사건들을 조사하고 제24군단 사령부의 헌병대와 서울군인숙소구역에 해당 보고서의 복사본 한 부씩 보낸다. 그는 군인숙소 관리자가 숙소 소유 자산에 대한 주기적인 점검 및 재고품목 조사를 수행하는 것을 지원한다. 숙소 자산에 대한 책임이 있는 경우 그는 잃어버리거나 도난당한 자산에 대한 자산 조사 보고를 개시한다. 군인숙소 관리자가 책임이 있는 경우엔, 그룹 관리자는 그가 그러한 보고를 준비하는 것을 돕는다. 그룹 관리자는 모든 숙소 거주 인원으로부터 받은 불만 사항을 숙소 관리자가 처리하는 작업을 직접 지원한다. 그룹 관리자는 숙소 관리자가 숙소 내 모든 직원을 교육하는 것을 돕는다.

6. 행정과

a. 기능: 서신 처리, 군인 및 민간 운영 요원의 배치(민간인의 경우 전쟁부 소속 및 한국인 포함)를 포함한 서울군인숙소구역의 내부 행정을 담당한다; 인사 관련 정책을 개시한다.

b. 임무와 절차: 행정과는 서울군인숙소구역에 배치되 활동하는 장교, 민간인, 징집인원(병사~부사관)에 대한 모든 기록을 취급한다. 이들 기록에는 위치 파일, 경비인원 명부, 임무 당번표, 임금 지급 대장, A 클래스 패스, 임시 근무자 명부, 민간

인사 계약을 위한 적용사항만이 포함된다. 행정과는 메신저 서비스를 운영해 서울 군인숙소구역의 모든 관할 숙소와 식당에 메시지를 전달해준다. 이들 메신저는 또한 우편실에 있는 우편을 숙소와 식당에서 일하는 인원들에게도 전달한다. 행정과는 서신 파일, 미결 파일, 모든 군인숙소와 부양가족 주택에 대한 파일을 담당하는 중앙 파일 부서를 관리한다. 서울 군인숙소 관리반의 숙소와 식당에서 일하는 제24군단 사령부 인원 부양가족의 도우미들에 대한 임금 대장을 담당한다. 숙소 지역에서 일하는 모든 전쟁부 소속 민간인 직원의 승진, 분류, 인사이동과 관련된 변동 제안 사항을 서울 군인숙소 관리반의 사령관에게 전한다. 또한, 행정과는 한국인 직원에 대한 분류와 배치에 관련된 정책 변동 사항도 제안한다. 이러한 제안 사항은 운영과의 군인숙소 분과와 조율된다.

7. 군인숙소 및 부양가족 숙소 배정과

a. 기능: 서울지역 배치 인원들에 군인숙소 공간과 부양가족 주택을 실제 배정하는 업무를 담당(제7사단 소속 인원은 제외). 숙소 공간 상태에 대한 보고서 작성. 운영과가 작성한 견적치와 조사에 기반해서 숙소 제공 관련 필요사항에 대한 계획 설계. 최초 식당 배정 업무를 처리하고 식당 감독자들에게 보고. 숙소 임대료 징수.

b. 임무와 절차

(1) 배정-비혼자: 특별한 경우를 빼고, 제7사단 및 영등포 구역을 제외한 나머지 전체 서울지역의 모든 주요한 군인숙소 배정은 반도 호텔 로비에 있는 군인숙소 관리 데스크 사무원이 담당한다. 남성 비혼자와 여성 비혼자 장교들은 군인숙소 서류(동봉문서 제1호) 사본 3장을 작성한다. 이 중 하나는 배정 사무실이 가지며 다른 두 개는 숙소에 거주하게 되는 장교가 우선 가진다. 거주하게 되는 장교는 그중 하나를 군인숙소 관리자에게 주고 다른 하나는 그가 할당된 식당에 제출하도록 안내받는다. 남성과 여성 비혼자는 다른 3장의 군인숙소 서류(동봉문서 제2호)를 작성하고, 장교들과 마찬가지 절차를 밟게 된다. 특정 임무에 배정되기 전의 인원은 고위급 장교나 민간인을 제외하곤 모두 임시 거주자로 취급되며, 이러한 이들을 위해 따로 마련된 임시 숙소에 머물게 된다. 임시거주자로 분류되던 인원이 임무를 받게 되면 숙소 배정과는 해당 인원에게 영구 숙소를 배정한다.

(2) 할당-부양가족 주택: 숙소 배정과는 부양가족 주택 부서가 작성한 우선순위 리스트를 수령하고 해당 리스트에 있는 장교와 전쟁부 민간인 인원 내에서

서울지역 내에서 주택을 공급받게 될 이들을 선출하게 된다. 리스트에서 뽑은 사람들은 이어서 계급, 해당 계급으로의 진급 날짜, 자녀의 수와 나이에 따라 배치된다. 각 개인에게 딸린 가족 수에 따라 침대의 개수가 정해지기 때문에 자녀수와 같은 정보는 매우 중요하다. 이러한 리스트가 작성되면, 배정과는 계급을 비교해가면서 부양가족 숙소에 입주 가능하다고 표시된 이들과 약속을 잡는다. 선발 리스트에서 위치에 따라 해당 사람은 그가 선호하는 주택을 몇 개 고르게 된다. 선발 리스트에서 네 번째에 있으면 4개를, 일곱 번째에 있으면 7개를 선택하는 식이다.

각 인원이 자신의 선호를 밝히면 그의 선발 리스트 상에서 위치에 따라 주택이 배정된다. 어느 집에 배정되었는지를 혹은 그의 가족이 도착했을 때 어느 집에 배정될 지를 알려주는 배정 서류가 이들 각 개인에게 전달된다. 배정 서류는 6부가 복사된다. 2개는 거주자가 소지하며, 하나는 부관참모 파일에 보관되고, 하나는 운영과에, 다른 하나는 보급과에, 나머지 하나는 숙소 배정과의 파일에 보관된다. 각 개인에게 딸린 부양가족이 한국에 도착하면 부관참모의 명령이 부양가족이 도착하는 바로 그 날짜에 임대료 지급을 끝내는 각 개인에게 전달된다. 해당 명령은 숙소에 대한 공식적인 배정에 있어 중요한 요소다. 전쟁부 소속 민간인 피고용자에게는 그들의 부양가족이 도착하는 날부터 임대료를 지불하도록 특별한 서류가 제공된다. 이들 서류는 3부 복사되는데, 2개는 민간인사국에 보내지고 다른 하나는 숙소 배정 파일에 보관한다. 전쟁부 소속은 아니나 부양가족이 한국에 있는 민간인들은 배정 사무실에서 청구서를 받고 이를 반도 호텔 로비 데스크에서 지불한다. 부양가족 주택 거주가 끝나면, 부관참모가 배정 종료를 명령하고 이는 관련된 개인에게 전달된다. 숙소 배정 사무실이 서울지역 내 모든 장교, 전쟁부 소속 및 비소속 민간인에 할당된 주택의 카드식 목록을 관리한다. 부양가족 주택의 모든 공실과 취소 사항에 대한 기록도 관리한다.

(3) 부양가족 주택 사무원의 임무는 다음과 같다.

(a) 모든 장교와 민간 인원에게 배정된 모든 부양가족 주택에 대한 카드식 목록을 유지

(b) 모든 배정 서류를 배포-복사본 6부

(c) 배정 서류에 대한 취소 서류 전부 배포-복사본 6부

(d) 장교들의 임대료 지불을 중단하고 숙소 거주를 중단시키는, 참모부관이 서명한 모든 명령 시행

(e) 전쟁부 소속 민간인 가족의 도착을 민간인사국에 즉시 통보해서 민간인사국이 바로 임대료를 징수하게 하기. 특별 서류 복사본 3부를 민간인사국에 발송

(f) 부양가족 주택 배정과 관련된 모든 서류를 파일로 정리

(g) 부양가족 주택의 모든 공실과 취소 사항을 정리한 파일을 관리

(4) 임대료 징수

(a) 5월의 ZX 310219/Z를 언급하는, 연합군 총사령관이 전쟁부 장관에 보낸 무전 서한

(b) 워싱턴 OB(전쟁부 장관)가 1946년 6월 15일에 태평양 공군 사령관에게 보낸 무전 서한 WCL 49562

(c) 1946년 6월 17일 제24군단 사령부의 〈특별명령 제151호〉의 첫 번째 문단

위에서 언급한 참고 사항은 임대료 징수의 근거가 된다. 전쟁부에 소속되지 않은 민간인 피고용자에게 직전 달에 사용했던 숙소 사용에 대한 청구서가 매달 발송된다. 각 개인이 사용했던 주택의 종류가 임대료를 결정한다. 청구서에 대한 복사본 한 부가 숙소 배정과 파일에 보관된다. 청구서를 지불하고 나면, 전쟁부에 소속되지 않은 민간인 피고용자는 이름과 금액, 날짜가 표기된 영수증을 수령한다. 배정 사무실이 이 영수증에 대한 복사본 한 부를 소지한다. 전쟁부 비소속 민간인이 언급한 청구서를 지불할 때 자신의 이름과 고용된 곳, 거주하는 숙소, 숙소의 종류, 일별 비용 및 해당 달에 지불하는 금액 등이 적힌 임대료 징수 서류에 서명한다. 이들 서류는 숙소 배정과의 파일에 보관하기 위한 것이다. 임대료가 징수되고 나면 전쟁부 비소속 민간인의 이름, 징수 날짜, 청구 금액은 개정된 표준 서류 제1044호에 기입된다. 이들 서류와 징수된 금액은 재정국으로 보내진다. 임대료 징수와 관련된 모든 기록과 파일은 매달 감찰관이 검사한다.

(5) 파일: 배정과는 서울지역에 체류하는 모든 장교와 전쟁부 소속 혹은 비소속 민간인들에 대한 알파벳으로 된 파일을 관리한다. 각 공간의 현재 거주자를

포함해서 각 숙소 소개 장부도 관리한다. 이러한 파일의 정보 출처에는 숙소 배정 양식, 숙소에서의 일간 보고, 각 방의 호수, 타입, 거주자의 이름과 계급, 특별 명령에 대한 리스트가 기입된 주간보고 등이 포함된다. 임시거주자들은 특별 리스트에서 관리되며 본 공간을 떠나면 즉시 리스트에서 제외된다. 영구 거주 명령을 받은 모든 인원에 대해선 이름, 계급, 부서, 숙소, 배정된 날짜가 기입된 카드가 작성된다. 전쟁부 소속 민간인에 대한 숙소 서류는 이어서 민간 인사국으로 보내진다.

(6) 당직 장교와 당직 징집 인원: 장교 한 명과 징집 인원(병사~부사관) 한 명이 선발돼 매일 각각 근무 시간과 비근무 시간에 반도호텔 로비의 숙소 배정 사무실에서 당직을 서게 될 것이다. 이에 대한 같은 명부를 서울 군인숙소 관리반의 행정과가 관리한다.

당직 일정은 다음과 같다.

월요일	당직 시작 17:00
	당직 종료 화요일 8:00
화요일	당직 시작 17:00
	당직 종료 수요일 8:00
수요일	당직 시작 12:00
	당직 종료 목요일 8:00
목요일	당직 시작 17:00
	당직 종료 금요일 8:00
금요일	당직 시작 17:00
	당직 종료 토요일 8:00
토요일	당직 시작 12:00
	당직 종료 일요일 9:00
일요일	당직 시작 9:00
	당직 종료 월요일 8:00

별도 요청이 없으면 당직 장교는 21시까지 숙소 배정 데스크에 머무른다. 당직 장교는 그가 정식으로 배정되는 숙소에서 잠을 자며 언제든 그럴 수 있다. 이럴 시 그가 어디로 갔는지, 숙소 방 호수는 무엇인지, 그에게 전화를 걸 수 있는 번호는 어떻게 되는지 등에 대한 완전한 정보를 남긴다. 당직 장교는 제시간에 숙소 배정 데스크로 돌아오며(주중에는 8:00, 일요일과 휴일에는 9:00) 이후에는 숙소 배정 장교나 다음 시간의 당직 장교가 다음 업무를 맡는다. 당직 징집 인원은 숙소 배정 장교의 사무실에서 자며 업무상 필요 때문에

추가로 머무르는 경우가 아닌 이상 21:00에 당직을 끝낸다. 당직에서 교대하기 전에, 그는 데스크에 자신이 숙소 배정 사무실에 있다는 사실을 노트로 남긴다. 당직 징집 인원은 워싱턴 교환수에게 워싱턴 33에서 워싱턴 359까지로 거는 모든 전화를 회신할 수 있도록 알린다. 당직 장교와 당직 징집 인원은 반도 식당에서 저녁 식사를 한다. 당직 장교는 그가 정식으로 배정된 식당에서 아침 식사를 하는 한편 당직 징집 인원은 반도 식당에서 아침을 먹게 된다. 두 사람이 사용하는 식당 카드는 숙소 배정 장교가 제공한다. 이들 인원은 서울지역을 방문하는 사람에게 적절한 숙소를 배정한다. 사람들을 어디 숙소에 배정할 것인지에 대한 정보는 숙소 배정 장교가 자리를 비우기 전 자신의 근무 시간에 제공한다. 새로 방문하는 이들은 일시적으로 배정된 숙소로 안내되며 그들의 식사를 위해 무엇이 준비되어 있는지 안내받는다. 이러한 목적을 위해서 당직 장교는 탈것과 운전자를 사용할 수 있다. 운전자는 이동을 위해서 카운터 뒤에서 대기한다. 추가적인 교통이 필요하면 워싱턴 34의 파견자 사무실에서 구할 수 있다. 당직 장교가 숙소 배정이나 절차에 대해 궁금한 사항이 있을 시 숙소 배정 장교에게 이야기한다. 긴급상황이 발생했을 경우 서울군인숙소구역의 사령관과 군인숙소 분과의 분과장과 선임 참모에게 이를 통지한다. 폭동이나 소요 사태가 발생하는 경우 워싱턴 27의 헌병대에 이를 통지한다. 숙소 내 식당이 운영 중이지 않을 때 임시거주자나 다른 개인이 도착했을 경우 워싱턴 258 혹은 458의 반도 식당에 전화해서 식사를 제공한다. 숙소 배정 데스크 업무에 더해, 당직 장교는 동아 호텔 맞은편 서울군인숙소구역 수송부에서 근무하는 보초를 지원한다. 이들 보초는 주중에는 17:00에 수요일과 휴일에는 12:00에 근무하기 시작한다. 이들 보초는 당직 장교의 차를 타고 수송부에서 보초를 서기 30분 전에 미츠이 빌딩 4층 5번 방에 보고한다. 보초가 제대로 근무하는지에 대한 검사는 17:00에서 23:00 사이와 23:00에서 7:00 사이에 한 번씩 진행된다. 당직 장교는 또한 보초에게 주어진 라이플총이 깨끗한지 확인하고 보초의 근무가 시작하기 전과 끝난 후에 점검하는 것도 책임진다. 라이플총은 당직 장교가 교대할 때 숙소 배정 사무실로 반납된다. 당직 징집 인원은 미츠이 빌딩 4층의 서울군인숙소구역 사무실의 4·5·6호실의 현관문 자물쇠 키를 담당한다. 그는 18:00에 이들 방문을 잠그고 일요일과 휴일을 제외한 모든 날엔 7:00 전에 이를 연다. 이들 키는 서울군인숙소구역에 배정된 장교, 사무장, 우편 사무원 혹은 서울군인숙소구역의 사령관 사무실에 있는 당직 징집 인원을 제외하고는 지급해서는 안 된다.

8. 보급과

a. 기능: 서울군인숙소구역 관할 아래 있는 서울지역 내 숙소와 식당의 운영에 필요한 모든 물품을 확보하고, 수령하고, 저장하고 지급한다.

b. 임무와 절차: 보급과는 보급, 수령, 저장, 할당, 승인, 지급에 대한 요청을 준비하고 재산 기록과 서울군인숙소구역 관할 하의 서울지역 내 모든 숙소와 식당의 운영에 사용되는 금전 보고서를 관리한다. 요청사항은 그룹 감독자들이 기록 부서를 담당하는 재산 관리 장교에게 제출한다. 그러면 재산 관리 장교는 모든 요청을 처리하고 추합한다. 처리가 끝난 뒤 추합한 요청사항은 보급 분과로 보내져 정리된다. 알림을 받으면 곧바로 보급과는 보급품을 꺼내서 분류와 지급을 위해 숙소 보급 창고로 보낸다. 이러한 작업이 끝나자마자 서명된 보고서가 기록을 위해 게재된다.

(3) 식당 감독 분과

(a) 기능: 운영 중인 모든 식당 및 식사량 분배에 대해 검사하고 개선사항을 조언하며, 최고 수준의 식당 운영을 위해 식당 인원을 돕고, 서울 숙소구역 관할 식당에 협력하고 협조한다.

(b) 절차: 식당 감독자는 모든 식당을 검사하며 발견된 결점 사항을 사령관에게 보고하고 이에 대한 시정 조치를 제안한다. 이러한 검사에는 식당 인원들의 위생과 청결, 음식 준비와 식당 홀의 기록 관리 등이 포함된다. 식당 감독자는 또한 적절한 식사 지급이 되고 있는지 식사 분배량을 점검한다.

1. 식량 분과 기능: 식사 인원 보고를 점검하고, 필요한 식량을 요청하고 수령하며, 서울군인숙소구역이 운영하는 모든 식당들에 대한 식량 배분과 지급을 담당한다.

2. 식량 분과 절차: 식량 분과는 모든 식당으로부터 식량 요청사항을 수령하고 취합한 뒤 이들 요청사항이 제대로 처리될 수 있도록 병참에 보낸다. 그러면 식량이 출하된 뒤 식량 분배 창고로 옮겨진다. 이어 각 식당 부사관의 점검 하에 해당 식당의 식사 인원수에 따라 식량이 분배되고 그대로 배달된다. 배달 후엔 서명된 수령증이 지급 서류와 함께 보급 사무실의 기록을 위해 게시된다. 지급이 완료되고 나면, 식량 분배 인원은 각 식당 담당자들이 분배된 식량을 가져갈 수 있도록 빈 상자와 컨테

이너를 알맞게 가져가는지 점검하고 필요할 시엔 배분량을 조절한다.

(2) 부양가족 주택 분과

(a) 기능: 부양가족 주택의 가구와 장비와 관련된 모든 물품을 수령하고 보관하며, 할당하고 지급한다. 서울지역 내에서는 부양가족 주택 분과가 직접 이들을 지급하고, 한국 내 여타 주요 사령부에는 대량으로 한 번에 배달한다. 수령하고 지급한 부양가족 가구와 장비들에 대한 모든 기록을 관리한다.

(b) 절차: 부양가족의 한국 이동에 대한 우선순위 리스트가 수령되고 지역에 따른 그룹으로 나뉘게 된다. 가구와 장비에 대한 운송은 이들 각 지역의 부양가족 주택 보급 장교가 담당한다. 서울지역에 배정돼 거주하게 된 부양가족은 서울 창고에서 작성한 수령증에 기입된 가구를 지급받는다. 처음 지급 시의 재고가 없는 품목의 교체 및 출고에 관해 설명하자면, 해당 물품이 있는 지역을 담당하는 보급 장교가 이에 대한 요청사항을 받으면 해당 품목을 운송할 수 있는 최대한 빠른 날짜를 잡는다. 서울지역 내에 있는 부양가족은 일일 단신을 통해 부족한 물품이나 혹은 그에 따라 교체하는 물품이 언제 만들어지는지를 알림 받게 된다. 발송지 변경에 대한 알림을 받으면 신청인은 기존 가구 혹은 해당 가정용품을 군인숙소 창고에 반납한다.

(3) 차량 분과

(a) 기능: 차량 분과는 서울군인숙소구역 내 모든 차량의 1단계(예방 정비) 및 2단계 수리를 제공하고 감독한다.

(b) 임무와 절차: 그룹 감독자들은 자신이 관리하는 인원들에게 할당된 모든 차량의 1단계 정비를 감독할 책임이 있다. 이들은 기술교범 37-2810 23번째 문단의 원칙을 준수하면서 비공식적 지휘 검사를 수행한다. 기록된 결함들은 한 번에 고쳐지며 태만하게 작업한 부분이 감지되면 필요한 규율 행동이 취해지며 서울군인숙소구역의 지휘관에게 이와 관련해서 보고한다. 그룹 감독자들은 또한 군인숙소 구역에 할당된 차량이 공식적인 목적으로만 사용되게 관리할 책임을 진다. 이들은 각각의 차량에 모두 잠금장치가 있는지 그리고 숙소 관리자들이 차량이 사용 중이지 않을 때 잠금장치가 되어 있는지 확실하게 해야 한다. 숙소 관리자들은 자신의 숙소에 할당된 차량에 대한 1단계 정비를 책임진다. 이들은 또한 해당 챠량이 사용

중이지 않을 때 잠금장치가 되어 있는지 그리고 키를 담당자가 제대로 소유하고 있는지를 확실하게 해야 한다. 이들 차량에 대한 운전자는 최대 운영 효율을 확보하기 위해 예방 정비를 수행한다. 모든 차량의 운전자는 자신이 관리하는 차량에 대한 정비 스케쥴에 대해 보고하며 정비공이 검사하는 것을 돕는다. 한국인 운전자들은 긴급한 상황에서만 운전이 허락된다. 차량 장교는 차량의 적절한 배치, 배치 기록 관리, 예방 정비 명부 유지, 스케쥴에 따라 사용할 차량 회수, 사소한 수리, 차량에 필수적인 부품의 보급 유지, 가스/기름/오일을 배급하고 충전할 수 있는 포인트 운영, 필요할 경우 더 높은 단계 수준의 정비소에 맡길 수 있도록 차량을 검사하고 연결하는 작업 등을 전적으로 책임지고 담당한다. 차량 부사관은 모든 작업 단계에서 차량 장교의 보조원으로서 활동한다. 차량 부사관은 그에 더해 필요한 작업을 정비소 인원에게 선정해서 보내고 그들과 한국인 인원에게 현장 훈련을 제공한다. 보급품과 부품과 관련해서, 그는 석유 제품을 비롯해 차량 운영에 필요한 모든 부품과 장비를 서울군인숙소구역 보급과로부터 확보한다. 한국인들의 도움을 받는 주유 담당 인원은 일반적인 언더 캐리지를 조이는 업무에 더해 주유 작업, 기름 교체, 차량 세차를 담당한다. 마찬가지로 한국인의 도움을 받는 정비공은 1단계 정비와 부속적인 2단계 수리, 전체 차체 및 방충제 관련 작업, 페인트칠 및 타이어 교체 등을 담당한다. 운행관리자는 모든 차량을 배치하고 모든 차량에 대한 마스터 운행 일지를 관리하며 예방 정비 명부와 차량 상태 보고서를 담당한다. 한국인 인원은 정비소 바닥과 건물을 세척하고 닦는 등 정비소의 일반적인 업무를 담당한다. 이들 인원에 대한 직업 교육은 차량 장교가 감독하고 별도로 배정된 미국인 인원이 수행한다. 정비소와 수송부 지역에서 근무 시간을 제외한 모든 시간에 보초가 선다.

(c) 보초 지침

1. 서울군인숙소구역에 할당된 차량이 아닌 이상 그 어떤 차량도 수송부에 주차를 해선 안 된다. 숙소 구역에 등록된 차량은 범퍼에 있는 'SBS' 표시로 구별할 수 있다.
2. 승인받지 않은 그 어떤 인원도 수송부에 들어올 수 없다.
3. 동아호텔은 한적하게 쉴 수 있는 공간으로 사용하지 않는다. 동아호텔

내 식당, 전화, 화장실 시설들만 사용할 수 있을 것이다.

4. 보초가 머무르는 숙소에 사용하는 열쇠는 동아호텔 데스크에서 보관한다.
5. 보초를 서는 징집 인원(병사~부사관)은 반드시 필요한 경우를 제외하고는 교대했을 시에 수송부 지역을 떠나지 않는다. 수송부 지역을 떠날 땐 초소에 있는 보초에게 목적지와 돌아오는 대략적 시간을 통지해야 한다.
6. 식사 시간 배정은 세 명의 보초 사이에서 조율해서 모든 인원이 정해진 정규 식사 시간에 식사하도록 한다.
   아침 7:00~8:00
   점심 12:00~13:00
   저녁 17:00~18:00
7. 보초 인원에게 필요한 식사 티켓이 발급되면 이들은 보초실에 보관된다.
8. 보초실에 있는 난로는 과열을 방지하기 위해 조심스럽게 관리해야 한다. 옷이나 침구류는 두 난로 모두로부터 10ft 이내로 가까이 둬서는 안 된다.
9. 징집 인원(병사~하사관) 세 명이 매일 보초로 선발되며 세 차례씩 교대한다. 이들은 두 시간씩 초소에 있고 네 시간 동안 오프 상태에 있다.
10. 보초 인원들은 각자 알아서 침구류를 챙긴다. 보초실에는 별도의 침구류가 없다.
11. 주중에는 보초가 17:00부터 다음날 8:00까지 보초 근무를 선다. 수요일과 토요일에는 12:00부터 다음날 8:00까지 근무를 서게 된다. 일요일과 휴일에는 보초가 8:00부터 다음날 8:00까지 보초를 서게 된다.
12. 보초를 서는 인원들은 초소에 있는 동안에는 담배를 피지 않는다. 초소 근무에서 오프일 경우거나 보초실에 있을 시엔 흡연을 하는 것이 허락된다.
13. 보초를 하는 동안의 복장은 클래스 A이며 전투화를 착용하고 있어야 한다.
14. 화재가 발생했을 시 다음의 절차에 따라 보고한다. 워싱턴 330에 전화를 걸어 "파이어 스퀘어 22BB에 있는 서울 숙소 수송부에서 발생한 화재를 보고하고 싶습니다."라고 말한다. 화재 담당 분과가 필요한 모

든 정보를 취득했다는 확신이 들기 전까지는 전화를 끊지 말라. 화재 담당 분과에 전화를 건 뒤에는 즉시 워싱턴 33을 눌러 보초 장교에게 전화를 건다.

15. 헌병대에게 전화를 걸고자 한다면 워싱턴 227을 눌러라.

(d) 특별 보초 명령

1. 여기는 제1번 초소다.
2. 내가 있는 초소는 전체 수송부를 담당한다(차량 창고, 동아호텔 건너편의 주자 지역 두 곳 포함).
3. 나는 울타리 안쪽의 초소를 시계 반대 방향으로 걸으면서 차량 창고와 모든 차량을 나의 왼쪽에 둔다. 나는 두 주차 지역에서 번갈아서 거니는데, 첫 번째는 차량 창고를 포함한 주차 지역에서 거닐고 그다음 다른 주차장에서 거닌다.
4. 나는 화재와 도난을 각별하게 주시한다.
5. 화재가 발생했을 시에는, 워싱턴 330에 전화를 걸어서 다음과 같이 말한다: "파이어 스퀘어 22BB에 있는 서울 숙소 수송부에서 발생한 화재를 보고하고 싶습니다." 화재 담당 분과가 필요한 모든 정보를 취득했다는 확신이 들기 전까지는 전화를 끊지 말라. 화재 담당 분과에 전화를 건 뒤에는 즉시 워싱턴 33을 눌러 보초 장교에게 전화를 건다.

K. F. 한스트
대령, 보병대, 서울군인숙소구역 사령관

첨부문서

1. 장교 숙소 배정 양식

2. 민간인 숙소 배정 양식

첨부 1. 장교 숙소 배정 양식

이름: ______________________ 계급: __________

부서 혹은 반: ________________ 군번: __________

배정 숙소: __________________ 방 번호: ________

발급일: ________________________________

비고 :

____

숙소 장교

첨부 2. 민간 숙소 배정 양식

이름:	____________	____________	____________
	성	이름	중간이름

고용 소속: ________________________________

공무원 등급: ______________________________

숙소명: ________________ 방 번호: ________ 부동산 관리 유형: ________

숙소 등록일: ______________________________

지원자 서명

____

관리자 서명

____

첨부 4. 〈회람문서 제27호(군인숙소 내 방문객들을 위한 엔터테이닝)〉, 1947년 2월 22일

주한미군 사령부 사령관실

1947년 2월 22일

회람문서 제27호
주제: 군인숙소 내 방문객들을 위한 엔터테이닝

폐지: 주한미군 사령부, 〈회람문서 제25호〉, 1946년 11월 25일

1. 군인숙소 행정에 대한 통제가 불충분하게 이루어졌으며, 이는 본 사령부의 관심을 끌 될 정도였다. 불충분한 통제는 몇몇 개인들의 분별없는 행동으로 이어졌다.

2. 이에 대한 감독을 목적으로, 숙소는 (부양) 가족을 제외한 군인과 모든 민간인 직원이 거주하는 건물 혹은 기타 시설로 규정된다.

3. 다음의 규칙들이 모든 숙소에 적용될 것이다.
   a. 여성 숙소에 방문한 남성 방문자
      (1) 남성은 여성 거주자가 서면으로 자신의 방에 같이 놀 수 있는 남성 방문자를 들이고 싶다는 욕구를 밝히는 경우가 아니라면 여성이 거주하는 숙소에 출입하는 것이 금지된다. 이러한 예외 상황이 적용되는 경우가 아니라면 남성 방문자의 출입은 리셉션 공간, 식사 공간, 레크리에이션 공간 혹은 비슷한 공적 목적을 가진 공간으로 제한된다.
      (2) 방의 거주자가 서면으로 결정해서 출입 제한에서 제외되는 숙소의 경우, 해당 숙소가 위치한 지역의 지휘관이 이를 통제해서 최소 4인 이상의 혼성이 허락된다. 즉, 언제든 세 명 이하의 사람만 있어서는 안 된다. 방문객은 들어올 때랑 나갈 때 등록해야 하며, 방문하는 방 번호와 방 거주자의 이름을 남겨야 한다. 방문자 카드 등록은 권한이 있는 사람만 검사할 수 있으며 목적을 다하면 폐기한다.
      (3) 남성 방문자들은 다음 스케쥴에 따라 여성 숙소에서 퇴실해야 한다.
      수요일·일요일·휴일 밤-24:00 전
      토요일-일요일 1:00까지

그 외 밤-23:00까지

b. 남성 숙소에 방문한 여성 방문자

(1) 남성: 여성 방문자들은 리셉션 공간, 식사 공간, 레크리에이션 공간과 같이 관례상 공용 공간으로 사용하는 곳은 제외하고, 남성들이 거주하는 숙소 방 출입이 불가능할 뿐만 아니라 나아가 남성에게 배정된 모든 숙소 지역과 방에 출입 자체가 불가능하다.

(2) 여성 방문자는 다음의 스케쥴에 따라 남성 숙소에서 나가야 한다.

수요일·일요일·휴일 밤-24:00 전

토요일-일요일 1:00까지

그 외 밤-23:00까지

c. a의 세 번째 문단과 b의 두 번째 문단에 서술된 규정상 예외의 경우, 아마 숙소 내에서 열리는 댄스나 여타 소셜 그리고/혹은 레크리에이션을 위한 행사 시에 가능할 것이다.

4. 본 지시사항에 공표된 규정들은 각 숙소 건물의 게시판과 나아가 각 방 안에 영구적이고 눈에 띄게 게시될 것이다.

5. 군인숙소 행정에 책임이 있는 모든 인원과 숙소 관리자들은 숙소의 운영과 관련된 규칙과 규정을 지휘관의 명예에 긍정적 영향을 끼칠 수 있도록 집행한다.

브라운 소장의 명령에 따름.

토마스 W. 헤렌
준장, 일반참모단, 참모장

찰스 에니스
대령, 부관참모부, 부관참모

* 배포: *A*

첨부 5. 〈비망록(회람문서 제27호의 해석)〉, 1948년 6월 21일

제24군단 사령부 서울군인숙소구역

1948년 6월 21일

비망록
수신: 모든 군인숙소 거주자에게

1. 통금 시간 규정이 숙소의 어느 곳에 적용되는지를 두고 주한미군사령부 〈회람문서 제27호〉 및 〈회람문서 제47호〉의 내용에 대한 해석이 갈리고 있다. 몇몇 사람들은 통금이 오직 개인 방에만 적용되며 복도, 식사 공간, 리셉션 공간, 레크리에이션 공간 그리고 다른 여타 비슷한 공용 공간에는 적용되지 않는다고 생각하고 있다.

2. 이와 관련해, 법률보좌관이 다음의 정보를 제공했다.
   a. 주한미군 사령부 〈회람문서 제27호〉(1947년)의 세 번째 항목 내 a(3), 그리고 같은 항목 내 b(2)을 읽으면서, 나는 두 문단이 말하는 바 그대로를 의미한다고 결론내렸다. "숙소에서 나와야 한다!" 해당 회람문서 2번째 항목에 규정되어 있는 대로 숙소는 건물이다.
   b. 회람문서 내 위 항목들에 적힌 통금 시간은 건물 내에 있는 사람들이 언급된 시간에 해당 건물에서 나와야 한다는 것을 의미한다.

3. 주한미군사령부 〈회람문서 제27호〉(1947년)는 위의 정보들에 따라서 집행될 것이다.

코블렌츠 대령의 명령에 따름.

윌리엄 K. 피스
대위, 행정장교, 숙소관리자

첨부 6. 〈비망록(군인숙소 내에서의 도난)〉, 1948년 4월 3일

제24군단 사령부 서울군인숙소구역

1948년 4월 3일

비망록
수신: 모든 군인숙소 거주자에게

1. 숙소의 방들에서 발생하는 도난 사건이 거의 일상적인 일이 되어 가고 있으며 이들 사건의 범인 대부분이 내부 직원이거나 혹은 내부 직원이 도난을 묵인하고 숙소 밖으로 빠져나간다는 것은 명백하다.

2. 모든 합리적이고 실질적인 예방책이 이들 도난을 막기 위해 취해졌고 그렇기에 앞으로는 서울군인숙소구역가 인가한 패스를 소지한 경우가 아니라면 한국인은 숙소 구역 내로 출입할 수 없다. 숙소에 고용된 한국인들은 자신의 근무 일정이 끝나면 해당 숙소를 떠나야 하며 다음 근무 일정이 있기 전까지 돌아오지 않는다.

3. 예외적인 경우, 한국인의 출입을 요청한 거주자가 방첩단으로부터 한국인 방문자에 대한 신원보증을 받은 이후 서울군인숙소구역에 공식적인 요청을 하면, 그에 따라 서울군인숙소구역이 해당 한국인에게 패스를 발급해준다.

사령관을 위해.

윌리엄 K. 피스
대위, 행정장교, 숙소관리자

첨부 7. 〈군인숙소 내 사고발생 시 적절한 절차와 행동〉, 1948년 5월 11일

제24군단 사령부 서울군인숙소구역

1948년 5월 11일

주제: 군인숙소 내 사고발생 시 적절한 절차와 행동
수신: 모든 숙소 관리자와 사무원

1. 숙소 관리자는 본 서울군인숙소구역 내에서 발생하는 모든 사고를 보고하는데 전적으로 책임을 진다.

2. 과거 여러 경우에 본 서울군인숙소구역은 숙소 내에서 발생한 사고를 가장 마지막에 알게 되곤 했는데, 이로 인해 다소 당황스러운 경우가 꽤 있었다.

3. 숙소 구역에서 발생한 모든 사고는 전화로 서울군인숙소구역으로 보고하며, 이어서 서면으로도 보고한다. 만약 발생한 사고가 심각하다면, 제207헌병대에도 보고해야 하며, 만약 상당한 규모의 도난이나 중대한 범죄 사건이라면 제24군단 헌병대에도 알려야 한다.

4. 숙소 관리자들은 자신이 관할하는 모든 운영 인원에게 다음의 절차에 따라 모든 사고를 서울군인숙소구역에 보고할 수 있게 교육해야 한다.
   a. 근무 시간 중에 사고가 발생하면 워싱턴 425 서울군인숙소구역에 연락하라.
   b. 만약 사고가 17:00~23:00 사이에 발생하거나 휴일에 발생했다면 워싱턴 33 Q의 C를 통해 서울군인숙소구역에 보고하라.
   c. 만약 사고가 23:00~8:00 사이에 발생한다면 워싱턴 422에 8:00에 전화해서 서울군인숙소구역 사령관의 비서인 로저스 양에게 보고하라.
   이러한 절차를 따랐다고 해도 심각한 사건은 제207헌병대와 제24군단 헌병대에 즉각 신고해야 하는 책임이 경감되는 것은 아니며, 서울군인숙소구역의 사령관에 대한 서면보고에 이어 구두 보고도 하는 책임도 여전히 따른다.

5. 헌병이 호출돼 숙소로부터 누군가를 잡아내야 하는 모든 사건에서 기소는 해당 범인을

대상으로 하거나 숙소 관리자나 숙소 사무원, 혹은 피해당한 사람에 의해 결정되어야 한다. 호출된 헌병은 숙소에서 누구를 기소할지 결정하지 않으며 오직 체포하고 구금만 한다. 누구를 기소할지는 전적으로 숙소 관리자의 책임이다. 이러한 절차는 한국인이 물건을 훔치다가 걸려 한국 경찰에게 넘겨졌을 때 또한 그렇다.

6. 심각한 사건에서 누군가를 체포하는 모든 경우, 다음 신고 및 기소 절차를 따른다.
   a. 사건이 심각한 정도의 절도나 주요 범죄를 수반하는 경우 우선 전화를 통해 본 숙소 구역으로 알리고, 이어서 제207헌병대와 제24군단 PM에게 알린다.
   b. 어떤 사건이 일어나든, 특정 범법을 저지른 해당 사람이나 연루된 사람을 기소하고 싶다면, 체포할 때 헌병대나 한국 경찰에게 알린다.
   c. 이어서 사건에 대한 자세한 서면 보고서를 작성하고 이에 대한 복사본을 관련된 사령부로 보낸다.

코블렌츠 대령의 명령에 따름.

윌리엄 K. 피스
대위, 행정장교, 숙소관리자

첨부 8. 〈비망록(군인숙소 절차)〉, 1948년 5월 19일

제24군단 사령부 서울군인숙소구역

1948년 5월 19일

비망록
수신: 군인숙소의 모든 관리자들과 거주자들에게

1. 1948년 5월 14일부로 모든 영구 거주 숙소 내에서의 영구 거주실 배정과 영구 거주실 배정 변경은 서울군인숙소구역의 숙소 배정 장교가 담당한다.

2. 원하는 방이 공실이 된다면, 모든 거주자들은 해당 공실로 배정을 받을 기회를 보장받게 된다. 최종 배정 선택은 다음 절차에 따라 결정된다.
   a. 계급: 해당 계급으로의 진급일
   b. 한국에서의 근무 지속 기간(지원자의 계급과 진급일 모두 같을 경우)

3. 《육군규정 210-10》과 주한미군 사령부, 〈회람문서 제23호〉, 1947년 2월 15일에 따라 다음의 계급들이 숙소를 이용할 수 있다.

a.

영관급	대령	CAF-15, P-8
	중령	CAF-14, P-7
	소령	CAF-13, P-6, CAF-12, P-5
위관급	대위	CAF-11, P-4
	중위	CWO, CAF-10, CAF-9, P-3
	소위·준위	CAF-8, CAF-7, P-2
부사관급	부사관 1-3등급	CAF-6, CAF-5
	부사관 4등급	P-1, CAF-4
	부사관 5등급	CAF-3
	부사관 6등급	CAF-2
	부사관 7등급	CAF-1

b. AES, 적십자사, 특수근무 인원들은 이와 동등한 계급을 갖는 것으로 취급하며 그에 따라 숙소 이용이 가능하다.

4. 이사를 하기 전에, 이사하는 당사자는 반도 호텔 로비에 있는 숙소 배정 사무실에 직접 들러서 숙소 배정 서류를 받아야 한다. 이러한 절차는 최초 배정 시와 다른 숙소로의 변경

시, 그리고 숙소 내에서 다른 방으로의 변경 시에 모두 적용된다. 숙소 배정 서류는 이사할 때까지는 이를 공인하는 서류로서 효력이 있으나, 이사가 끝난 뒤에는 효력을 상실한다.

5. 이러한 정책을, 타인이 배정받아 거주하고 있는 방에서 쫓아낼 권한을 누군가에게 부여한다고 해석해서는 안 된다.

S. P 코블렌츠
대령, 화학병과, 서울군인숙소구역 사령관

첨부 9. 〈절도와 메트로폴리스 숙소 경비의 직무상 과실을 보고하는 절차〉, 1948년 7월 9일

제24군단 사령부 서울군인숙소구역

1948년 7월 9일

주제: 절도와 메트로폴리스 숙소 경비의 직무상 과실을 보고하는 절차
수신: 모든 숙소 관리자와 숙소 운영 인원

1. 모든 도난 사건은 워싱턴 329, 화이트호스 197, 위호켄 56 세 번호 중 한 곳으로 전화해서 메트로 M과 경찰에 보고한다. 이러한 보고는 제24군단 PM, 제207헌병대, 서울군인숙소구역에 알리는 것에 더해 이루어진다.

2. 메트로 M과 경찰은 도난 사건을 발견한 직후 즉시 알림을 받아야 하며 이를 통해 도둑을 체포하고, 도난당한 물건을 회수하고, 도난 사건이 발생한 숙소의 경비가 효율적인지를 체크하는 작업에 착수한다.

3. 숙소 운영 인원이 경찰 숙소 경비 측의 직무상 과실을 발견하면 이를 화이트호스 197에 전화해서 메트로 폴리스 서장의 고문인 위즈머씨에게 보고한다. 경찰 숙소 경비의 직무상 과실을 보고할 때 오직 해당 경찰의 신분 번호만 있으면 되지만, 가능하다면 그의 이름도 확보하라.

코블렌츠 대령의 명령에 따름.

윌리엄 K. 피스
대위, 행정장교, 숙소관리자

첨부 10. 〈비망록(개인 서비스에 대한 이용료 징수 방법 요약)〉, 1948년 7월 3일

제24군단 사령부 서울군인숙소구역

1948년 7월 3일

비망록
수신: 숙소 관리자들과 식당 직원
주제: 개인 서비스에 대한 이용료 징수 방법 요약

사용되는 서식

A. 숙소 서비스 요금을 지불할 때 개인이 서명하는 등록부
B. 식당 서비스 요금을 지불할 때 개인이 서명하는 등록부
C. 개인이 숙소 서비스 비용을 지불할 때 지급되는 영수증 서식
D. "서비스 비용이 지불됨"이라는 도장이 찍힌 식당 카드
E. 영구적인 거주자로부터 숙소 서비스 비용을 징수하는 영수증
F. 임시거주자로부터 숙소 서비스 비용을 징수하는 영수증
G. 영구적인 식당 카드 소지자로부터 식당 서비스 비용을 징수하는 영수증 양식
H. 식당 이용 티켓의 매상고를 계산하는 영수증 양식
I. 식당 관리자들이 사인해서 식당 서비스 티켓의 영수증임을 나타내는 영수증

1. 매달 1일 전에 새로운 식당 카드가 발급되며 이어지는 한 달 동안의 식당과 숙소 서비스에 대한 이용료가 주한미군 사령부 〈회람문서 제42호〉(1948년)에 규정된 내용에 따라 책정돼서 징수된다.

2. 영구 거주자이든, 임시거주자이든 각 개인은 숙소 서비스 비용을 지불할 때 A 양식에 사인하며 숙소 관리자로부터 영수증 양식 C를 수령한다. 영구 거주자의 숙소 서비스 이용료 지불은 매달 5일 전에 보증서양식 E를 통해 서울 군인숙소 개인 서비스 자금 관리인에게 지불된다. 임시거주자의 숙소 서비스 이용료 지불은 매주 금요일 보증서 양식 J를 통해 서울 군인숙소 개인 서비스 자금 관리인에게 지불된다. 이러한 양식들은 두 부 복사되어 준비되며, 숙소 관리자가 자신의 영수증으로서 서명된 것 하나를 보관한다. 영수증 양식

E와 J를 보완하는 등록 양식 A의 서명된 복사본은 비용 지급이 완료되면 폐기될 것이다.

3. 영구 식당 카드든 임시 식당 카드든 지급 받은 개인은 식당 서비스 이용료를 지불할 때 등록 양식 B에 서명한다. 임시 식당 카드 발급자들은 자신이 지불한 식당 서비스 이용료의 5센트당 식당 이용 티켓 하나씩을 지급 받을 것이다. 끼니 당 5센트를 기준으로 임시 식당 카드 발급자가 먹기를 희망하는 식사 횟수에 따라 식당 서비스 이용료가 책정된다. 사용되지 않은 식당 이용 티켓은 서울군인숙소구역의 식당 부서에 의해 현금화된다. 만약 누군가가 식당 카드나 식당 이용 티켓에 더해 식당 이용료를 지불했다는 것에 대한 증거로서 영수증을 받길 원한다면, 영수증 양식 C의 "한국 군인숙소 직원" 글자를 "한국 식당 직원"으로 바꿔서 사용할 수 있다. 식당 영구 사용 카드 소지자로부터 걷은 이용료의 지불은 매달 5일 전 영수증 양식 G의 복사본과 등록 명부 양식 B의 복사본을 통해 서울군인숙소구역의 식당 부서에서 이루어진다. 식당 직원에게는 영수증 양식 I에 따라 식당 티켓이 지급된다.

   식당 이용 티켓의 매출액 결산은 매주 금요일에 복사된 영수증 양식 H와 복사되고 서명한 영수증 양식 B를 통해 이루어진다.

코블렌츠 대령의 명령에 따름.

윌리엄 K. 피스
대위, 행정장교, 숙소관리자

첨부 11. 〈비망록(숙소 및 식당 서비스 이용료)〉, 1948년 7월 8일

제24군단 사령부 서울군인숙소구역

1948년 7월 8일

비망록
수신: 관련된 모든 인원
주제: 숙소 및 식당 서비스 이용료

참고: 주한미군 사령부, 〈회람문서 제42호〉, 1948년 6월 25일, Ⅱ항

1. 위에서 언급한 참고 사항의 규정하에, 서울군인숙소구역은 본 숙소 구역에 의해 운영되는 시설에서 거주하고 식사하는 다음 카테고리의 모든 인원에게서 숙소와 식당 이용료를 징수해야 한다.
   a. 장교
   b. 전쟁부 소속 민간인
   c. 전쟁부 소속은 아니나 전쟁부 소속 민간인과 마찬가지로 취급되어 거주하고 식사하는 민간인

2. 매달 25일 혹은 그즈음에 숙소 매니저가 이어지는 달에 사용할 새로운 식당 카드의 지급을 준비할 것이다. 식당 카드는 매달 1일이나 그 이전에 식당과 숙소 이용 요금을 모두 지급한 경우에만 즉시 발급될 것이다. 그달에 사용할 수 있는 식당 카드를 제시하지 않은 자는 누구도 식당에 출입할 수 없다. 아프거나 서울지역 밖에 있어서 카드를 취득할 수 없었던 이들에 대해서는 별도로 고려할 것이다.

3. 이러한 시스템 체계가 최근에서야 운영되기 시작했기에 이번달의 경우 이용하고자 하는 이들은 1948년 7월 15일까지 숙소 및 식당 이용료를 낼 수 있다. 이날까지 이용료 지불을 하지 않은 이들 누구든 비용을 지급하기 전까지 사령관의 명령으로 식당 출입이 금지된다.

4. 숙소와 식당에 대한 이러한 개인적인 이용 요금은 의회 규정에 따라 의회가 책정한 예산으

로는 충당할 수 없는 비용을 나타낸다. 비용은 비용 자체를 제외하고 부기에 대해 개별적으로 계산할 수 없다.

5. 이러한 이용료에 대한 지불은 적절하게 권위를 부여받는다. 이들 지불된 비용은 이전에 다른 급여 명부에 있는 서비스의 평균을 나타내며, 그러한 서비스가 지금까지 해왔던 것으로부터 변화할 것으로 예상되는 것에 따른 것을 나타내지는 않는다.

6. 숙소 관리자들은 그저 당신의 편의를 위해 비용을 징수하는 이들로 활동할 뿐이다. 이들은 비용을 지불하길 거부하는 이들을 반도 호텔의 315호실 서울군인숙소구역에 신고하게끔 교육받는다.

코블렌츠 대령의 명령에 따름.

윌리엄 K. 피스
대위, 행정장교, 숙소관리자

첨부 12. 〈비망록[식당 부서의 재조직〉, 1948년 7월 22일

제24군단 사령부 서울군인숙소구역

1948년 7월 22일

비망록
수신: 관련된 모든 인원
주제: 식당 부서의 재조직

1. 1948년 7월 24일부로 식당 부서는 과로 재조직되어 식당과로 개편된다.

2. 식당과는 다음의 인원들로 구성될 것이다: 식당과의 지휘관인 대위 한 명, 음식 제공 감독자로 위관급 장교 한 명, 2명의 징집 인원(병사~부사관), 그리고 모든 미국인 식당 인원들이 이제 본 부서의 식당 인원으로 공식적으로 편입되었다. 한 명의 장교는 그의 다른 임무에 더해 각 식당의 식당 장교로 선발될 것이다. 식당 장교로 선발된 장교는 식당 운영과 관련해 식당과 지휘관의 지휘를 받는다.

3. 식당과의 기능
   식당과는 다음의 것들을 담당한다.
   a. 전반적인 식당 정책
   b. 인원수 세기, 식당 이용료 징수, 식당 카드, 기록 관리를 포함하는 행정 업무
   c. 요청하고, 처리하고, 교육하고, 감독하는 것을 포함하는 인사 업무
   d. 음식을 준비하고 대접하고, 보존하는 것을 포함하는 운영 업무
   e. 적절한 방법과 수단을 통한 위생 관리 업무
   f. 검사 및 시정 조치
   g. 운영 및 보급 섹션에 보급품 및 관리와 관련한 사항 조언
   h. 식당의 매 상황 상태에 대해 부서 지휘관에게 조언하기

4. 식당과 관련한 보급과의 기능
   a. T/A 제어 및 보급과 관련된 정책

b. 식량 배분 및 지급
c. 보급품 목록
d. 다른 모든 보급품의 지급

5. 식당과 관련한 운영과의 기능
a. 보고 받을 시 시설 설비 및 식당에 필요한 관리와 수리 작업에 대한 책임
b. 두 달 간격으로 식당 내 모든 설비와 위생 시설에 대한 정비 검사
c. 매주 완전한 식당 지휘 검사 실사 실시, 운영 장교가 임명한 장교가 검사 수행
d. 검사 양식의 준비 및 제공

6. 그룹 통제 장교가 각자 맡은 그룹 내 식당과 관련해 맡은 책임
a. 식당 부서 검사 도중 발견한 운영, 보급 혹은 관리와 관련한 결점 보고

7. 식당과 관련한 숙소 관리자들의 책임
a. 식당과 관련한 불만 사항을 식당 부서를 통해 식당 부서의 지휘관에게 보내기
b. 식당을 포함해 숙소 구역에 지급되는 모든 보급품 담당
c. 보급 부서가 식당에 직접 지급하는 소모품을 제외한 메모 영수증상의 식당 보급품들을 식당 직원에 재지급
d. 필요한 경우 숙소 인원 내에서 식당 관리 작업을 할 수 있는 인원을 식당 직원에게 지원하기
e. 교통수단이 숙소로 배정되면, 이를 식당에서 필요에 따라 엄격하게 사용할 수 있다.

사령관을 위해.

윌리엄 K. 피스
대위, 행정장교, 숙소관리자

첨부 13. 〈재정 비망록 제3호(한국인 임금 대장 절차)〉, 1948년 7월 27일

제24군단 사령부

1948년 7월 26일

재정 비망록(원화 회계) 제3호
주제: 한국인 임금 대장 절차

1. 본 사무실은 자금의 사용 가능성을 보증하기 위해 지금까지 한국인 피고용자의 임금 대장을 수령 받아 왔으나 다음의 결함이 발견되었다.
   a. 될 대로 되란 식으로 준비된 임금 대장
   b. 실질적으로 지급되는 임금에 대한 기입이 제대로 되지 않음
   c. 1947년 7월 1일에 개정된 한국 노동 규정 제1호가 임금 대장을 준비하는 과정에서 지켜지지 않음
   d. 금액과 그 외 사항이 담당 장교의 지시 없이 변동됨

   이와 같은 결함들을 시정하기 위한 즉각적인 조치가 취해져야 한다.

2. MGDO 양식 제9호를 준비하는 과정의 지침을 위해 다음의 정보를 참고하라. 다음의 정보를 엄격하게 지키지 않은 채로 MDGO 양식 제9호를 준비했던 여러 사례들에 대해 재정 장교가 회계 장교를 통해 임금 대장을 다시 돌려줄 것이다.

3. a. 임금 대장을 쓰는 각 단위별 개별적인 임금 대장을 준비해야할 것이며, 기술자, 교통, 혹은 병참 등의 각 분과에 대해 많은 인원이 고용되어 있다면 해당 분과별로 임금 대장이 따로 마련되어야 한다.
   b. 피고용자의 이름: 숙련도와 같은 기준으로 Ⅰ, Ⅱ, Ⅲ등급 등의 그룹을 나누고 알맞은 등급으로 분류해서 기입하라.
   c. 분류나 등급: 기계공, 목수, 기술자, 기타 등등과 같은 각 개인이 고용된 위치를 기입하라.
   d. 전체 비용: 매달 비용, 일수 혹은 시간을 명시하고 임금 급여 방식을 지정하라(월

급, 일급, 시급 등).

e. 작업하는 전체 월수, 일수 혹은 시간: 피고용자가 급여를 받게 되는 노동 시간/일수/월수를 명시하라.

f. 총수입액: 전체 벌어들인 금액을 보여준다. "전체 월수/일수 혹은 시간" 열에 나타난 단위값으로 곱해진 "총액" 열의 값은 "총수입액"에 나타나야 한다.

g. 공제액: 피고용자의 급여에서 공제할 수 있는 부분은 해당 열에 기입되어야 한다.

h. 순지급액: 이 열은 "총수입액" 열에 나타난 금액에서 "공제액" 열에 나타난 금액을 공제하고 난 뒤 남는 금액을 나타낸다.

i. 지급 받은 이의 서명 혹은 비고: 해당 열은 급여를 지급 받은 이의 수기로 된 서명이나 십자가 표시가 나타나 있어야 한다. 급여를 지급 받은 이가 자신의 이름을 직접 서명하지 못하는 경우, 그의 우편 주소 등을 아는 3자에 의해 십자가를 체크하는 것이 지켜봐야 한다.

4. 한 주 내에 48시간 이상, 60시간 미만으로 피고용자에게 일을 시켜야 할 경우, 그에게 초과근무를 시킬 허가를 받기 위해선 사전에 고용 사무실을 통해 허락받아야 한다. 허락을 받았을 경우, 초과근무에 대한 허락 이유를 서술하는 서면보고서가 주요 제대의 지휘관에게 제출되어야 한다. 해당 보고서에 대한 복사본 한 부가 임금 대장에 부착되어야만 한다. 1947년 7월 1일에 개정된 한국 노동 규정 섹션 3을 참고하고 주의하라. 피고용자에 대한 초과 노동 요구는 정규 노동시간에 대한 임금 부분 다음 줄에 이어서 기입되어야 하며 초과 노동을 수행한 날, 혹은 일수와 일한 시간을 보여줘야만 한다.

5. 급여를 지급해야 하면서 동시에 임금 대장의 앞에서 나타난 것보다 짧은, 실제 임금 대장상의 시간은 "특정 일자에 고용됨" 혹은 "특정 일자에 그만두거나 계약 기간 만료됨" 등의 별도 표기를 통해 설명되어야만 한다.

R. W. 누스
대령, 회계과, 회계장교

첨부 14. 〈군인숙소목록〉

설립되면서 제24군단 사령부 사령관실로부터 받은 군인숙소는 다음과 같다.

숙소 위치	특징
다나카(수도)	
기쿠이	
세라누키(국제)	식당 보유
조선	식당 보유
플라자	식당 보유
동아	식당 보유
기라쿠	1947년 7월 11일 화재로 전소

설립되면서 주한미군정청으로부터 받은 군인숙소는 다음과 같다.

숙소 위치	특징
영락	
삼판	식당 보유
욱정	
비젠야	식당 보유
기술자 하우스	
상업 하우스	
중앙청 관사	여성용
정부 일반	
내자 아파트	여성용, 식당 보유
퀀셋[38] 지역 20개 막사	
러시안 제1호	
러시안 제2호	1947년 11월 화재로 전소
러시안 제3호	
조흥	여성용
광화문	

당시 중앙청 군인숙소도 주한미군정청으로부터 수령했다.

38 퀀셋(Quonset)은 길쭉한 반원형 간이건물 막사를 의미한다. '퀀셋'이라는 명칭은 이 간이건물이 처음 지어진 지역명에서 유래했다.

다음의 군인숙소들은 재공사해서 1947년 초에 재개소했다.

숙소 위치	특징
지산	여성용
조광	
오츠카	
남한 빌딩	
도요다	여성용
토라실	여성용
캐슬	

다음 군인숙소들은 표기된 날짜쯤에 재공사하거나 새롭게 공사했다.

숙소 위치	특징
서대문	1947년 12월
북한산	1948년 4월, 여성용
퀀셋 지역 43개 막사	1947년 7월
퀀셋 군인숙소	1948년 3월

다음의 군인숙소들은 부양가족 주택이거나 혹은 군인숙소로 변경된 다른 형태의 작은 건물들이다.

숙소 위치	특징
독립주택 제9호	
독립주택 제10호	
독립주택 제209호	
매글린 하우스	
프로 하우스	
회계 하우스	
일반 참모 하우스	
코엔 하우스 1·2	
선교사 하우스 1·2·3	
젠슨 하우스	
캐나다 선교사	
디 하우스	
YMCA 혹은 로빈슨 하우스	

첨부 15. 〈비망록[군인숙소 주택 위원회]〉, 1947년 1월 9일

제24군단 사령부 사령관실

1947년 1월 9일

문서번호: TFBIL 234
비망록
주제: 군인숙소 주택 위원회

1. 각 군인숙소의 거주자들은 즉각 최소 3인 이상으로 구성된 주택 위원회를 선출하라. 60인 혹은 그 이상의 거주자가 거주한 군인숙소는 20명당 한 명의 추가적인 위원을 선출하거나 추가 거주자에 따라 위원회를 나눠야 할 것이다. 각 위원회의 위원 한 명은 매달 말의 선거를 통해 새로운 위원으로 교체되거나, 혹은 적절한 선발 주기를 통해 각 위원당 최소 3개월의 임기를 보장하면서 동시에 매달 한 명은 교체될 수 있도록 하라. 각 위원회 내에서 가장 오랜 기간 있었던 위원이 위원회 의장이 되며, 이는 위원회 위원 중 한 사람이 될 것이다. 위원회 내에서 한 명은 의장이 서기로 임명할 것이다. 이러한 임명은 민간 피고용자의 경우에서처럼 위원회 내에서 초과근무를 한다고 해서 초과 노동 수당을 받을 권한이 생긴다는 의미로 해석해서는 안 된다.

2. 본 주택 위원회의 임무는 다음과 같을 것이다.
   a. 거주자로부터 모든 제안 사항과 불만사항을 받고 조사하며 그에 따라 필요한 곳에 적절한 조치와 규율적인 수단을 제안한다.
   b. 자치기구 제도를 설립해서 본 메모에 따라 개정되거나 폐기되지 않을 명령, 규정, 지시사항, 그리고 관련된 출판물들이 성취하고자 하는 결과물을 달성하는 실질적인 목표를 달성하라.
   c. 군인숙소 관리자들을 통해 서울군인숙소구역의 고문 역할에 적극적으로 참여해라. 이를 통해 군인숙소의 물리적인 환경과 서비스, 숙박 편의를 개선하라.

3. 주택 위원회는 매달 한 번 혹은 의장의 특별한 요청이 있을 때 만난다. 회의의 진행 과정을 기록해야 하며 이에 대한 기록 복사본을 서울군인숙소구역에 제출한다.

4. 다음의 정보들을 가능하면 이른 날짜에 서울군인숙소구역에 제공하라.
   a. 군인숙소 주택 위원회 의장의 이름
   b. 군인숙소 주택 위원회 서기의 이름
   c. 군인숙소 주택 위원회 위원들의 이름
   d. 첫 회의 날짜
   e. 계획된 매달 정기 모임 날짜

하지 중장의 명령에 따름.

찰스 에니스
대령, 부관참모부, 관참모

* 배포
본 사령부에 배정된 모든 장교 인원 및 본 사령부 군인숙소에서 거주하고 있는 전쟁부 소속 민간 인원

※ 1948년 4월 29일 제24군단 서울군인숙소구역이 재생산한 문서임.

서울군인숙소구역 보충역사(1948.8.1~1948.11.15)

숙소 구역의 활동 요약

A. 회계 부서(첨부 1~5 참조)

B. 운영 부서(첨부 16[39]~11 참조)

C. 보안 부서(첨부 12~16 참조)

D. 보급 부서(첨부 17~20 참조)

E. 관리 부서(첨부 21 참조)

F. 식당 부서(첨부 22~24 참조)

첨부문서 24건

1. 〈서울군인숙소구역 퇴실 예규〉

2. 주한미군 사령부, 〈한국인 직원들의 초과근무〉, 1948년 9월 11일

3. 제24군단 사령부 서울군인숙소구역, 〈안내지 제24호〉, 1948년 9월 22일

4. 주한미군 사령부, 〈회람문서 제58호(군납 증명서의 원화 환산)〉, 1948년 10월 1일

5. 제24군단 사령부 서울군인숙소구역, 〈알림(11월 서비스 이용료)〉, 1948년 10월 25일

6. 제24군단 사령부 서울군인숙소구역, 〈필요한 군인숙소 파일과 기록〉, 1948년 9월 16일

7. 주한미군 사령부, 〈군인숙소 이동〉

8. 제24군단 사령부 서울군인숙소구역, 〈군인숙소 변경〉

9. 제24군단 사령부 서울군인숙소구역, 〈비망록〉, 1948년 9월 14일

10. 〈서울군인숙소구역 양식 제3호〉

11. 제24군단 사령부 서울군인숙소구역, 〈제1보충창에서 돌아오는 것에 대한 허가〉, 1948년 10월 26일

12. 제24군단 사령부 서울군인숙소구역, 〈좀도둑질 및 강도에 대비한 경비〉, 1948년 7월 30일

13. 제24군단 사령부 서울군인숙소구역, 〈식당 및 군인숙소 한국인 피고용자가 사용하는 신원 카드〉, 1948년 10월 4일

14. 주한미군 사령부, TFYMP 600.96, 〈정부 자산 보호〉, 1948년 10월 8일

15. 제24군단 사령부 서울군인숙소구역, 〈한국인 피고용자를 위한 통금시간 패스〉, 1948년 10월 9일

---

39 6의 오기로 추정된다.

16. 제24군단 사령부 서울군인숙소구역, 〈비망록〉, 1948년 10월 15일; 제24군단 사령부 서울군인숙소구역, 〈경비 주차장〉, 1948년 11월 15일
17. 제24군단 사령부 서울군인숙소구역, 〈서울군인숙소구역 예규〉, 1948년 8월 14일
18. 제24군단 사령부 서울군인숙소구역, 〈서울군인숙소구역 수송부 예규〉, 1948년 8월 28일
19. 제24군단 사령부 서울군인숙소구역, 〈서울군인숙소구역 연료 예규〉, 1948년 11월 2일
20. 제24군단 사령부 서울군인숙소구역, 〈보급 비망록〉, 1948년 11월 5일
21. 제24군단 사령부 서울군인숙소구역, 〈화재 예방 규정 회람문서의 불이행〉, 1948년 11월 20일
22. 제24군단 사령부 서울군인숙소구역, 〈냉장고 예방 정비〉, 1948년 8월 7일
23. 제24군단 사령부 서울군인숙소구역, 〈비망록〉, 1948년 10월 21일
24. 서울군인숙소구역 식당 폐쇄 관련 문서

1948년 8월 1일부터 같은 해 11월 15일까지의 기간에 서울군인숙소구역은 장교들, 부양가족들, 민간인 피고용자들, 임시거주자들, VIP들, 서울지역에 배치되거나 방문 중인 특별한 그룹에게 적절한 숙소를 제공하는 임무를 성공적으로 수행했다. 유례없이 많은 인원의 장교들, 부양가족들, 그리고 민간인들은 미국 본토로 돌아가면서 공실 발생, 그에 따라 비게 된 이들 건물 부동산의 해제, 군인숙소와 식당의 통폐합과 같은 문제들이 발생했다. 유례없이 많은 인원이 줄어드는 상황에서 최대 효율을 달성하기 위해 군인숙소 구역은 남는 공실과 건물에 대한 재배정을 지속적으로 해야만 했다. 재정을 긴축하고 단계적으로 건물을 철거하는 작업은 자연스럽게 모든 작업 인원들에게 추가적인 작업량을 부과하게 됐다.

A. 회계 부서

회계 부서는 군인숙소의 통폐합이 예견됨에 따라 하향 조정 여부를 결정하기 위해 8월 말에 개인들에 대한 서비스 요금을 연구하기 시작했다. 해당 연구는 그에 따라 이미 정립된 기준으로 똑같은 서비스를 제공하기 위해서는 현재의 요금을 유지해야만 한다는 사실을 드러냈다. 하지만 1948년 10월 10일에 주한미군사령부는 법적 환율을 1달러당 450원으로 한다고 공식 발표했다. 이는 즉시 새로운 연구를 수행해야만 하는 상황을 야기했고, 개인 서비스 요금은 8월에 인당 2달러씩으로 줄었으며, 환율에 급격한 변화나 현지인들의 임금 인상도 없는 상황에서 재정도 남은 점령 기간에 사용하기에 충분하다는 것이 이미 판단됐기에 11월까지도 2달러 수준으로 유지되었다. 회계 부서는 또한 재조선미육군군정청 한국인 노동고용사무국이 1948년 8월 15일에 문을 닫았을 때 서울군인숙소구역의 한국인 피고용자들을 고용하고, 대체하고 처리하는 업무를 떠맡게 되었다.

B. 운영 부서

1948년 8월 1일부터 같은 해 11월 15일까지, 운영 부서는 179개의 부양가족 주택과 10개의 군인숙소가 여분으로 남는다고 보고했다. 운영의 최대 효율을 해치지 않으면서 어떤 잔여 군인숙소와 부양가족 주택의 부동산을 해제할 것인지 결정하고 기존 군인숙소들을 통폐합하기 위해서는 상당한 연구와 계획 수립이 필요했다. 한국에 있는 미국인 선교단과의 연락망이 설치되어 한국에 주둔 중인 군대가 철수함에 따라 야기될 수 있는 군인숙소 문제를 그들에게 알렸다. 1948년 11월 10일에 군인숙소는 주한미사절단American Mission in Korea, AMIK 관할이 되었다.

C. 보안 부서

주한미군이 철수하고 있다는 사실이 확실해지면서 한국인에 의한 절도나 좀도둑질이 더욱 빈번해지고 있었다. 군인숙소가 문을 닫고 부동산이 이동해감에 따라 경비 부서는 손실을 최소화하기 위해 경계 상태를 강화할 수밖에 없었다.

"한국인에 의한 약탈 행위로부터 미국인들의 경비를 수월하게 하거나 돕기 위해서 한국 정부가 특정한 시도를 했다는 사실에 대한 그 어떠한 정보나 조짐도 없었다."(S. P. 코블렌츠 대령)

D. 보급 부서

1948년 8월 1일부터 같은 해 11월 15일까지의 기간에 대다수의 부양가족 주택과 많은 수의 군인숙소가 자산관리국이나 전후점령기관에 귀속되었기에 보급 부서는 이 시기에 가장 분주했다. 남은 군인숙소와 식당에 식량과 연료, 그리고 다른 보급품을 제공해야하는 와중에 이들을 처리하는데 엄청나게 많은 양의 작업을 해야 했고 해제된 건물과 관련된 자산을 반납하느라 상당한 양의 차량도 필요했다.

E. 관리 부서[40]

가을이 되면서 추워진 날씨로 인해 관리 부서의 작업량은 늘어나고 다루어야 하는 문제도 배가됐다. 비게 된 건물의 배관을 배수처리 해야 했고, 아직 거주자가 있는 곳의 경우 난방장치의 안전하고 꾸준한 작동을 위해 계속 점검해주어야 했다.

북한의 전력 공급 차단으로 인해 도시의 전력원으로부터는 충분한 전력을 확보할 수 없었기

---

40 원문은 식당 부서, 관리 부서의 순으로 항목이 배치되어 있으나, 편집 시 앞의 개요 순서에 맞추어 항목의 순서를 서로 바꾸었다.

에 군인 식당과 숙소 건물은 전력 사용을 위해 지엽적인 발전기에 의존할 수밖에 없었다. 이들 발전기의 수명과 상태가 처음 겪는 데다가 처리하기도 까다로운 문제를 발생시켰고 거주하는 인원들은 추가적인 불편함을 감수해야만 했다.

정기적인 화재 점검은 지체 없이 계속되었지만, 본 기간에 한 건의 화재가 발생해 조선총독부 관사 5동이 전소되었고 한 명이 목숨을 잃었다. 화재는 명백하게 개인의 부주의로 발생했다.

F. 식당 부서

본 기간에 식당 부서는 예산 절감과 같은 여러 문제들에 직면했다. 식당의 인원이 떠나거나 한 식당에서 다른 식당으로 이동하게 되면서 필요한 예산 삭감이 가장 큰 문제였다.

미국 본토 서부 해안에서의 운송 파업으로 인해 식당은 신선한 식품의 재고가 떨어지는 상황을 보완하고자 짧은 기간 동안 통조림 식품에 의존할 수밖에 없었다.

이러한 이유로 식당 메뉴의 조정은 식당 부서 관할 하에 있는 일반적인 식당의 음식 품질로부터 명백한 변화를 감지할 수 없을 범위에서 허용되었다.

일본의 수경재배 농장에서 채소를 공수하는 것 또한 미국 서부 운송 파업에 따른 부담을 줄여준 데다가 신선한 야채와 관련해 메뉴를 실질적으로 변동하지 않아도 되게끔 해주었다.

이 기간에 외따로 운영되고 있던 식당을 폐쇄하고 더욱 중심 쪽에 있는 것들로 통폐합하는 작업이 이루어졌고, 이들 식당을 사용하는 인원들의 불편도 최소한으로 했다.

전방 점령 인원이 사용하는 식당 시설이 서비스 하락 없이 최소한의 어려움으로 이동할 수 있도록 전후점령 관련 기관와의 연락망도 설치되었다.

첨부 1. 〈서울군인숙소구역 퇴실 예규〉

서울군인숙소구역 퇴실 예규

퇴실할 경우를 대비하여 본 서류를 소지하라.
본 서류의 절차를 따르면 불편함이 최소화될 것이다.

당신은 서울군인숙소구역의 퇴실 서류를 당신이 소속한 숙소의 숙소 관리자로부터 받게 될 것이다(서울군인숙소구역 숙소 배정 장교로부터 최종적으로 퇴실 허가를 받기 전에 본 서류에 지시된 하위 부서의 담당 인사들로부터 서명을 모두 받아야 한다).

서울군인숙소구역의 관할 하에 있는 군인숙소와 식당으로부터 퇴소하는 인원은 다음의 나열된 곳들에 보고하게 될 것이다. 보급창에 보고하게 되는 날 이전까지 다음의 주어진 순서를 따른다.

[1단계] 군인숙소 관리자: 군인숙소의 모든 재산을 반납하고 숙소 관련 인원에게 점검받으라. 이때, 당신이 해당 숙소에 배정받을 때 서명했던 메모 영수증을 돌려받을 수 있을 것이다. 그에 따라 숙소에서 퇴소할 수 있게 된다.

[2단계] 반도호텔317호 서울군인숙소구역 식당 부서: 당신의 식당 등록 정보를 완전히 말소시키고 사용하지 않은 잔여금을 모두 돌려받으라. 식당 카드를 반납하고 임시 식당 카드를 받으라.

[3단계] 반도호텔 315호 서울군인숙소구역 회계 부서: 당신의 숙소 이용 등록 정보를 완전히 말소하라. 이때 당신이 사용하지 않은 잔여금을 모두 돌려받으라.

[4단계] 반도호텔 1층 로비 군인숙소 배정 사무실(1~3단계의 퇴실절차를 모두 밟아야 본 절차를 밟을 수 있다): 군인숙소 구역에서 마지막 퇴실 절차를 밟으라.

[5단계] 군인숙소 관리자: 서울군인숙소구역 사령관이 특별하게 허가를 내리지 않는 이상 보급창에 보고된 군인숙소는 그 어떠한 개인에게도 제공되지 않는다.

S. P. 코블렌츠
대령, 화학병과, 서울군인숙소구역 사령관

첨부 2. 〈한국인 직원들의 초과근무〉, 1948년 9월 11일

주한미군 사령부

1948년 9월 11일

문서번호: TFGDS 230.45
주제: 한국인 직원들의 초과근무
수신: 배포 D

1. 참조: 주한미군 사령부, 〈회람문서 제41호(적절한 자금으로 현지 인원으로부터 확보하기)〉(1948년)의 변경 3판 21c항

2. 한국인 현지 피고용인들의 수입을 올리고자 하는 목적으로 초과 노동에 따른 임금을 계획하는 몇몇 사례가 있었고 이는 본 사령부도 알게 되는 정도가 되었다. 예를 들어 몇몇 시설은 16시간 동안 혹은 그 이상 시간의 직원 노동을 요구하며, 교대 근무 대신 총시간 동안 동일한 직원을 일하게 하는데, 그에 따라 8시간을 초과해서 일한 것에 대해 시간당 한 시간 반을 일한 것으로 계산해서 임금을 지급하게 한다. 이러한 경우로 인해 미국 정부에 추가적인 지출이 발생하게 하고 있으나 추가적인 인원 고용으로 이를 막을 수 있다.

3. 긴급한 상황의 경우 초과근무의 필요성이 생기는 경우가 있는데다가 위에서 언급한 참고문서의 첫 번째 문단에서 관련 규정이 있기에 특정 인원을 보통의 노동시간인 8시간 이상으로 활용해야 하는 경우가 있다는 것이 밝혀졌다.

4. 주요 제대의 지휘관들은 자신들의 관할 지역에서 현지 한국인 인원들을 계획적으로 초과근무 시키는 현재의 관행을 시정 조치를 해야 하며 이와 같은 문제를 보고하고 관장하는 것과 관련해 구매와 계약을 담당하는 장교들에게 주의를 기울여야 한다.

5. 적절하고 충분한 근거와 함께 한국인 피고용자 증원 표를 제출하는 순간 본 사령부는 이러한 문제 시정에 필요한 추가적인 현지 한국인 고용을 허가할 것이다.

쿨터 소장의 명령에 따름.

존 C. 오번
중령, 일반참모부, 부관참모대행

첨부 3. 〈안내지 제24호〉, 1948년 9월 22일

제24군단 사령부 서울군인숙소구역

1948년 9월 22일

안내지 제24호

1. 한국인 근무 시간 기록표: 군인숙소 및 식당 관리자들은 9월 30일까지의 한국인 피고용자들의 근로 시간 기록에 대한 서류를 반도 호텔 127호 한국인 노동 고용사무국에 9월 25일까지 제출해야 한다는 사실을 잊지 말라. 별도의 허가 없이 25일부터 30일 사이에 제출되어 있지 않은 시에 이는 화이트 상병(워싱턴 434R)에게 전화로 보고된다.

2. 한국인 임금 대장: 이전 달에 임금을 받지 못한 현지 한국인 인원의 임금 지급을 위해 매달 오직 한 부의 보완 임금 대장만 준비될 것이다. 이들에 대한 근무 시간 기록표는 반도 호텔 127호 한국인 노동 고용사무국으로 매달 14일까지 제출해야 한다. 이러한 보완 임금 대장상의 내역은 매달 18일까지 한국인 노동 고용사무국이 지급할 것이다.

3. 군인숙소 관리자들에게 알림: 한국 밖으로 휴가를 떠나는 인원들은 휴가 기간에 매일 0.15 달러의 식당 이용 요금을 지불할 필요가 없다는 사실을 모든 숙소 게시판에 게시해서 알려라. 그렇지만 그들은 떠나기 전에 반드시 식당 카드를 제출해서 잔금을 완전히 돌려받고 돌아온 직후에 새 카드를 구매해야만 한다.

4. 빈 청량음료병 반납: 한국에서 병으로 된 청량음료의 생산은 병의 부족으로 인해 심각한 어려움을 겪고 있다. 모든 청량 음료병을 가장 가까운 PX에 반납하라. 빈 청량음료병을 찾고 이를 PX에 반납하는 작업은 계속될 것이다.

사령관을 위하여.

오스본 F. 애플
대위, 보병대, 행정장교

첨부 4. 〈회람문서 제58호(군납 증명서의 원화 환산)〉, 1948년 10월 1일

주한미군 사령부

1948년 10월 1일

회람문서 제58호
주제: 군납 증명서의 원화 환산

Ⅰ. 폐지 및 개정 사항

1. 폐지
   a. 주한미군 사령부, 〈회람문서 제99호〉(1947년)의 변경 1판과 그에 언급된 양식 C·D에 따라 3f 문단이 개정되었다.
   b. 주한미군 사령부, 〈회람문서 제28호〉(1948년)의 변경 2판에 따라 Ⅳ의 2번째, 4번째 문단이 개정되었다.
   c. 주한미군 사령부, 〈회람문서 제42호〉(1948년) Ⅱ의 6a 문단
2. 개정
   a. 주한미군 사령부, 〈회람문서 제28호〉(1948년) Ⅴ의 3번째 문단 내 기존의 "주한미군사령부"를 "재무장교"로 개정하였다.
   b. 주한미군 사령부, 〈회람문서 제99호〉(1947년) 3a 문단의 "또는 달러 어음" 바로 뒤에 "원"을 추가하였다.

Ⅱ. 일반

3. 1948년 10월 1일자로 1달러당 450원의 환율이 확정됐다. 이는 고정된 환율이 아니며 변경될 수도 있다. 환율의 변동은 추후 계획 수립의 목적을 위해 적절한 때에 미리 메시지의 형태로 발표될 것이다.
4. 제152번 자금 지급 부서의 재정 장교는 다른 모든 재정 장교를 담당하는 원화 환전 자금 장교로 지명된다.

Ⅲ. 원화 판매

5. 미군의 재정 장교 혹은 이들의 대리인은 한국 어디에서 근무하든 간에 다음의 현 규정에

따라 군납 증명서를 사용할 수 있는 모든 인원에게 원화를 판매할 수 있다.

a. 개인에게 판매

b. 보급품 확보를 위한 미배정 자금 활동에 판매

c. 임금 지급을 위한 미배정 자금 활동에 판매(군인숙소 및 식당 이용료를 지불하기 위해 사전에 징수한 군납 증명서)

6. 군납 증명서를 통해 받은 원화는 재무 장교나 다른 담당 인원을 통해 군납 증명서로 다시 바꾸거나 혹은 여타 달러 어음으로 바꿀 수 없다.

7. 위의 부속 문단 5a와 5b에 나열된 이들에게 원화를 파는 것은 해당 환전이 발생하는 날의 환율에 따를 것이다. 위의 부속 문단 5c에 언급된 활동은 군납 증명서를 원화로 바꾼 달 혹은 군납 증명서를 징수한 달의 말이나 그 이전에 그달의 임금 대장을 다 지급할 수 있을 정도로 충분한 만큼 환전될 것이다. 지난달에 발생한 미지급 의무를 충당하기 위해 10월에 이루어진 환전의 경우의 환율은 본 지시서 3번째 문단 섹션 Ⅱ의 내용이 적용될 것이다.

Ⅳ. 현재 최대 비용

8. 주한미군 사령부, 〈회람문서 제42호〉(1948년) Ⅱ의 3·4번째 문단의 비용은 비용의 최대치다. 이들 비용은 징수된 해당 달의 환율과 일치할 것이다.

쿨터 소령의 명령에 따름.

토마스 W. 헤렌
준장, 일반참모단, 참모장

존 C. 오번
중령, 부관참모대행, 일반참모부

* 배포: *A*

첨부 5. 〈알림(11월 서비스 이용료)〉, 1948년 10월 25일

제24군단 사령부 서울군인숙소구역

1948년 10월 25일

알림
주제: 11월 서비스 이용료
수신: 모든 군인숙소 및 식당 관리자들

11월 1일부로 서울군인숙소구역이 운영하는 시설 내의 군인숙소 혹은 식당을 이용하는 모든 인원에 대한 군인숙소 및 식당 이용 요금이 무기한 중지될 것이다.

군인숙소 관리자들은 이전과 같이 식당 카드 배포를 담당한다.

사령관을 위하여.

오스본 F. 애플
대위, 보병대, 행정장교

첨부 6. 〈필요한 군인숙소 파일과 기록〉, 1948년 9월 16일

제24군단 사령부 서울군인숙소구역

1948년 9월 16일

주제: 필요한 군인숙소 파일과 기록
수신: 모든 그룹 통제 장교, 모든 군인숙소 관리자

1. 각 군인숙소는 최소한 다음의 사항들을 파일과 기록으로 관리해야 할 것이다.

카드 색인 파일	① 알파벳 순으로 나열된 거주자 이름 ② 방 호실에 따른 거주자 ③ 식당 및 임대 서비스 이용료 징수 기록
한국인 피고용자 파일	① 피고용자 명부 ② 근무 시간 기록표 ③ 한국인 직원 활동 파일 ④ 신체검사 기록
마닐라지 서류철	① 거주자 명부(주간), 거주자 명부(월간) ② 작업명령 파일, 주간 진척 보고 ③ 화재 예방 훈련 보고, 화재 예방 점검 보고(주간) ④ 벌레 및 설치류 통제 보고, 안전 보고 ⑤ 행정 지시사항(서울군인숙소구역), 정보 서류(서울군인숙소구역) ⑥ 회람문서, 메모 ⑦ 주제 편지, 서한집 ⑧ 식당 티켓 판매 영수증, 군인숙소 서비스 이용 요금 영수증 ⑨ 강도 사건 보고, 사고 보고 ⑩ 예규, 명부
부동산 기록	① 부동산 대장 ② 발급 서류 ③ 반납 서류

2. 각 군인숙소 건물은 이들 파일과 기록을 관리할 것이며, 군인숙소 사무실이 요구할 시에 검사를 받을 수 있어야 한다. 검사를 수월하게 진행하기 위해 마닐라지 폴더 파일에 위 리스트의 순서대로 각 내용물을 정리할 것을 권장한다.

R. L. 하트
군인숙소 감독자

첨부 7. 〈군인숙소 이동〉

주한미군 사령부

문서번호: TFBIL 620
주제: 군인숙소 이동
수신:[41]

미국인 인원의 감축 및 재조정으로 인해 현재 운영 중인 모든 군인숙소와 식당을 계속해서 유지하는 것은 경제적으로 비효율적이다.

지정 해제하는 군인숙소 공간에서 거주하는 인원들을 이동시키는 작업이 필요하다. 해제 일시, 운송, 정비 그리고 다른 여타 문제들의 변동 사항으로 이러한 이동에는 많은 불편함이 따를 것이며 일부 경우엔 추가적인 이동을 하게 될 것이다. 몇몇 경우에 막사가 더 불편하거나 오히려 나을 수도 있다. 하지만 이러한 모든 관련 사항에 대해 신경을 쓰지 않으면 이사는 영향을 받지 않을 것이다.

군인숙소 사무실이 요청하면 관련된 인원들이 즉각적으로 이사 작업을 수행해야만 한다. 원활한 작업 진행을 위해 당신의 협조가 필요하다.

쿨터 준장의 명령에 따름.

존 C. 오번
중령, 일반참모부, 부관참모대행

41 원문에 해당 항목이 공란으로 되어 있다.

첨부 8. 〈군인숙소 변경〉

수신: 산 프로젝트Mountain Project 아파트 제 ____ 호 건물 제 ____ 호 거주자

미국인 인원의 감축 및 재조정으로 인해 사령부는 다시금 예정된 계획에 따라 군인숙소를 통합하는데 추가적인 조치를 취하게 됐다.

당신들에게 불편함을 끼치게 되어 유감으로 생각한다. 이러한 불편함을 최소화하기 위해서 다음에 사용할 군인숙소를 선택할 때 12월 1일 이전에 한국을 떠날 이들은 토요다를 고려해 달라. 한국에 계속해서 남을 이들은 "내자"와 "지산" 둘 중 하나로 선택지를 좁혀야 한다.

워싱턴 539 혹은 89를 통해 반도호텔 로비의 군인숙소 배정 사무실에 연락해서 배정 선택을 하고 10월 20일 이전에 이사를 완료하길 바란다. 10월 20일 이전에는 모든 이사가 완료되어야 한다. 올트만 함[42]을 통해 한국을 떠나는 이들은 전화로 그 사실을 알리기만 하면 된다.

당신의 협조를 통해 우리는 당신을 더 잘 도울 수 있다. 군인숙소 측과 직접적으로 사적인 약속을 잡는 것은 작업 통제를 방해만 하기에 이를 하지 않기를 당부한다.

S. P. 코블렌츠
대령, 화학병과, 서울군인숙소구역 사령관

---

42 미국 해군의 수송선으로, 제2차 세계대전 동안 미국 해안경비대에 의해 운용되었다. 배의 명칭은 미국 육군 장군 드와이트 에드워드 올트만(1872~1929)의 이름을 따서 지어졌다. 1946년 미국 육군에 인계되어 'USAT General D. E. Aultman'이라는 이름으로 운용되었다.

첨부 9. 〈비망록〉, 1948년 9월 14일

제24군단 사령부 서울군인숙소구역

1948년 9월 14일

비망록
수신: 주택 위원회 의장, 모든 군인숙소 및 모든 군인숙소 관리자

1. 주택 위원회와 군인숙소 인원들이 계속해서 바뀌는 상황에서, 이와 관련해 정보를 제공하고 안내하고자 다음의 제24군단 비망록을 첨부했다.

2. 주택 위원회는 군인숙소 인원을 고용하거나 해고할 권한이 없으며 오직 직접 필요하다고 생각하는 행동을 제안할 수만 있다는 사실을 인지하고 있으라. 군인숙소 관리자들과 주택 위원회 위원들은 목표로 하는 기준을 달성하기 위해 최대한 협력하는 것을 적극적으로 권장한다.

3. 방 배정은 서울군인숙소구역의 군인숙소 배정 사무실의 특정한 허가가 있을 시에만 변경된다.

S. P. 코블렌츠
대령, 화학병과, 서울군인숙소구역 사령관

첨부 10. 〈서울군인숙소구역 양식 제3호〉

____

(군인숙소)

____

(날짜)

수신: ______________________________

(거주자)

우리의 이곳에서의 임무는 현재 조건 속에서 가능하면 최대한 편리한 환경을 만드는 것이다. 필요한 것들을 확보하면서 진척이 이루어지고 있지만, 현재의 서비스를 만족할만한 수준으로 개선하기 위해서 여전히 많은 것들을 추가로 성취해야 한다는 사실이 명확해지고 있다. 관리진은 도움이 되는 조언이나 실행할 수 있는 제안을 환영한다. 수리와 정비에 대한 요청도 환영이다.

아래의 양식은 당신이 작성해서 사용하는 것이다.

관리진

______________________________ ____

수신: 관리자 ______________________________ ________________________

(군인숙소) (날짜)

본인은 서비스 개선을 위해 다음의 제안을 하고자 합니다.

____

____

____

____

____

____

____

____

(이름) (계급)

____

(방 번호)

____
(날짜)

군인숙소구역 관리자: ____________

본 문서의 뒷면에 제시된 양식을 적절하게 사용하면 당신이 관리하는 군인숙소의 거주자와의 더욱 긴밀한 연락의 기반이 될 것이다. 해당 양식은 숙소 거주자에게 건설적인 비판을 할 수 있게 해줄 것이다. 동시에, 한국인 노동자들이 너무 자주 간과하거나 무시하곤 하는 수리 및 교체와 관련된 필요사항을 당신이 직접 살필 수 있을 것이다.

본 양식의 복사본을 각 방에 놓고 새로운 거주자가 등록될 때마다 해당 거주자에게 복사본을 줄 것을 권한다. 이러한 절차에 따라 운영이 더욱 원활해질 것으로 생각한다.

이들 양식의 복사본은 서울군인숙소구역에서 취득할 수 있다.

R. L. 하트
남성 군인숙소 감독

첨부 11. 〈제1보충창에서 돌아오는 것에 대한 허가〉, 1948년 10월 26일

제24군단 사령부 서울군인숙소구역

1948년 10월 26일

주제: 제1보충창에서 돌아오는 것에 대한 허가
수신: 모든 군인숙소 관리자

서울군인숙소구역 사령관은 제1보충창에서 서울지역으로 돌아오는 것에 대한 허가를 보장하지 않을 것이다.

이러한 허가는 앞으로 주한미군 사령부 참모장의 허가가 떨어진 직후 주한미군 사령부의 인사참모를 통해서만 받을 수 있을 것이다.

군인숙소 관리자들은 이러한 인사참모의 서면 허가 없이, 본 군인숙소 구역을 퇴소해서 보충창으로 떠난 인원들에게 숙소 시설 사용을 허락해서는 안 된다. 이전까지의 허가는 본 문서를 통해 폐지된다.

S. P. 코블렌츠
대령, 화학병과, 서울군인숙소구역 사령관

첨부 12. 〈좀도둑질 및 강도에 대비한 경비〉, 1948년 7월 30일

제24군단 사령부 서울군인숙소구역

1948년 7월 30일

주제: 좀도둑질 및 강도에 대비한 경비
수신: 모든 군인숙소 거주자

1. 군인숙소 투숙실 내에서의 강도는 거의 매일 일어나고 있는 데다가 증가하기까지 하는 것으로 보인다. 이들 강도 행위를 막기 위해 본 숙소 구역은 모든 합리적이고 실질적인 예방책을 실시했으나 거주자들 스스로가 경비와 관련된 개인적인 부분을 책임지고 맡아야만 한다.

2. 모든 거주자는 돈, 보석 그리고 다른 값진 재산을 보호하는데 필요한 조치를 해야 하며, 도둑질에 대비해 옷가지를 확실하게 입고 여타 물품을 확실하게 챙겨야 한다. 방을 사용하지 않을 때 잠가야 할 뿐만 아니라 보석이나 의류도 가능하면 여행용 가방이나 옷장에 넣고서 잠가야 한다. 꼭 필요한 것 외의 돈은 소지해서는 안 되며, 이들 여분의 돈을 무방비한 채로 방에 그대로 둬서도 안 된다. 방을 나서기 전에 방문을 안쪽에서 잠그고 나가야 한다.

3. 서울군인숙소구역은 앞으로 개인이 할 수 있는 합리적인 경비 조치가 행해지지 않은 곳에서 발생한 도난에 대한 불만 사항에 대해 신경 쓰지 않을 것이다.

S. P. 코블렌츠
대령, 화학병과, 서울군인숙소구역 사령관

첨부 13. 〈식당 및 군인숙소 한국인 피고용자가 사용하는 신원 카드〉, 1948년 10월 4일

제24군단 사령부 서울군인숙소구역

1948년 10월 4일

주제: 식당 및 군인숙소 한국인 피고용자가 사용하는 신원 카드
수신: 모든 군인숙소 관리자, 모든 식당 직원, 모든 그룹 통제 장교

1. 서울군인숙소구역 시설에 고용된 한국인 인원들이 현재 사용하는 패스와 신원 카드는 24시간 뒤인 1948년 10월 8일 이후로 효력을 상실한다.

2. 군인숙소 구역 관리자들은 새로운 패스와 신원 카드를 확보하는 것에 따르는 세부적인 사항이 아래의 절차에 따라 이행되도록 할 책임이 있다.

3. 군인숙소 구역 내에 위치한 식당의 직원들은 군인숙소 관리자들에게 연락하고 자신의 피고용자에게 필요한 세부 사항을 진행한다. 다른 식당의 식당 직원과 식당 장교는 아래의 지시사항을 따르라.

4. 새로운 패스와 신원 카드를 취득하는 데 다음의 절차를 따라야 한다.
   a. 군인숙소와 식당에서 일하는 모든 인원에 대한 복사한 명부를 헌병 사령부의 M국에 제출한다. 제출하는 명부에는 모든 피고용자의 이름(한국어와 영어 모두)과 출신지, 나이, 집 주소가 기입되어 있어야 한다.
   b. 피고용자의 이름과 번호를 보여주는 두 개의 사진을 명부와 함께 제출하라. 이들 사진은 반도 호텔 1층의 통신 사진반에서 찍을 수 있다. 사진 촬영 예약은 군인숙소 관리자나 혹은 독립적인 식당의 경우 식당 직원을 통해 할 수 있다.
   c. 관리자나 식당 직원은 위의 a에서 지시된 대로 언급한 명부를 각 피고용인당 두 장의 사진과 함께 챙기면 새로운 패스와 신원 카드를 발급받을 수 있을 것이다. 사진 한 장은 패스에 붙여질 것이고 다른 하나는 헌병 사령부 M과에서 보관할 것이다.

사령관을 위해.

오스본 F. 애플
대위, 보병대, 행정장교

첨부 14. 〈정부 자산 보호〉, 1948년 10월 8일

주한미군 사령부

1948년 10월 8일

문서번호: TFYMP 600.96
주제: 정부 자산 보호
수신: 배포 D

1. 지휘관들은 정부 자산 보호가 자신들의 책임이라는 사실을 숙지하고 있어야 한다. 최근의 강도 사건 증가로 인해 모든 제대 지휘관들이 더욱 엄격한 감독이 불가피하다.

2. 창고와 저장실의 경비를 더욱 확실히 하기 위해 다음의 조치를 즉각적으로 취해야만 한다.
   a. 〈육군규정 35-6420〉을 확실하게 준수하면서 부대 사령관과 보안 장교가 주간 검사를 시행
   b. 모든 창고와 저장실의 자물쇠에 대한 주간 순환 교체
   c. 사용할 수 있는 열쇠 세트의 수 결정 및 창고 혹은 저장실을 직접적으로 책임지는 이들에게는 한 세트의 열쇠만 지급하기
   d. 나사와 스크루에 의해 실제로 확실하게 고정되는지 그리고 스크루의 머리부분이 노출되지는 않는지 확인하기 위한 모든 자물쇠 검사
   e. 모든 창고와 저장실에 미국 병참 자물쇠만 사용하기
   f. 모든 창문에 차단 바를 설치하기
   g. 필요하지 않은 문을 영구적으로 폐쇄함으로써 입구의 수를 줄이기
   h. 창고가 잠가져 있지 않은 상황엔 최소한 한 명의 징집 인원(병사~부사관)을 근무 세우기
   i. 열쇠 담당자 자리를 맡을 징집 인원(병사~부사관)을 신중하게 선발하기
   j. 창고나 저장실을 출입하는 한국인 피고용자를 꼼꼼하게 점검하기
   k. 근무 시간 이후엔 장교의 허가가 있을 시에만 트럭이 수송부를 떠날 수 있게 하며, 이렇게 트럭이 수송부를 떠날 시에도 내부를 확인하기
   l. 어두운 시간대에 창고 보초를 더욱 빈번하게 점검하기
   m. 강도를 즉각 보고하기

쿨터 소장의 명령에 따름.

존 C. 오번
중령, 일반참모부, 부관참모대행

첨부 15. 〈한국인 피고용자를 위한 통금시간 패스〉, 1948년 10월 9일

제24군단 사령부 서울군인숙소구역

1948년 10월 9일

주제: 한국인 피고용자를 위한 통금시간 패스
수신: 모든 군인숙소 소속 및 독립된 식당 관리자들

1. 본 서한은 한국인 피고용자가 사용하는 통금시간 패스와 관련된 모든 지시사항을 무효로 만든다.

2. 통금시간 패스를 취득하는 절차는 다음과 같을 것이다.
   a. 1948년 10월 11일 월요일에 서울군인숙소구역의 보안장교인 파운틴 중위가 통금 패스가 필요한 각 개인들을 위해 등사 인쇄된 양식을 확보할 것이다.
   b. 이어서 한국어와 영어로 양식 작성을 완료하고, 피고용자의 사진 한 장을 왼쪽 아래 네모 칸에 붙이면 된다. 복사한 사진이 양식에 첨부될 것이다.
   c. 군인숙소 소속 혹은 독립된 식당의 관리자가 자신이 감독하는 인원 중 통금 패스가 필요한 모든 이들에 대한 양식 작성을 완료하고 나면 그는 이들을 위의 b에 언급된 바와 같이 사진과 함께 챙겨서 제24군단 헌병대 사무실로 가지고 간다. 그러면 헌병대가 이를 승인하거나 승인하지 않을 것이고, 효력 발생을 위해 양식을 M사단 헌병대로 보낼 것이다.

3. 통금시간 패스를 취득하기 위한 마감 날짜는 현재 1948년 10월 19일까지다. 양식은 가능하면 빨리 제출하길 권장한다.

4. 이들 패스와 관련해서, 혹은 획득 방법과 관련해서 추가적인 정보는 워싱턴 425나 315에 전화해서 애플(행정장교) 대위에게 연락하라.

사령관을 위하여.

오스본 F. 애플
대위, 보병대, 행정장교

첨부 16-1. 〈비망록〉, 1948년 10월 15일

제24군단 사령부 서울군인숙소구역

1948년 10월 15일

비망록
수신: 모든 서울군인숙소구역 인원

I

주한미군 사령부, 서한 〈경비 주차장〉, TFYMP 450.1, 1948년 10월 14일로부터 관련 인원의 정보와 안내를 위해 아래와 같이 인용하였다.

"1. 본 사령부 내에서의 차량 도난 사건의 지속적인 증가는 이들에 대한 잠금장치가 경비에 충분히 도움이 되지 못한다는 것을, 그에 따라 주차에 대한 더욱 엄격한 통제가 의무화되어야 한다는 것을 의미한다.

2. 1948년 10월 18일부로 사람이 탑승하지 않은 정부 소유 차량은 거리나 차도에 주차할 수 없다. 정부 소유 혹은 개인 소유의 잠겨진 차량은 서울 내에서 지정된 시간에 다음의 보호 구역에서 주차할 수 있다.

- 북한산 아파트: 조선총독부 관사 포함(17:00~8:00)
- M국 구역: 자신들이 순찰하는 민간인 클럽 인근(18:00~24:00)*
- 중앙청 관사(18:00~24:00)*
- 주한미군 사령부 극장(극장 오픈 시간 동안)
- 반도호텔(24시간 내내)
- 조선호텔(24시간 내내)
- 수도호텔(24시간 내내)
- 헌병 사무실 건너편 헌병대 구역(24시간)
- 내자 아파트(18:00~24:00)*
- 중앙청 지역: 퀀셋 지역, 군정 클럽, 중앙청 구내(17:00~24:00)*

* 표시한 곳은 일요일에 1:00까지 오픈

3. 서울 바깥의 부대들은 비슷한 주차장을 설치할 것이며 본 서한의 의도와 정신에 맞게

지속적으로 관련된 지시를 해야 한다."

서대문호텔이나 토요다호텔을 방문하는 서울군인숙소구역 인원들은 오직 서울군인숙소구역 수송부에만 주차해야 한다. 수송부는 사전에 방문을 위해 계획된 시간에만 서울군인숙소구역 차량의 출입을 허락할 것이다.

II

0.75t 혹은 더 큰 서울군인숙소구역 차량은 긴급상황을 제외하고 17:00~6:00에 수송부에서 즉각 빼야 한다. 그러면 무장 경비가 운전자와 동행할 것이다.

사령관을 위하여.

오스본 F. 애플
대위, 보병대, 행정장교

첨부 16-2. 〈경비 주차장〉, 1948년 11월 15일

주한미군 사령부

1948년 11월 15일

문서번호: TFYMP 450.1
주제: 경비 주차장
수신: 배포 D

1. 참조: 주한미군 사령부, 서한 〈경비 주차장〉, TFYMP 450.1, 1948년 10월 14일

2. 위 서한 내 두 번째 문단이 다음과 같이 수정된다.
   - 삭제: "중앙청 관사"
   - 삭제: "중앙청 지역 - 퀀셋 지역, 군정 클럽, 중앙청 구내"

3. 중앙청 관사에서 여성 거주자를 이주시키고 군정 클럽을 폐쇄함에 따라 위에서 언급한 경비 주차 구역을 계속 유지할 필요가 없어졌다.

4. 북한산 관사 경비 주차장은 위에 언급된 구역의 차량 주차를 위해 사용할 수 있다.

쿨터 소장의 명령에 따름.

존 C. 오번
중령, 일반참모부, 부관참모대행

첨부 17. 〈서울군인숙소구역 예규〉, 1948년 8월 14일

제24군단 사령부 서울군인숙소구역

1948년 8월 14일

서울군인숙소구역 예규

〈서울군인숙소구역 예규〉(1947년 5월 16일) Ⅲ의 8번째 문단 내용은 폐지되었고 그에 따라 다음의 새로운 항목이 이를 대체할 것이다.

1. 보급과

a. 기능: 서울군인숙소구역의 관할 아래에 있는 군인숙소와 식당의 운영에 필요한 모든 보급, 장비, 식량 관련 물품을 요청, 수령 분배, 지급한다. 배급 식량과 보급품과 관련한 절차와 정책을 수립한다. 검사와 재고품 관리를 필요한 만큼 혹은 요청되는 만큼 자주 수행하고 발생시킨다. 서울군인숙소구역의 사령관에게 보급품, 장비, 식량의 상태를 항상 알린다.

2. 보급 부속 부서

a. 군인숙소 관리자들의 모든 요청사항을 수령하고 처리하고 취합한다. 모든 재산을 배분하기 전에 재산 슬립의 배분을 준비한다. 모든 지급 담당 개인과 조직이나 기술 부서 혹은 각각의 군인숙소와 독립된 식당과 재산 기록을 최신 상태로 맞추고 유지한다. 각각의 군인숙소가 관리하는 비슷한 기록들과 상응하는, 파일 재킷에 정리된 부대 혹은 유기적인 재산 장부를 통해 각 군인숙소에 대한 기록이 관리될 것이다.

b. 재고를 관리하고 필요한 만큼 매달 주기적으로 재고 점검을 시행하게 한다. 재고 점검 결과에 따라 재산을 조절하기 위해, 재산을 이송시키거나 숙소 관리자 그리고/또는 재산 담당을 바꾼다.

c. 사용할 수 없는 재산은 폐품 수집을 위해 제출하고, 재산 계정에 적절히 평가한다.

d. 군인숙소 내에 저장 공간을 점검하고, 재산을 적절한 방법과 수단을 통해 보호하기 위해 군인숙소 관리자를 돕고 조언한다.

e. 모든 재산 기록을 검사하고, 재산 기록을 관리할 적절한 방법에 대해 군인숙소 관리자에게 조언하고 지원하며, 관련 절차에서 변동되는 사항을 알린다.

f. 모든 군인숙소 관리자들, 그룹 장교들, 그리고 독립된 식당의 식당 직원들에게 적절한 방식으로 각자의 재산 계정을 폐쇄하는 방법과 관련해서 돕고 감독하고 조언한다. 현행 규정과 지시사항에 따라 모든 재산이 반납되고 치워지고 있는지 감독한다.

g. 식당 부서에서 모든 식당에 대한 종합된 식사 인원 보고를 받고 병참에 주간 식량 요청을 제출한다. 관할하는 각각의 식당에 대해 모든 배급 식량 기록을 최신 상태로 유지하고, 여기에 일일 식사 인원 보고와 배급 식량 요청, 병참으로부터의 식량 지급 슬립, 식량 배분 및 지급 슬립을 포함한다.

3. 창고 부속 부서

a. 기술 부서와 지급 부서나 개인으로부터 모든 보급품과 장비를 수령한다. 보급 장교에게 제출된 요청사항에 따라 물품을 창고에 넣고 나누고 지급한다. 보급 장교는 창고 측에서 물품을 지급하기 전에 모든 분배 및 재산 지급 슬립를 준비한다. 창고에서의 모든 물품 지급은 보급 장교로부터 수령한 분배 및 재산 지급 서류에 기반해서 진행된다. 지급이 완료되면 서명된 지급 서류의 원본이 게시를 위해 보급 장교에게 반납된다. 이에 대한 복사본은 수령자가 기록을 위해 소지한다. 보급 장교의 승인 없이는 창고에서는 어떤 물품에 대한 지급도 불가능하다.

b. 군인숙소나 독립된 식당에서의 모든 여분 물품 혹은 폐품은 재산 반납 슬립 리스트에 FWT 혹은 EXS로 표기되고 창고로 갖고 오게 된다. 창고 감독은 이들을 수령하면 바로 해당 반납 서류의 복사본 2부에 서명한다. 복사본 하나는 군인숙소 관리자나 식당 직원이 증거를 위해 소지하고, 원본은 보급 사무실로 가서 군인숙소 관리자 혹은 식당 직원 계좌에 증거로서, 그리고 다소간 창고 계좌에 증거로서 게시된다.

c. 창고 부속 부서는 재산 반납 리스트에 FWT나 EXS로 표기된 모든 폐품과 잉여 물품을 종합해서 처리하고 각 기술 부서나 관련 기관의 폐품 장교에게 제출한다. 이는 매달 한 번 수행한다.

4. 식량 부속 부서

a. 서울군인숙소구역이 운영하는 식당에 식량과 식료품을 수령하고 나누고 지급한다. 매달 15일과 30일에 각 식당과 저장실의 재고품을 확인한다. 필요사항을 초과한 식량을 모두

수거해서 식당 간 조정한 뒤 병참에 제출한다. 보급 사무실에 병참으로부터의 식량 지급과 관련해 일치하지 않는 사항을 알린다. 필요한 경우 배분 과정에서 조정한다.

b. 식당 부서는 모든 식당으로부터 식사 인원에 대한 보고를 수령하고 종합해서 필요사항에 따라 병참에 대한 식량 요청을 준비할 것이다. 식량 부서는 식사 인원 보고와 배분 및 식량 요청에 따라 식량을 꺼내서 다음의 순서에 따라 각 식당에 지급한다.

(1) 배급 식량은 병참에서 가져와 배분되고, 식당으로 지급하도록 더미로 나눠질 것이다. 배분이 완료되면, 식량 부서를 담당하는 부사관이 모든 더미를 지급 슬립에 맞춰 검사하고 재점검하며, 발견할 경우 일치하지 않는 사항을 시정한다. 식당 직원이나 혹은 그의 적절한 대리인은 분배된 것으로 와서 자신들의 지급 서류를 취득하고 바닥의 더미를 점검하고, 트럭에 올리는 동안 재점검하며, 영수증으로서 지급 서류 원본에 서명한다. 식당 관리자 혹은 그 대리인이 경비를 위해 자신이 맡은 식량 운송에 동행한다. 식량 분배를 담당하는 부사관은 서명받은 모든 지급 서류를 소지하고 있는 지급 서류 복사본과 함께 보급 장교가 정리하고 기록할 수 있도록 반납할 것이다.

(2) 식량 부서를 담당하는 부사관과 식당 관리자는 어떠한 상황에서라도 위에서 언급한 절차에서 이탈해서는 안 된다. 이를 재차 강조한다.

5. 군인숙소 관리자와 독립된 식당의 식당 관리자

a. 군인숙소 관리자와 독립된 식당의 관리자는 자신들이 관리하는 숙소나 식당의 공공 재산에 대한 재산 메모 영수증에 서명할 것이다. 각 숙소 혹은 식당에서 파일 재킷을 사용하는 유기적인 재산 장부를 관리하면서, 항상 최신 상태로 유지할 것이다.

b. 각 숙소와 독립된 식당에서 매달 공공 재산에 대한 물리적이고 직접적인 재고 점검이 행해지며, 그 결과는 장비 보고서의 형태로 매달 25일 이전에 보급 장교에게 제출된다. 발견한 모든 부족분은 조사 보고서, 변상명령서, 혹은 (현금)징수계획으로 조정될 것이다.

c. 메모 영수증(서울군인숙소구역 양식 제101호)은 모든 재산 소유자에 대해 복사해서 두 부씩 만들고 복사본은 소유자가 사용하도록 준다. 원본은 재산 소유자가 서명하고 군인숙소 관리자의 파일로 보관한다. 복사본은 소유자가 기록으로서 소지하게 한다. 서울군인숙소구역 양식 101호는 소유자의 소유 증명서로 사용된다. 원본은 (부족분이 없으면) 증명서로서 숙소 관리자가 서명한다. 만약 부족분이 있다면 조사 보고서, 변상명령서 혹은 현금징수계획으로 이를 보충할 것이다(후자를 권장한다).

6. 책임

a. 공공 자산이 사용 중이거나 부족하더라도, 재산 자체를 양도받거나 특정하게 이를 관리하고 안전하게 보관하는 있는 사람에게 해당 재산에 대한 책임이 위임된다. 아마 구두 혹은 서면으로 된 공식 명령을 통해서거나 재산에 대한 책임이 자연스럽게 따라붙는 임무 배치를 통해서, 혹은 메모 영수증 서명으로 재산 수령에 대한 서명을 통해서 해당 재산을 책임지는 일에 할당되면서 이러한 책임 양도가 발생한다.

b. 모든 공공 자산은 메모 영수증과 함께 군인숙소 관리자에게 지급된다. 군인숙소 관리자는 자신의 재산 명부에 모든 물품을 기입할 것이며, 각 물품당 종이 한 장을 차지할 것이다. 자산 장부는 늘 최신 상태로 유지된다. 각 재고 물품 혹은 재산 이전은 붉은색으로 표시되며 부족분은 조사 보고서, 변상명령서 혹은 현금 징수로 충당한다.

c. 군인숙소 관리자는 위에서 서술된 바와 같이 메모 영수증에 있는 모든 재산을 거주자에게 지급한다.

d. 군인숙소 관리자는 그에게 위임된 모든 공공 재산의 관리, 유지, 보호에 대한 책임을 진다. 그가 장교이든, 준사관이든, 육군부 군무원이거나 부사관이든 상관없다. 만약 군인숙소 관리자가 부사관일 경우, 그룹 장교가 영수증의 재산에 서명하고 재산 감독 역할과 금전적 책임도 져야 할 것이다. 군인숙소 관리자는 (부사관일 경우) 그를 군인숙소 관리자로 배정한 명령으로 인해 그리고 그의 지위에 의해 직접적인 책임을 진다.

7. 자산 보호

a. 군인숙소 관리자는 모든 재산이 안전하게 있는지, 없어지진 않았는지 늘 확인한다.

b. 저장실이나 보관 상자의 열쇠는 담당 장교가 극도로 경계하지 않고는 다른 징집 인원(병사~부사관)이나 민간인에게 맡겨서는 안 되며, 한국인 인원에게는 어느 때라도 줘서는 안 된다. 그렇지 않으면 권한 없는 사람이 재산에 접근할 수도 있다. 어느 곳에서라도 직접적인 검사를 빈번하게 진행하고, 자물쇠를 자주 바꾸는 등의 합리적인 예방책을 잘 활용해서 손실이나 피해를 막아야 한다.

c. 도난이나 다른 일로 인해 손실이나 부족분이 발생했을 경우 군인숙소 관리자는 그 사실을 발견한 즉시 숙소 구역 사령관과 보급 장교, 헌병대 혹은 범죄 수사과에 보고해서 이를 조사하고 기록하도록 해야 한다.

d. 자산 증서상 부족부서 관련한 조사 보고서엔 다음의 정보가 필요할 것이다.

(1) 6번째 문단에 정리된, 군인숙소 직원 수와 감독한 내용을 반영한 군인숙소 관리자의

증서 혹은 보증서. 한국인 피고용인 수. 재산을 보호하는 데 사용한 모든 방법과 수단, 부족부서 관련해서 원인, 발생한 시기, 발견한 시기, 보고자, 취해진 조치 등 완전한 정보. 추가적인 부족분 발생을 막기 위해 취해진 조치

(2) 해당 건물의 평면도에 대한 다이어그램

(3) 헌병대 혹은 범죄 수사과가 작성한 보고서에 대한 복사본 1부 그리고 조사 및 취해진 조치에 대한 서류의 복사본 한 부

(4) 위에서 언급된 마찬가지 정보와 함께 각 목격자 혹은 부족분에 대한 어떠한 정보라도 알고 있는 이들로부터 획득한 증서 혹은 진술서

(5) 부족한 것으로 확인된 전체 물품에 대한 리스트

8. 지급 및 반납

a. 모든 요청서는 세 부 복사되어서 보급 장교에게 제출한다. 그중 원본은 보급 장교가 소지하다가 그가 지급할 물품을 수령하면 이를 지급하기 위해 사용한다. 복사본 한 부는 서명된 지급 증명 영수증의 원본을 받을 때까지 기록으로서 보관한다. 나머지 복사본은 보급 장교를 통해 유효성을 획득하며, 보급 장교로부터 지급에 대한 두 번째 복사본을 수령할 때까지 군인숙소 관리자가 소지한다.

b. 재산 중 폐품이나 초과부서 관련된 모든 부분은 유형과 등급으로 나누고 재산 슬립 리스트 상에서 FWT나 EXS로 표기한 뒤 창고로 반납한다. 반납 서류는 세 부 복사해서 원본은 창고 감독자가 서명한 뒤 보급 장교에게 준다. 복사본 한 부도 창고 감독자가 서명한 뒤 증서로서 군인숙소 관리자에게 돌려준다. 나머지 복사본 한 부는 두 번째 복사본을 돌려받아서 정리하고 게시하기 전까지 군인숙소 관리자가 소지한다.

c. 모든 재산은 외상으로서 반납될 것이며, 요청과 지급으로 대체될 것이다. 보급 장교가 발행한 요청 및 지급 슬립에 의한 허가 없이는 어떤 경우에도 창고의 재산을 지급 받을 수 없다.

코블렌츠 대령의 명령에 따름.

윌리엄 K. 피스
대위, 시설지원대, 행정장교

첨부 18. 〈서울군인숙소구역 수송부 예규〉, 1948년 8월 28일

제24군단 사령부 서울군인숙소구역

1948년 8월 28일

서울군인숙소구역 수송부 예규

1. 목적 및 기능

a. 수송부는 서울군인숙소구역의 사령관, 부속 부서의 지휘관, 혹은 다른 지정된 인원에게 필요한 교통수단을 제공하고 유지한다.

b. 서울군인숙소구역 수송부의 모든 차량에 대해 제1단계 정비와 제한된 제2단계 정비를 수행하고 감한다. 서울군인숙소구역 수송부의 모든 차량이 언제나 사고 없이 만족스럽게 활용될 수 있는 상태를 유지하도록 운전자들을 적극적으로 감독하고 교육한다.

c. 서울군인숙소구역의 모든 군인숙소와 다른 건물들의 클래스 I, II, III, V의 배포와 이동을 위해 교통수단을 제공한다.

d. 서울군인숙소구역 사령관에게 모든 교통수단과 그에 대한 관리 상태를 알린다.

2. 임무와 절차

a. 각 부속 부서의 지휘관을 담당하는 장교는 자신이 담당하는 인원들에게 할당된 모든 차량의 1단계 정비를 감독할 것이다. 비공식적 지휘 검사는《기술교범 37-2810》의 23번째 문단에 따라 각 부속 부서의 지휘관을 담당하는 장교가 수행하고 결함을 시정하는 조치가 취해질 것이다. 발견된 태만함은 필요한 규율 혹은 여타 시정 조치와 함께 서울군인숙소구역의 사령관에게 보고된다. 각 부속 부서 지휘관은 자신을 비롯해 모든 운전자가 다음의 연관된 출판물들의 조항에 따른 차량 운영에 익숙해지고 그에 따라 도움을 받아야 한다(주한미군 사령부, 〈회람문서 제21호(한국에서의 교통과 차량 제어)〉; 주한미군 사령부, 〈안내지 제6호〉, 1948년 5월 20일, 2·3·4항; 주한미군 사령부, 서한 〈정부 차량 절도〉, 1948년 2월 2일). 각 부속 부서를 담당하는 장교는 자신이 관할하는 부속 부서에 할당된 모든 차량이 공식적으로 허가된 레크리에이션 여행의 목적을 제외하고는 공적인 용도로만 사용되도록 관리할 책임이 있다. 모든 운전자는 자신의 차량을 사용하지 않거나 주차 중일 때 항상 잠가야 한다. 열쇠는 항상 안전하게 관리하거나 담당자가 소지한다.

b. 차량을 배정받은 인원들과 자신의 부서로 차량을 받은 부속 부서의 지휘관들은 규정된 정비를 위한 예정일에 자신의 차량에 대해 보고하도록 하고, 기계공이 이들 정비를 수행하는데 운전자가 이를 돕도록 할 책임이 있다. 최대 운영 효율을 위해 운전자는 매일 규정된 사항에 따라 1단계 정비를 수행해야 한다. 모든 운전자는 운행 관리 사무실의 게시판을 매일 확인해서 자신의 차량을 예정된 일자에 맞춰 제출하고 정비받을 수 있도록 한다(예방 정비 명부를 보라).

c. 차량 장교: 차량 장교는 수송부와 수송부의 차량과 정비, 운영과 연관된 작업 절차 혹은 기술적인 측면에 수반되는 모든 문제와 관련해 서울군인숙소구역 사령관의 고문 역할을 한다. 그는 차량의 운행을 관리하고, 운행 기록을 관리하고, 예방 정비 명부를 효율적으로 유지하고, 스케쥴에 따라 특정 서비스를 위해 차량을 회수하고, 사소한 수리와 교체를 제공하고, 필수적인 부품을 정비 및 보급하며, 가스 및 오일 주유소를 운영하며, 필요한 경우 차량을 점검하거나 더 높은 수준의 수리부로 보내는 일을 담당한다.

d. 차량 부사관: 차량 부사관은 차량 관련 모든 상황에서 차량 장교의 보조 역할을 한다. 그에 더해, 차량 부사관은 정비소에서 요구되는 일과 기계공을 조직하고 선발해서 필요에 따라 훈련과 교육을 제공한다. 그 대상에는 모든 현지 한국 기계공 조수도 포함된다.

e. 운행관리원: 운행관리원은 모든 차량을 공식적인 요청에 따라서만 운행되게 하고 전체 차량에 대한 운행일지를 관리한다(일일 운행 기록). 또한 정비 명부와 차량 상태 보고서를 관리한다. 공식적인 용도로 운행하게 된 차량이 수송부에서 출발하기 전에 운전자 허가증 및 양식 제26호 운행증을 적절하게 발급받을 수 있도록 확실하게 조치한다.

3. 정부 재산(보호 및 화재 예방)

a. 수송부와 모든 정비소 건물은 근무 시간 이후에 잠겨 있어야 한다(월·화·목·금 17:00~7:30, 수 12:00~목 7:30, 토 12:00~다음주 월 7:30). 수송부와 정비소 열쇠는 명부에 따라 순서대로 지명되는 당직 운전자가 앞의 시간 동안 소지한다. 수송부의 휘발유 저장고는 사용하지 않을 시엔 항상 잠가 놓는다. 휘발유 저장고 열쇠는 운행관리사무실에서 보관하고 위의 시간 동안 잠가서 보관한다.

b. 모든 차량은 수송부에서 가시적으로 보일 수 있게 두거나 각 근무일의 폐쇄 시간에 운행관리자나 당직 운전자가 소재를 적절하게 파악하고 있어야 한다. 모든 부재나 불일치는 차량 부사관이나 차량 장교에게 즉각 보고되어야 한다. 모든 차량은 화재나 여타 긴급상황에서 이동이 원활하게 이루어질 수 있도록 주차되어야 한다. 예를 들어, 잠그지

않은 각 차량은 게이트 쪽으로 향하게 하고, 기어는 중립에 두며, 주차 브레이크를 켜놓는 등의 방식으로 말이다. 서울군인숙소구역에 할당된 차량만이 수송부에 주차할 수 있다. 이들 차량은 'SBS' 범퍼 표시를 통해 식별할 수 있다. 권한이 없는 이들은 수송부에 들어올 수 없다.

c. 당직 운전자: 다음의 내용은 서울군인숙소구역 수송부 소속 징집 인원(병사~부사관) 모두가 정리하고 있을 것이다.

1. 당직 운전자는 당직을 시작했을 때 수송부의 건물, 장비, 차량을 책임진다. 그는 모든 건물, 수송부 게이트 그리고 휘발유 저장 탱크가 닫히고 잠가져 있는지 점검한다. 이들 건물에는 정비소, 타이어 정비소, 페인트 작업장과 기름칠 작업장 등이 포함된다. 휘발유 저장 탱크는 밸브가 오프 위치에 있는 상태에서 잠가진다. 당직 운전자는 수송부로 가는 게이트가 자신은 물리적으로 수송부에 없는 당직 근무 도중 항상 잠겨 있다는 것을 확실히 해야 한다.

당직 근무 시간

일요일 7:30 ~ 다음날 7:30
월요일 17:00 ~ 다음날 7:30
화요일 17:00 ~ 다음날 7:30
수요일 12:00 ~ 다음날 7:30
목요일 17:00 ~ 다음날 7:30
금요일 17:00 ~ 다음날 7:30
토요일 12:00 ~ 다음날 7:30

2. 당직 운전자는 근무 시간이 지난 후 수송부 내에 있는 차량 대수를 확인할 것이다. 2.5t 트럭 14대, 1.3t 트럭 2대, 0.75t 트럭 8대, 0.25t 트럭 1대 등이며, 이러한 리스트에서 어떠한 변동이라도 생기는 경우 운행관리자와 상의한다. 차량 소재 파악이 되지 않는다면 그는 즉각 차량 장교나 차량 부사관에게 이를 알린다. 차량 장교는 자신의 숙소와 전화번호를 계속해서 알릴 것이다. 당직 운전자는 근무 중 공식적으로 순찰을 돌 때가 아니면 수송부나 서대문호텔에 머물 것이다. 그는 수송부에서 보초를 서는 조선경비대 인원의 직무 태만이나 난잡한 행위를 목격하면 근무 시간이 끝난 뒤 차량 장교나 차량 부사관에게 알린다.

코블렌츠 대령의 명령에 따름.

오스본 F. 애플
대위, 보병대, 행정장교

첨부 19. 〈서울군인숙소구역 연료 예규〉, 1948년 11월 2일

제24군단 서울군인숙소구역

1948년 11월 2일

주제: 운영 수준에서 연료 공급을 관리하기 위한 예규
수신: 모든 군인숙소 관리자

1. 겨울철 날씨가 되면서 군인숙소의 운영이 더욱 어려워지게 될 것이다. 관리 문제도 그에 따라 더욱 늘어날 것이다. 군인숙소의 난방 문제는 더더욱 중요해질 것이며, 만족할 만한 수준으로 유지하는 것도 더욱 어려워질 것이다. 정전도 아마 더욱 빈번해질 것이다. 날씨로 인해 거주자들은 실내에서 자유 시간을 더 보낼 수밖에 없을 것이며 편리함도 더 많이 요구할 것이다.

2. 군인숙소 운영 인원은 우리의 거주자들에게 편리함을 제공하는 데 실패해서는 안 되는 책임이 있다. 연료 공급이 바닥나기 훨씬 전에 미리 확실하게 교체분을 배달받을 수 있도록 주문하기 위해 기름과 석탄 공급은 정기적인 일정에 따라 신중하게 점검될 것이다. 이러한 점검과 그에 따른 알림은 군인숙소 관리자의 책임이다. 사전 계획 수립은 필수적이다.

3. 군인숙소 인원은 또한 배관과 난방 시스템을 정기적으로 점검해서 제대로 작동하도록 할 책임이 있다. 이러한 정기적 점검을 통해 작은 결함을 발견해낼 수 있으며, 이를 통해 불필요한 복잡한 수리 없이 단순한 수리만으로도 문제를 해결할 수 있을 것이다.

4. 난방 시기가 되면서 화재 위험이 증가할 것이다. 숙소 전체를 주기적으로 점검해서 화재 위험을 최소로 하는 것은 군인숙소 관리자들의 책임이다. 점검은 철저해야만 하고 화재의 위험을 피할 수 있게 주기적으로 해야만 한다.

5. 또한 겨울철 날씨가 다가오면서 거주자들이 전기 히터와 같은 보조적인 난방 가전 기구를 사용할 위험도 생길 것이다. 이들을 신중하게 점검해서 회로의 과부와 전력의 과다 사용을 예방해야 한다.

6. 군인숙소의 액체 연료 보급을 운영에 필요한 수준으로 유지하기 위해 각 군인숙소 관리자는 다음의 절차를 따라야 한다.

a. 매일 아침 군인숙소 관리자나 그가 지명한 미국인 대리자는 모든 숙소 저장 탱크의 액체 연료 공급 상태를 점검할 것이다.

b. 각 저장 탱크의 보급 상태가 만약 절반으로 떨어지게 되면, 군인숙소 관리자는 기름 보급소(전화: 덴버 141)에 전화해서 탱크를 채워줄 것을 요청한다.

c. 군인숙소 관리자는 이어서 서울군인숙소구역 관리 장교(전화: 워싱턴 421 또는 워싱턴 423)에게 액체 연료에 대한 요청이 진행됐다고 알린다.

d. 24시간 내로 연료가 배달되지 않으면 서울군인숙소구역 관리 장교에게 알려질 것이다.

7. 군인숙소의 고체 연료 보급을 운영에 필요한 수준으로 유지하기 위해 각 군인숙소 관리자는 다음의 절차를 따라야 한다.

a. 군인숙소 관리자들은 보유하고 있는 석탄과 나무의 보급 상태를 확실하게 체크하기 위해 주기적으로 점검할 것이다.

b. 보유하고 있는 고체 연료의 보급량이 2주치 분량으로 떨어지면 군인숙소 관리자들은 고체 연료 부서의 공병대에 재보급을 요청할 것이다(전화: 핸디, 고체 연료).

c. 군인숙소 관리자는 이어서 서울군인숙소구역 관리 장교(전화: 워싱턴 421 또는 워싱턴 423)에게 고체 연료에 대한 요청이 진행됐다고 알린다.

d. 3일 내로 연료가 배달되지 않으면 서울군인숙소구역 관리 장교에게 알려질 것이다.

8. 군인숙소 관리자들은 모든 운영 인원들이 위의 사항에 주의하도록 할 책임이 있다.

S. P. 코블렌츠
대령, 화학병과, 서울군인숙소구역 사령관

첨부 20. 〈보급 비망록〉, 1948년 11월 5일

제24군단 사령부 서울군인숙소구역

1948년 11월 5일

보급 비망록
수신: 모든 군인숙소 관리자, 식당 관리자, 그룹 장교, 차량 장교

1. 1948년 11월 5일 17:00부터 1948년 11월 15일 8:00까지, 극단적인 긴급상황으로 인해 보급 장교가 지급 슬립을 승인한 경우가 아닌 이상 해당 기간에는 서울군인숙소 창고에서 어떠한 물품 지급도 없을 것이다.

2. 모든 군인숙소 관리자, 식당 관리자, 그리고 차량 장교는 1948년 11월 10일 12:00까지 자신들이 맡은 숙소, 식당, 수송부에 대해 철저하고 직접적인 재고 정리 작업을 수행하라. 지급부서 부족분을 보여주는 장비 상태에 대한 보고서는 1948년 11월 11일 12:00 이전까지 보급 장교에게 제출되어야 한다. 실제 숙소, 식당 혹은 수송부를 운영에 있어 필요하지 않은 초과 물품을 나타내는 리스트는 장비 상태 보고서에 첨부된다. 숙소와 식당, 수송부의 모든 초과 물품은 1948년 11월 12일 17:00 이전까지 서울 군인숙소 창고로 반납한다. 모든 초과 물품은 재산 반납 슬립에 기입되고, 기입한 슬립은 세 부 복사한다. 부양가족 주택에서 사용하는 가구의 경우, 군인숙소의 한 공간에 옮겨진 뒤 재산 반납 슬립 리스트에 기입된다. 보급 부서에서 선발한 인원이 각 숙소로부터 초과 재산을 수거한다.

3. 이들 사항은 예외 없이 반드시 따라야 한다.

S. P. 코블렌츠
대령, 화학병과, 서울군인숙소구역 사령관

첨부 21. 〈화재 예방 규정 회람문서의 불이행〉, 1948년 11월 20일

제24군단 사령부 서울군인숙소구역

1948년 9월 20일

주제: 화재 예방 규정 회람문서의 불이행
수신: 대상 군인숙소 관리자

1. 1947년 10월 1일자 주한미군 사령부, 〈회람문서 제116호〉는 다음과 같이 서술하고 있다.
"a. 화재 훈련은 최소 한 달에 한 번 수행하게 된다. 이들 훈련은 가능하면 화재를 진압하는 실제 상황에 맞게끔 가정해서 진행된다. 사용하는 모든 장비는 적절하게 사용되는지 점검되며, 소방 인원들은 훈련과 조직화를 하는 과정에서 잘못을 저지르지 않는지 검사받는다. 참여 인원 내에서 잘못이 발견되면 언제든 강도 높은 훈련이 뒤따른다. 결함 있는 장비는 수리나 교체를 통해 시정된다."

2. 1947년 6월 3일자 〈군인숙소 예규〉 32번째 문단은 다음과 같이 서술하고 있다.
"화재 훈련은 군인숙소 관리자에 의해 매달 수행되며, 4일간 해당 숙소의 거주자들과 숙소 부서의 부서장에게 이를 알린다. 훈련은 20:00에서 21:00 사이에 진행된다."

3. 당신이 관리하는 숙소의 경우 해당 서한과 인용한 지시사항의 정신이 완전하게 이행하지 않았다는 사실이 적발되었다. 이들 화재 훈련은 생명과 재산을 지키는 것이 목적이기에, 지시된 내용을 따르는 것은 의무다.

4. 미국인 거주자를 위해 매달 한 차례의 화재 훈련이 20:00에서 21:00 사이에 진행된다. 한 차례의 화재 훈련이 한국인 피고용자를 위해서도 진행된다. 한국인을 대상으로 한 훈련은 이들 대부분이 근무 중인 낮에 열려야 한다.

5. 당신은 9월 25일 이전에 필요한 화재 훈련을 진행하도록 지시받았으며, 완료된 날짜에 증서로 보고하라.

사령관을 위하여.

R. L. 하트
군인숙소 감독자

첨부 22. 〈냉장고 예방 정비〉, 1948년 8월 7일

제24군단 사령부 서울군인숙소구역

1948년 8월 7일

주제: 냉장고 예방 정비
수신: 서울군인숙소구역 식당 인원

1. 냉장고 사용자들은 다음의 예방 정비 수칙을 매일 하게 될 것이다. 점검하는 동안 선별기는 "Off"의 위치에 있어야만 한다. 결함은 즉각 시정되거나 공병대에 보고되어야 한다.
   a. 동결(응결) 장치
      (1) 응결 장치에서 이물질을 모두 제거하라.
      (2) 모든 베어링의 윤활 상태를 확인하라(냉각 컴프레서에 오일을 추가하지 말라).
      (3) 모든 고정 나사의 안전 상태를 점검하라.
   b. 전기 모터(냉장용)
      (1) 모터 베어링의 윤활 상태를 확인하라.
      (2) 모터의 과열 상태를 점검하라.
      (3) 모터를 시동하는 동안 덜덜거리는 소리를 점검하라.
      (4) 브러쉬의 과도한 아크arc 발생을 점검하라.
      (5) 모터의 일반적이지 않은 소음을 점검하라.
   c. 휘발유 엔진(냉장용)
      (1) 휘발유가 차 있는 정도를 확인하라.
      (2) 엔진 오일이 차 있는 정도를 확인하라.
      (3) 냉각용 물의 차 있는 정도와 온도를 확인하라.
      (4) 혹한의 날씨(32°F 이하)이거나 그렇게 되기 전에 냉각 장치의 부동력을 확인하라.
      (5) 전류계를 점검하라.
      (6) 유압을 확인하라.

첨부 23. 〈비망록〉, 1948년 10월 21일

제24군단 사령부 서울군인숙소구역

1948년 10월 21일

비망록
수신: 모든 식당 관리자, 모든 식당 장교

1. 최근 서울군인숙소구역 관할의 식당 홀을 대상으로 한 여러 차례의 검사 결과 많은 이들이 식당 카드를 적절하게 제시하지 않은 상태로 식당 홀에서 식사한다는 사실이, 그리고 사람 수를 세는 사람이 카드를 제대로 보지 않는다는 사실이 드러났다. 본 사무실의 기록을 통해 이들 중 일부는 10월의 식당 카드를 아직도 구매하지 않았으며 어떤 이들은 9월 카드도 사지 않았다는 사실이 밝혀졌다.

2. 이러한 상황을 시정하기 위해 다음의 조치가 취해질 것이다.
   a. 오늘부로 식당 관리자들은 식사 인원을 세는 것을 담당한 사람들이 자신의 임무에 대해 제대로 교육하고 이들 인원이 식당 카드를 제대로 체크하는데 실패하면 어떤 경우라도 서울군인숙소구역으로 즉각 보고할 것을 책임진다.
   b. 식사 인원수 세는 것을 담당한 인원들은 자신이 직접 모든 식당 카드를 점검하지 않을 시 규율 조치의 대상이 된다.
   c. 서울군인숙소구역의 관할 아래에 있는 식사 공간에 출입하는 모든 이들은 10월 식당 카드를 소지해야만 한다. 현재의 식당 카드를 소지하지 않은 이들은 24시간 내로 반도호텔 317호 서울군인숙소구역을 통해 이를 취득하라. 이를 지키지 않을 시 식사 공간으로의 출입은 불허된다.

사령관을 위하여.

오스본 F. 애플
대위, 보병대, 행정장교

첨부 24. 〈서울군인숙소구역 식당 폐쇄 관련 문서〉

수신: 중앙청 식당의 모든 이용객에게

미국인 인원의 감축과 재배치로 인해 본 사령부는 10월 31일 저녁 식사 이후로 중앙청 식당을 폐점할 수밖에 없게 되었다.

중앙청 식당 카드를 소지한 이들은 11월의 식당 카드와 식당 배정을 위해 반도호텔의 317호실 식당 부서에 연락하길 바란다.

S. P. 코블렌츠
대령, 화학병과, 서울군인숙소구역 사령관

서울군인숙소구역 역사(1948.11.15~구역 폐지)

1948년 8월 15일부터 같은 해 11월 15일까지 역사 부분에서 개요가 설명된 것과 같은 문제가 계속되었고 뒤의 시기에 본 숙소구역의 모든 분과가 이를 직면했다.

1948년 11월 15일부터 같은 해 12월 15일까지 운영 부서는 10개의 군인 숙소와 103개의 부양가족 주택이 남는다고 보고했다. 운영 부서는 차량 수송 장교는 1948년 12월 7일에 다른 곳으로 전근 갔고, 같은 날짜에 운영 부서는 차량을 정비하고 수리하고 운영할 책임이 제552수송차량중대로 넘어갔다.

1948년 12월 48일에, 이전에 폐쇄됐던 국회 관사가 주한미군 사령부와 함께 한국에 남을 여성 인원들에게 숙소를 제공하기 위해 다시 문을 열었다.

1948년 12월 14일의 주한미군 사령부 〈일반명령 제58호〉에 따라 1948년 12월 16일부로 제24군단과 주한미군 사령부 특수 참모 구역으로 기능했던 서울군인숙소구역이 폐쇄되었다. 서울군인숙소구역의 기능은 같은 일반 명령으로 본부사령 부서가 맡게 되었다.

6·25전쟁기 용산 미군기지 재구축 사업 보고서

용산 군사기지의 프로젝트 역사
(Project History of The Yongsan Military Reservation)

출처: Project History of The Yongsan Military Reservation(79th Engineer Construction Battalion), 3 Oct 1952 to 30 Nov 1953. Box 338, A-1 1, RG 550, Archives II

용산 군사기지의 프로젝트 역사

제79공병건설대대

1952년 10월 3일~1953년 11월 30일

이 프로젝트 역사는 1952년 8월 25일부터 1953년 11월 30일까지 기간의 용산 군사기지 Yongsan Military Area[43]의 건설과 복구를 다룬다. 이 기간에 작업 주요 사항이 시작되고 완료되었다. 용산 지역의 다른 작업 사항은 11월 30일 뒤에도 지속되었다. 그러나 그 사항은 주요 프로젝트의 일부가 아닌 보완 작업으로 여겨졌다. 프로젝트 역사는 본 프로젝트가 시작되었던 실질적 작업 시기에 앞서 지역의 간략한 역사적 기록을 먼저 다룬다.

용산 군사지역의 역사적 기록

일반적으로 캠프 서빙고, 제7사단 구역 및 한국군 구역으로 언급되는 용산 군사지역은 1926년부터 1930년 사이 일본 정부가 건설했다.[44] 이 지역은 일본인 부사관과 장교들이 통제했던, 조선인 병사들로 구성된 2개 보병사단은 물론 조선에 제국 일본군 사령부를 주둔시키는 데 사용되었다. 1945년 8월 18일까지 일본인이 이 전체 지역을 점거했다. 제2차 세계대전이 종식되자 미 제7사단이 이 지역을 점령했으며, 이 점유 기간은 1948년까지 지속되었다. 이 기간에 미 육군이 막사의 90%를 일본식이었던 것에서 개조했다. 특히 부양자 주거 지역의 재건이 한층 더 영향을 받았던 때인 1948년에 제17연대, 대한민국 육군 및 주한미군사고문단이 주한미사절단과 함께 그 지역으로 이동했다.

현재의 전쟁이 발발한 1950년 7월에 미 제5군단 사령부와 주한미군사고문단이 아군이

43 '용산 군사지역'로 직역할 수 있으나 의미 전달에 초점을 두고 '용산 군사기지'로 번역하였다.

44 일본군 병영 건설 시기 서술이 부정확하며 사실과 다르다. 용산 일본군 병영공사는 1906~1913년 및 1915~1922년의 2차에 걸쳐 이루어졌다(선주백, 「용산과 일본군 용산기지의 변화(1894~1945)」, 『서울학연구』 29, 2007, 196~198쪽; 신주백 김천수, 『사진과 지도, 도면으로 본 용산기지의 역사』 1, 선인, 2019, 9~11쪽).

서울에서 후퇴했던 때인 8월까지 그 지역을 점거했다.[45] 1950년 8월부터 10월까지, 북한 공산군 부대가 그 지역을 점령했다. 1950년 10월, 아군이 서울을 처음 수복하자, 서울지역사령부 본부중대가 그 지역 일부를 점령했다. 이때까지 전쟁 피해는 거의 입지 않았었다. 1950년 12월, 한강 선에서 완강하게 저항한 끝에 미군과 한국군은 서울에서 두 번째로 후퇴했다. 용산 군사지역에는 포, 박격포, 소화기 사격이 적잖이 가해졌다. 1950년 12월부터 1951년 5월까지, 북한군과 중국 공산군이 그 지역을 점령했다. 이 기간에 이 군사시설에 유엔군의 상시적인 항공 폭격이 가해져 다수의 상설 건물에 상당한 피해를 야기했다. 1951년 5월에 제1기병사단이 그 지역을 재탈환했고 뒤이어 주한 미 제8군의 여러 활동에 의해 점령되었다.

프로젝트 역사(1952년 8월 25일~1953년 11월 30일)

용산 군사지역의 재건 계획 수립은 1952년 1월에 미 제8군 사령관 밴 플리트 장군, 주한미군사고문단장 라이언[46] 장군, 대한민국 육군 참모총장 임[47] 장군, 미 제8군 군수참모 R. A. 베이커 대령, 미 제8군 공병대 W. C. 베이커 주니어 대령이 서울 전역을 시찰 여행한 결과로 시작되었다. 이 여행의 목적은 서울지역에서 일정한 군사시설을 재건하려면 무엇이 필요할지 결정하려는 것이었다. 1952년 봄에 미 제8군 공병 부서는 전방 주한 미 제8군의 이전에 부응하여 용산 지역 재건에 대한 계획을 준비하라는 지시를 받았다. 프로젝트는 제24공병건설단에 할당되었다. 제24공병건설단은 1952년 3월에 계획 초안을 제출했다. 이 계획은 기존 건물 88채 복구, 단독 조립식 건물 16채와 대형 조립식 식당 4곳 건설 및 기존 기반시설 체계의 재건을 구상했다. 이 계획은 경비 150만 달러가 들 것으로 추산된 자재 계산서를 포함했다.

계획 수립은 1952년 여름에 여러 국면을 거쳐 지속되었다. 1952년 9월 24일 극동육군으로부터 프로젝트의 Ⅰ단계를 개시하라는 최초의 당국 승인을 받았다. 1952년 10월 16일

---

45 현재 문장을 포함한 이하 단락의 끝까지 6·25전쟁 주요 국면의 시기 서술이 부정확하고 사실과 다르다. 1950년 6월 25일부터 이듬해 3월경까지 6·25전쟁 초기의 전개과정은 잘 알려져 있듯이 6·25전쟁 발발(1950년 6월 25일)-북한군 서울 점령(1950년 6월 28일)-서울 수복(1950년 9월 28일)-1951년 1·4후퇴-서울 재탈환(1951년 3월 15일)으로 요약된다.

46 코넬리어스 E. 라이언(Cornelius Edward Ryan, 1896~1972)은 1951년 9월~1953년 5월 주한미군사고문단장을 역임했다.

47 1952년 1월 당시 육군 참모총장은 '임장군'이 아니라, 李鍾贊(1916~1983)이었다.

극동육군으로부터 프로젝트의 Ⅱ단계를 진행하라는 추가 승인을 받았다. 이 국면에서, 프로젝트는 다음과 같은 4단계로 계획되었다.

Ⅰ단계	이전에 대구에 있던 미 제8군 군수참모부 보급 및 기술병과 이동.
Ⅱ단계	이전에 대구에 있던 인사참모부와 행정병과 이동.
Ⅲ단계	현재 서울에서 사용 중인 건물에서 미 제8군 전방사령부와 제5공군 전방사령부 이동.
Ⅳ단계	대구에 있던 대한민국 육군과 주한미군사고문단 사령부 이동.

그 당시 여러 단계의 추산 경비는 다음과 같았다.

Ⅰ단계	916,515달러
Ⅱ단계	1,075,664달러
Ⅲ단계	
A. 미 제8군	915,450달러
B. 제5공군	1,457,260달러
Ⅳ단계	3,826,719달러
합계	8,191,608달러

1952년 8월 25일 미 제8군이 제24공병건설단에게 최초의 작전 명령을 발령했다. 이 명령은 기존 배수시설의 복구와 기존 물 저장 탱크 수리를 포함했다. 한국 남해안 도서 지역의 임무로부터 막 돌아온 제79공병건설대대에 이 임무가 부여되었다. 이는 10월 10일 제24공병건설단이 제79공병건설대대에게 상급 사령부가 제공한 조건과 기준에 따라 용산 군사기지의 재건과 건설을 완수하라는 임무를 부여한 작전 명령에 따른 것이었다. 프로젝트의 Ⅰ단계에서 실질적인 작업이 즉각 시작되었다. 전체 프로젝트의 Ⅱ단계 및 Ⅲ단계 승인이 30일 기간 이내에 뒤따랐다.

프로젝트에 대한 작업은 신속하게 조직되고 진척되었다. 복구가 예정된 건물 대부분에 대해 계획이 준비되어야 했다. 복구의 상세한 요건도 마련해야 했다. 처음에는 건물 및 지역 내의 잔해 청소와 급수, 하수 및 중앙난방에 대한 작업에 중점을 두었다. 프로젝트에서 초기의 까다로운 문제는 건설 작업의 처음 몇 달 동안 개별 건물에 대한 세부 요건을 결정하고 특정한 건물과 지역에 대한 우선순위와 중점을 변경할 필요성이었다. 추가적인 어려움은 물품과 건설 자재를 필요시 임의로 확보할 만큼 사전에 미리 계획하지 못했다는 점에서 발생했다.

초기의 건설 문제 중 일부는 땅이 수 ft 깊이까지 얼었던 한겨울에 기반시설 선과 도랑을 팠고, 개별 건물에 대한 계획과 요건을 변경하여 원래 계획하지 않았던 완전히 새로운 요건을 채택한 데서 직면했다. 후자의 좋은 사례가 1952년 12월에 처음으로 있었던, 여군에게 숙소를 제공하라는 갑작스럽고 급박한 요구였다. 약 250명의 여군에게 숙소를 제공하기 위해 선정된 메인포스트Main Post의 건물 구역에서는 원래 계획하지 않았던 상하수도와 가사 시설에 대한 특별한 요구를 수용했다. 게다가 이 요구는 여군들의 이른 도착 예정 일자를 맞추기 위해, 작업과 자재를 프로젝트의 한 편에서 다른 편으로 갑자기 이동시켰다.

완공되어 사용될 첫 번째 건물들은 노스포스트North Post의 헌병 및 한국 국립경찰 구역에 있었다. 이들 건물은 1953년 1월에는 사용되었다. 그다음으로 사용된 건물들은 메인포스트에 있었다. 건물 72는 기계화 기록부서가 사용했고, 법무관실은 퀀셋 68번을 사용했다. 그다음으로 중요한 것은 사우스포스트South Post로, 건물 8과 장교 거주용으로 사용할 다수의 조립식 건물을 완공하는 최종 기한이 3월 10일이었다. 이 최종 기한은 지켰지만, 상급 사령부는 공동시설 일부를 사용할 준비가 될 때까지 그 지역으로 부대를 이동시키지 않기로 결정했다. 이러한 공동시설은 예배당, 극장, PX, 간이식당, 의무실 및 도서관으로 이루어졌다. 이 건물들은 건설을 추진할 권한 부족에다가 건설에 대한 구체적 계획 승인이 지연되어 더 일찍 시작되지 못했다. 의무실과 도서관 이외의 이런 모든 공동시설은 실내를 특별히 설계한 초대형 퀀셋이다. 도서관과 의무실은 L자형의 조립식 건물이다. 극장은 끝과 끝이 맞붙은 2개의 초대형 퀀셋으로 이루어져, 건물은 길이 200ft, 너비 40ft에 달한다. 극장은 처음에는 계단 바닥으로 설계되었다가 나중에 건설 과정에서 경사진 바닥으로 변경되었다. 경사진 바닥 설계로 콘크리트 거푸집 만들기, 콘크리트 붓기 및 콘크리트 선별에서 훨씬 더 속력을 냈기 때문이다.

예배당은 특별히 언급할 가치가 있다. 이는 제단과 성단소聖壇所 둘 다에 최신식으로 처리한 중고 벽돌과 목재를 사용하여 실내를 특별히 설계한 표준 초대형 퀀셋이다. 예배당은 제24건설공병단의 공병장교가 설계했고 제79공병건설대대의 B중대가 건설했다. 예배당 정식 개관 연설에서 테일러[48] 장군의 언급을 포함하여, 많은 방문자들의 호의적 논평이 이 건축의 모든

48 맥스웰 D. 테일러(Maxwell Davenport Taylor, 1901~1987)는 1953년 2월~1955년 4월 주한 미 제8군 사령관을 역임했다.

것에 관한 대단한 명성을 보여준다.

위에 언급한 모든 공동시설은 물론 메인포스트의 사령부와 특수부대용 부대 구역 완공에 대한 첫 번째 주요 최종 기한 4월 30일은 잘 지켜졌다. 이는 2교대 작업으로 달성했고, 극장의 경우는 4월에는 3교대였다. 이에 대한 예외 한 가지는 간이식당이었다. 이 건물 작업은 완료되지 못했다. 특수 근무를 통해 일본중앙거래소로부터 완전히 새로운 계획을 접수할 것을 고려하여 모든 작업을 보류하라는 미 제8군의 명령을 받았기 때문이다.

3월과 4월에 제24공병건설단이 미 제8군 공병에 권고한 결과로, 전체 프로젝트에 대한 재평가가 이루어졌고, 구체적인 권고가 미 제8군 참모장에게 제출되었다. 이 요지는 원래 계획했던 대로의 단계에 기초한 프로젝트 검토 및 보고를 중단하고, 차라리 현재의 변화된 조건에 부응하기 위해 건물 분류에 근거한 일단의 신규 우선순위를 고려하라는 권고였다. 이 신규 우선순위 분류는 승인되었으며 지도 1호에 나타난다. 일부 건축 자재의 부족으로 입수 가능한 자재를 이용하기 위해, 그리고 건설 부대를 온전히 활용하기 위해 원래 의도했던 단계적으로 계획한 우선순위에서 얼마간 벗어날 수밖에 없었다.

원래 단계적으로 계획했던 우선순위에서 더욱 벗어나게 했던 최우선순위 여군 구역의 추가와 더불어, 특정한 건물들을 확보하는 데서 지연에 부닥쳐 이전에 승인된 계획 일부를 변경하게 되었다. 이 점에 대해 예정되었던 여군 파견대가 도착하지 않아서 여군용으로 준비했던 구역을 결국 위관 장교들이 사용했다는 지적은 흥미롭다.

또한 1953년 봄에는 용산 프로젝트를 위해 청구되고 필요했던 건축 자재에 대해 전반적인 공급 상황을 재평가하는 것이 필요해졌다. 이는 처음에 청구가 상세한 정보와 계획의 이점 없이 요청되었고, 작업 내내 대규모 자재 교체가 있었으며, 언제든 자재 청구서로는 감당하지 못했던 여러 신규 시설이 추가되었기 때문에 필요했다. 자재에 관한 모든 미결제 청구서가 검토되었고, 당시 승인된 작업에 근거해 요청된다고 알려진 모든 추가 자재를 감당할 새로운 복합 청구서가 작성되었다.

1953년 5월까지 이 프로젝트의 범위는 변경되고 확장되었다. 계획은 이제 간이식당, 예배당, PX, 도서관, 의무실 및 극장을 포함한 석조 건물 132채 복구와 신규 건물 117채 건설을 포괄했다. 용산 군사기지 지역은 미 제8군 사령부와 지원 부대에 숙소를 제공하기 위해 다음의 바닥 면적을 준비해야만 했다.

(단위: ft^2)

시설의 종류	총 면적
식당을 포함한 행정 건물	257,720
사병 막사	168,019
장교 막사	178,032
사병 임시 화장실 시설	13,346
오락 시설(체육관, 수영장 및 테니스장 포함)	26,113
운영 시설(수송부와 공동시설 포함)	41,302

부대 숙소용인 메인포스트의 대형 영구 건물에 사용할 정화조(지도 4호)와 인접 시설(지도 3호) 확장은 물론 이 기지의 용수 필요에 대비한 9,000bbl의 고수위 저장소에 대한 설비를 포함하여, 용산 프로젝트의 기반시설 체계는 수세식 오수 처리 체계 건설을 계획했다. 배전 체계(지도 2호)는 이 프로젝트에 전기를 공급하는 경성전기회사 변전소의 군용 배선 공사까지 포함했다. 용수와 오수 처리 체계에 대한 주요 부분은 겨울철에 시행되었다. 이는 ft 깊이로 얼어붙은 땅을 뚫고 도랑을 파는 데 추가적인 어려움을 야기했다. 대형 사령부 건물 3채(건물 50, 51, 56)의 중앙 증기난방용으로 보일러실이 지어졌다. 증기 배분 체계에 대한 작업은 겨울에 시작해서 1953년 10월에 완료되었다.

부동산의 건설과 양도는 다음 우선순위에서 사용 기관의 수익 점유beneficial occupancy[49]를 포함시키기 위해 단계적으로 실행되었다.

건물의 수	사용 기관으로 양도된 날짜
20	1953년 3월 27일
89	1953년 4월 30일
25	1953년 5월 31일
모든 잔여 시설	1953년 8월 1일

5월 중의 용산 군사기지 건설은 프로젝트의 각 단계를 구성한 "조립라인" 방식으로 특징지어졌다. 두드러진 사례는 혼합기를 거푸집 사이로 끌어올 수 있도록 골재와 모래의 자리를 잡아 건물의 거푸집을 설치하고 콘크리트 슬래브를 타설打設했던 기술자 반원들과 함께 부지

49 사용자가 최종 완공 이전의 건물이나 시설을 건축 목적에 맞게 점유하는 것을 말한다.

조성에 이어 20ft×120ft 퀀셋 6개와 20ft×108ft "조립식 건물" 12채를 건설했던 것이다. 골조공사 반원들은 건물 뼈대를 조립하고 세워 이 작업 순서의 뒤를 이었다. 최종적으로 내장 공사반이 구조물을 완성했다. 정상적인 작업으로 1,000인시[50]에 대형 조립식 건물 1채, 2,040인시에 20ft×120ft 퀀셋 건물 1채를 완성하는 셈이었다. 이렇게 병력을 경제적으로 배치하여 이 부대는 구성원이 감축된 현지 노동자들과 함께 효율적으로 최대한 병력을 이용할 수 있었다.

1953년 5월 31일 현재 용산 프로젝트의 건설 상황은 다음과 같았다.

종류	완공률	완공예정일
급수	92%	1953년 7월 1일
하수	100%	1953년 5월 1일
전기	85%	1953년 6월 15일
증기난방	75%	1953년 8월 1일
도로	45%	1953년 6월 15일
공동시설	100%	1953년 5월 1일
1순위 건물	100%	1953년 3월 31일
2순위 건물	100%	1953년 4월 30일
3순위 건물	100%	1953년 5월 31일
4순위 건물	55%	1953년 8월 1일
체육시설	7%	1953년 8월 1일

처음부터 전체 용산 프로젝트는 작업 중단을 막기 위해 대체 물품-특히 배관용품 사용을 허용하도록 설계를 변경하는 창의성의 필요와 활용을 특징으로 했다. 이는 부분적으로는, 앞서 서술했듯이, 공급량이 사전에 계획되지 못했기 때문이었다. 당시 경험했듯이 공급 상황에서 근근히 연명하는 방식은 대대의 효율성 감소를 초래했다. 이 조건은 프로젝트 기간 내내 전혀 시정된 적이 없었고, 배관 부품과 전기용품과 같은 특정한 중요 물품이 계속 부족했다.

부대 및 계약 노동을 보강하기 위해 현지 인원이 활용되었다. 보통 퇴직률은 매월 20%였으며, 이는 주로 직원들의 절도, 무능을 적발했거나 과도한 결근 때문이었다. 채용된 민간인들은

50 人時는 한 사람이 한 시간 동안 한 일의 양을 의미한다.

육군 인력을 대체하여 활용된 처음부터 또는 그들과 긴밀히 접촉할 때 더욱 능률적이고 믿음직하다고 판명되었다. 한국노무단은 적절한 감독을 받았을 때, 그들에게 부여된 프로젝트에서 상당히 유능함을 입증했다. 그러나 이 노동단으로부터 상당한 정도의 생산을 기대하려면, 면밀한 감독을 늦출 수는 없었다.

제79공병건설대대는 서울비행장 근처에서 제811공병항공대대가 작업 중이던 대형 공장에서 도로포장용 아스팔트플랜트 혼합물을 얻기 위해 제931공병항공전대 및 제811공병항공대대와 5월에 협정서를 작성했다. 제79공병건설대대는 사전 협의된 일정에 따라 공장에 골재와 아스팔트를 공급하고 혼합 아스팔트를 확보했다. 이는 매우 유익했고 도로포장 계획의 속도를 상당히 촉진시켰다.

6월에 제79공병건설대대는 용산 프로젝트를 위한 도로 건설, 포장 작업, 헬리콥터 발착장용 부지 조성, 소화전 설치, 행정 건물, 막사, 식당 및 임시 화장실 시설 건설에 노력을 집중했다. 이 기간에 신규 건물 30동 건설이 대대에 할당되었으며, 행정 사무실용으로 예정된 바닥면적은 2만 1,600ft^{2}였고, 사병 막사용은 3만 240ft^2, 식당 시설은 8,160ft^2, 그리고 임시 화장실 시설용으로는 4,670ft^{2}였다. 위 건물 중 9개 동은 6월에 사용 기관으로 양도되어 사무실 공간으로 사용되었다. 위 프로젝트에 더하여, 이 대대 부대들은 기지 깃발이 기둥을 향해 휘날리도록 설계된 65in 깃대 3개를 건설했고, 용산 지역 수영장을 복구했으며, 22개 도로의 1.2mi을 준비하고 포장했다.

6월 30일 현재 용산 군사기지의 건설 상황은 다음과 같았다.

종류	완공률	완공예정일
급수	70%*	1953년 7월 21일
하수	-	-
전기	-	-
증기난방	-	-
도로	-	-
4순위 건물	-	-
체육시설	-	-

* 6월에 체계 범위 확대됨.

보일러실 굴뚝 공사와 설치를 위한 추가 도급을 맺은 것과 함께, 그때 제79공병건설대대는 계약금 10만 달러 이상을 점검 및 감독 중이었다. 급수 체계는 추가 배수관 및 추가 3,000bbl 고수위 물탱크를 더하여 확대되었다.

6월에 대대는 다시 한 번 건설 물품이 부족함을 알게 되었다. 이때까지 이들 품목이 입수되기를 기다리고, 프로젝트의 다른 부분 건설에 대해 노력하는 것이 종종 가능했지만, 이달에는 맞춰야 할 완공 최종 기한이 많아 일부 물품이 입수 가능할지 기다리기란 거의 불가능했다. 따라서 한국의 지방 시장에서 직접 구매로 확보해야 하는 물품의 수가 증가했다(첨부 목록을 보라). 공병 장비의 최종 기한 때문에 그 이상의 문제에 직면했다. 이는 주로 부품 부족으로 인한 공급 문제였다.

6월에 잔여 공사를 완료하기 위해 24시간 내내 작업(3교대)이 시도되었지만 부분적인 성취만 충족시켰는데, 적 비행기의 방해로 등화관제 상태가 필요했던 것이 주요 원인이었다. 다수 교대 작업Multiple shift operations[51]은 상황이 (a) 장비를 대규모로 사용할 필요가 있거나 (b) 작업 공간에 한정하여, 그렇게 한 번에 효율적으로 작업할 수 있는 사람 수를 제한할 때 효율적이었다.

1953년 7월 31일까지, 미 제8군과 지원 부대의 약 75%가 이 프로젝트에 모여들었고 이 조직이 건설한 행정 및 운영 시설에서 작동하고 있었다. 이 기간 동안 도로 건설과 포장 작업은 우천과 제811공병항공대대 퍼그밀Pug Mill[52]의 작업 중단으로 크게 방해를 받았는데, 이는 퍼그밀 고유의 주요 부품 고장뿐 아니라 보일러 고장으로 기간 중 작업하지 않은 것이었다. 이러한 중단을 다소나마 해결하려고, 제24공병건설단의 제62공병건설대대가 대대의 시간당 25t 규모 퍼그밀에서 나오는 플랜트 혼합물로 용산 포장 계획을 지원하는 협정이 맺어졌지만, 이 소형 퍼그밀의 적은 용량과 잦은 고장 때문에 고작 24폭 도로의 0.55mi 포장에 대한 제한적 계획만 실시되었다.

7월에 용산 사우스포스트에 독신장교숙소 49동의 복구가 완료되었고, 이들 건물 중 24동이 공식적으로 사용 기관에 양도되었다. 이 구역의 잔여 건물에 대한, 사용 기관과의 합동

51 평일에 2교대 또는 3교대로 연속 작업하는 것을 의미한다.

52 혼합기의 일종으로 흙 반죽 등에 쓴다. 1~2개의 회전축에 여러 개의 날개를 나선상으로 설치하고 재료를 한 방향으로 보내며 혼합한다.

점검이 완료되었고 결함이 고쳐졌다. 그러나 공식 양도는 일부의 페인트칠이 완료되고 사용 기관이 이들 건물을 실질적으로 사용할 때까지 이루어지지 않았다. 7월에 직면했던 한 가지 흥미로운 건설 과제는 중앙난방 체계용 65in 판금 굴뚝을 15in 콘크리트 기초 위에서 제작하여 설치하는 것이었다. 금속 굴뚝은 직경이 8ft였고 무게는 약 8.5t이었다. 전체 굴뚝은 현장에서 제작하여 전신주 두발거중기 위에 받친 도르래 장치를 써서 알맞은 위치로 들어올리기로 결정했다. 이것은 도급일이었고, 시공자는 기초 위에서 굴뚝 제작, 들어올리기 및 알맞은 위치에 놓기까지 임무를 훌륭하게 해냈다. 프로젝트는 위험했지만 사고 없이 성공리에 완료되었다.

7월 31일 현재 용산 군사기지의 건설 상황은 다음과 같았다.

종류	완공률	완공예정일
급수	100%	1953년 7월 21일
하수	100%	1953년 5월 1일
전기	100%	1953년 7월 15일
증기난방	89%	1953년 9월 15일
도로	75%	1953년 9월 15일
1순위 건물	100%	1953년 3월 31일
2순위 건물	100%	1953년 4월 30일
3순위 건물	100%	1953년 5월 31일
4순위 건물	100%	1953년 8월 1일
체육시설	20%*	1953년 9월 30일

* 볼링장과 클레이 테니스 코트의 추가로 프로젝트 범위가 확대되어 수정된 비율.

7월에 대대의 주요 노력은 용산 프로젝트 완성으로 지속되었다. 아직 계획이 접수되지 않은 다소의 추가 이외에 모든 주요 작업은 1953년 8월 15일까지 완료될 예정이었다. 주요 노력은 배수장치, 페인트칠 및 이미 완공된 건조물에 일정한 개선을 추가하는 데 집중되었다.

프로젝트 완성에 가까워지면서, 대대는 공식 양도에 앞서 완공된 건물에서 비품 절도 문제에 직면했다. 건물 점검 및 양식 446 서명에 대한 본부사령과의 협정은 그러한 점검이 며칠 동안 미뤄지도록 하기보다는 완공일에 최종적으로 이루어졌다. 과거에는 돈, 시간 및 특히 자재 손실로 손해가 크다고 판명된 절차였다.

부대의 사기가 프로젝트 완공에 직접적 관계가 있었음을 지적할 수 있다. 대대의 사기는 여전히 좋았지만, 사병과 장교 사이에 용산에서 상당한 임무의 확대가 부대의 능률, 단결 및 정신을 해칠 수 있다는 공통된 느낌이 있었다. 이런 상황은 승인된 계획에 대한 허다한 변경과 수정으로 인해 초래된 것으로, 이는 상급 사령부에 설정된 이런 규모의 프로젝트에서 예상할 수 있지만, 사병과 위관급 장교들에게 설명하기란 어려웠다.

8월까지 제79공병건설대대는 중요한 공급 물품을 사용할 수 없었던 이유로 비교적 사소한 예외와 함께 신규 최종 기한으로 정해진 8월 15일로써 용산 프로젝트의 결말이 가시화되는 것을 볼 수 있었다. 이 최종 기한은 지켜졌지만, 이 완공일 이후에, 8월 15일 최종 기한에 포함되지 않았던 난방 체계와 같은 주요 작업의 완료뿐만 아니라, 8월 15일 이후에 승인된 일정하게 추가된 작은 과제에 관한 프로젝트에 대해 작업이 지속되었다.

1953년 8월 31일 현재 용산 군사기지에서 완료될 잔여 작업의 상황은 다음과 같았다.

종류	완공률	완공예정일
증기난방	93%	1953년 10월 15일
도로	84%	1953년 9월 15일
체육시설	22%	1953년 10월 15일
간이식당	94%	1953년 9월 15일

그다음 도급의 효력은 지속되어 9월에 간이식당 건설, 철망을 친 창문 공사와 설치 및 용산 군사기지의 보안 울타리 확장이 완공 예정되었다.

9월에 용산 프로젝트에서 전반적인 공사는 다음 사항의 완공을 포함했다. (1) 노스포스트 통합 식당의 확장, (2) 노스포스트 급수 체계, (3) 이발소, (4) 용산 지역, 전방지휘소의 예비 발전기 2대 설치, (5) 사령관 숙소의 강제 대류 난로 설치와 구조물 밀폐. 체육관, 간이식당 및 기타 프로젝트에 대한 추가 공사가 그랬듯이, 도로와 배수장치 수리는 그달 동안 계속되었다. 테니스장(클레이 코트), 볼링장 및 용산 사우스포스트 공군의 기존 송수관 실지 조사에 대한 작업이 개시되었다. 새로 건축한 보일러실의 두 보일러 모두 유체정역 시험을 거쳤고, 한 대는 시험 연소를 했다. 반송식 펌프실과 변압기 설치가 완공되었고, 남아있는 증기 파이프 설치공사가 완성되었다.

1953년 9월 30일 현재 용산 군사기지에서 완료될 잔여 작업의 상황은 다음과 같았다.

종류	완공률	완공예정일
증기난방	95%	1953년 10월 15일
도로	98%	1953년 10월 15일
체육시설	35%	1953년 10월 31일
간이식당	99%	1953년 10월 9일

10월 초순에 증기난방 체계에 대한 작업은 신속하게 처리되어, 보일러 두 대의 시험 연소 및 모든 라디에이터radiator[53]의 시험을 포함하여 그달 10일까지 해당 체계가 완공되었다. 간이식당용으로 적합한 배전선이 부족해서 그 프로젝트의 완공이 지연되었고, 일본중앙거래소가 이 중요한 자재 조달에 대해 합의했다. 그러나 그들은 그달 내내 전선을 입수할 수 없었고, 사용 부서에 장비 설치, 현지 근무 인원 훈련 및 작업 계획 기회를 주는 건물의 수익 점유 인가를 받았다. 수준 낮은 도급 작업으로 인한 전기 관계 결함을 수정하는 데 군 인원 활용은 필수적이었다. 도급은 해지되었고, 조악한 기술과 대체되어야 했던 자재에 생겨난 손실로 인해 도급 가격이 실질적으로 차감되었다.

체육관 건설은 신속하게 진전되어, 11월 첫째 주에 개관하기로 예정되었다. 자재 조달 면에서, 특히 배관 및 전기용품에서 상당한 어려움이 한 번 더 발생했다. 넘을 수 없는 "양키의 창의성Yankee ingenuity"[54]으로 결여된 물품 대부분의 대용품을 고안했고, 건물 개관을 지연시킬 어려움은 없었다. 한국에서 구할 수 없는 장비의 한 품목인 전기 바닥 연마기는 단지 비현실적 생각으로서 포기했고, 마호가니 바닥재 9,500ft^{2}로 이루어진 전체 구역을 손으로 연마하는 임무 수행을 위해 한국노무단의 대규모 인원이 조직되었다. 이 작업은 느리고 지루했지만 매우 성공적으로 판명되었고, 농구, 배구, 핸드볼 및 기타용으로 훌륭한 실내 체육관 바닥을 갖추었다.

볼링장 건설은 어려움이 거의 없었다. 작업은 전체 프로젝트 내내 순조로웠다. 초대형 퀀셋

53 증기나 온수의 열을 발산하여 공기를 따뜻하게 하는 난방 장치로 放熱器라고도 한다.

54 미국 역사 초기부터 등장한 말로, 문제 해결을 위해 주어진 여건에서 창의적이고 실용적 방안을 찾는 미국인의 태도를 가리킨다.

의 단단한 벽돌 전면 벽이 완공되었고, 사무실과 창고에 대한 벽돌 전면 증축이 그 기간에 시작되었다. 다른 체육시설 프로젝트인 인근의 복식 클레이코트 테니스장은 그 건설반의 입장에서는 고통스러운 일이었다. 선정된 부지가 이전에 파괴되고 평평해진 일본군 병영의 벽돌과 콘크리트 기초를 포함했기 때문에 지하 배수용 콘크리트 지하 배수관을 설치하는 어려움이 커졌다. 압축기로 구동하는 연장도 이러한 기초에서는 진행이 느려졌다. 적합한 배수 물매를 유지하는 정밀한 작업이 가장 어려웠다. 끝으로 배수지가 설치되고 나서, 활용 가능한 전문가들에 따르면, 반드시 일정한 등급과 질감의 점토만이 경기장 바닥 조성에 사용될 수 있어야 했다. 서울과 인근을 찾아보고 나서 그런 재료의 소재를 파악했지만, 한국인 지주로부터 구입해야 했다. 이는 조달 경로를 통해 즉시 이루어졌고, 혼합 작업(곱게 거른 점토에 석회를 추가)이 시작되었다. 점토는 배수지를 덮은 골재 층 위로 뿌려졌고, 곧이어 소금물이 끼얹어지고 굳어졌다. 추가 점토 입수가 가능해진 11월에 두 번째 층을 더하기로 했다.

그달에는 (1) 사우스포스트 도로 수리, (2) 메인포스트 건물 50의 주차 구역 준비, (3) 메인포스트 소방서 도로 포장, (4) 메인포스트 건물 55A(군사보조무선체계 무선국 용도) 복구, (5) 메인포스트 건물 62와 건물 63 사이의 연결 퀀셋 공사를 포함하는 소규모 프로젝트가 시작되었다.

1953년 10월 31일 현재 용산 군사기지에서 완료될 잔여 작업의 상황은 다음과 같았다.

종류	완공률	완공예정일
도로	99%*	1953년 11월 15일
체육시설	60%**	1954년 1월 8일
간이식당	99%	1953년 11월 15일

* 갓길 수리 추가로 수정된 비율.
** 본래 지시에 포함되어 있지 않았던, 부대 노동력이 볼링장 설치에 필요할 것이라는 통지로 인해 수정된 비율.

11월 6일, 체육관이 완공되어 양도되었다. 개관식이 열려, 미 제8군 사령관 맥스웰 D. 테일러 장군이 건물을 공식적으로 개관했다. 체육관에서 벌어진 첫 경기에서 이 대대의 농구팀이 미 제8군 특수부대팀을 60대 47의 득점으로 물리쳤다.

볼링장 건물은 외부 페인트칠, 실내조명 및 사소한 개선을 제외하고 이달에 완공되었다.

볼링장 바닥과 설비의 본격적인 설치에서 일본중앙거래소의 기술자들을 지원하라는 지시를 받게 되었고, 이는 그달에 시행되어 1954년 1월 8일경까지 완공될 것으로 예상되었다.

작업을 방해한 장마 때문에 테니스장에 경기를 위한 끝마무리 고르기 및 선 그리기를 할 수 없었지만, 사이클론 울타리cyclone fence[55] 설치는 완료되어 페인트칠을 했다. 간이식당에 대해, 미 제8군 본부사령은 건물 안에 아스팔트 타일 바닥을 깔고 대용 유리창을 판유리로 교체하라고 요구했다. 그 결과 건물은 변경 인가가 나오고 자재가 주문될 때까지 사용되지 않았다.

그달에 (1) 사우스포스트 도로 수리, (2) 메인포스트 소방서 도로 포장, (3) 메인포스트 건물 50의 주차 구역의 공사가 시행되었다.

1953년 11월 30일 현재 용산 군사기지에서 완료될 잔여 작업의 상황은 다음과 같았다.

종류	완공률	완공예정일
도로	98%*	-
체육시설	95%	1954년 1월 8일
간이식당(추가 작업)	0% 미확정	-

* 겨울 날씨로 인해 1954년 봄까지 취소됨.

이 날짜까지 볼링장, 테니스장 및 간이식당 외에 본 보고서에 관계된 작업의 주요 사항은 완성되어 양도되었다. 이들의 완공과 양도로 원래 프로젝트의 끝을 맺었다. 이들 프로젝트 각각의 세부 사항은 아래에 포함되어 있다.

볼링장은 완공되어 1954년 1월 14일 미 제8군 참모장 토머스 L. 셔번 장군이 공식적으로 개관했다. 양질의 볼링장 공사와 매력적인 외관에 대해 여러 의견이 나왔다.

테니스장은 1954년 1월 9일에 완성되었고, 겨울철 동안은 사용할 수 없었지만, 끝마무리 지면 고르기를 하면, 지역에서 이용할 수 있는 이미 훌륭한 체육시설들에 대해 자랑거리가 될 것이다.

간이식당용 아스팔트 타일 바닥이 최종 승인됨에 따라, 평평하지 않은 콘크리트 모르타르 바닥 캡 위에 합판을 놓고, 이를 아스팔트 시멘트의 매스틱으로 고정해서 매끄러운 합판 위에

55 체인 링크 울타리(chain link fence)의 명칭 중 하나이다.

타일을 깔기로 결정되었다. 그러나 모르타르 캡은 콘크리트 기초층에 단단하게 접착되지 않았고, 바닥이 부적절하게 유연하다는 점이 곧 확실해졌기 때문에 이 방법은 불충분하다고 판명되었다. 따라서 모르타르 캡을 제거하고, in 두께의 목재 스트립을 송곳으로 구멍을 뚫고 나무 블록으로 고정하여 콘크리트에 단단히 고정시켰다. 이들 스트립을 평평하게 하고, 덮개 조각에 있을 수 있는 어떠한 변형도 배제하기 위해 스트립의 사이는 모래로 채웠으며, 합판을 스트립에 놓고 못을 박아서 아스팔트 타일을 놓기에 적합한 표면을 준비했다. 무늬는 두 가지 색의 타일만 사용할 수 있어서 제한되었지만, 여러 미국 식당에 비교해도 손색없는 훌륭한 외장이다.

용산 건설의 무용담은 그렇게 끝난다. 이는 확실히 지금까지 한국에서 착수한 가장 큰 토목 공사 프로젝트였고, 공병대 부대가 이전에 착수했던 여러 거대 프로젝트와 단연코 어깨를 나란히 한다.

이는 매우 긴 병참선의 끝에 있던 전투 전구에서 작전하면서, 숙련된 장병의 대량 손실로 끊임없이 재훈련 문제에 직면했던, 공병 부대의 진취성, 창의성 및 기술에 대한 중요한 증명서다.

6·25전쟁기 주한미군 사령부의 서울 이전 관련 문서

출처: RG 338, Eighth U.S. Army, 1944-56, Adjutant General Section, Security-Classified General Correspondence, 1952, 370.33 to 383.6, Box 836, AG 381(1 of 2)

[평문 전문] 극동군 사령부→제8군 사령부

2급 비밀

주한 미 제8군 사령부 부관참모실

수신 전문

1952년 6월 18일

발신: 극동군 사령관
수신: 주한 미 제8군 본대 사령관
통지: 주일군수사령부 사령관(전달됨)
인용: CX 50421

긴급도: 우선처리
조치: 군수참모부 (4)
배포: 부참모장, 참모장

1. 참조
   a. SR 730-5-1
   b. 극동군 사령부, 서한 〈4종 프로젝트의 준비〉, AG 600.12(1952년 5월 7일) GD/E

2. 4,000달러를 초과하며 본 사령부의 승인을 받지 못하고 계획되어 건설 중이거나 완료된 모든 건설 프로젝트는 위 1b항의 지시 조항에 따라 즉시 보고되어야 한다. 비용 계산 시 사용될 자재의 값과 현지 노동의 추정 비용과 현행 요금으로 계산된 미합중국 병사 노동 비용을 포함해야 한다.

3. 본 사령부의 사전 승인 없는 5,000달러 건설 프로젝트의 허가가 현재 건설 중이거나 5,000달러 이하의 단위로 건설할 계획인 프로젝트의 완료를 허가하는 것으로 해석되어서는 안된다.

4. 재난이나 전투 임무 수행으로 인해 필요한 긴급 건설은, 본 사령부에 계획을 즉시 보고할 경우 5,000달러를 초과할 수 있고 그 프로젝트는 그 후에 위 참조 1항에 규정된 바와 같다.

AG IN NO: BC 2225

발신 시간: 1952년 6월 18일 6시 38분 Z[56]
수신 시간: 1952년 6월 18일 19시 0분 I

56 'Z'는 경도 0(Zero)의 첫 글자로서 협정세계시(UTC)를 가리키며, 'I'는 협정세계시보다 9시간 빠른 동경 135도선 시간대(UTC+9)를 가리킨다.

2급 비밀

주한 미 제8군 사령부 부관참모실

수신 전문

1952년 7월 19일

발신: 극동군 사령관
수신: 주한 미 제8군 전방 사령관, 한국후방관구사령부[57] 사령관
통지: 주일군수사령부 사령관, 제5공군
인용: CX 52171

긴급도: 우선처리
조치: 군수참모부 (4)
배포: 부참모장, 참모장

참조: a. SR 730-3-1
b. 극동군 사령부, 서한 〈4종 프로젝트의 준비〉, AG 600.12(1952년 5월 7일) GD/E

극동군 사령관, 전문 CX 50421, 1952년 6월 18일은 폐기한다.

본 사령부의 승인을 받지 않은 2만 5,000달러를 초과하는 자재 비용이 포함된 모든 계획된 건설 프로젝트는 위 참조 1b의 조항에 따라 즉시 보고되어야 한다. 현행 카탈로그 요금에 따른 자재 값이 프로젝트 비용 계산에 사용되어야 한다. 카탈로그 가격이 없을 때는, 가장 유용한 정보를 근거로 비용 추정이 이루어져야 한다.

본 사령부의 사전 승인 없는 건설 프로젝트에서 자재 비용 2만 5,000달러에 대한 승인이 2만 5,000달러 이하 단위의 프로젝트 건설을 허가하는 것으로 해석되어서는 안된다.

각 수신인이 결정한 대로 긴급한 작전 요건을 충족시키고자, 극동군 사령관의 사전 승인 없이 비용이 2만 5,000달러를 초과하는 자재를 사용하는 건설에 대해 승인을 부여한다. 그러

57 한국후방관구사령부(Korean Communications Zone, KComZ)는 '한국병참관구사령부', '한국병참지대', '한국후방관구사령부', '한국후방기지사령부' 등의 여러 명칭으로 불려왔다(이동원, 「1952~1955년, 한국후방관구사령부(KComZ)의 창설과 해체」, 『군사』 91, 2014, 34쪽; 이상호, 『6·25전쟁기 유엔군 군수지원체제』, 국방부 군사편찬연구소, 2022, 111쪽). 이 글에서는 기존 연구 용례를 참고하여 '한국후방관구사령부'로 옮겼다.

나 그러한 모든 경우에 본 사령부는 각 건설에 대해 즉시 보고받아야 하며 위 참조에 따라 실체가 있는 프로젝트가 지체 없이 제출되어야 한다.

이 지시는 기존 설비 및 시설 유지에 군수품을 사용하는 데는 적용되지 않는다. 군수품은 부동산을 충분히 쓸 수 있는 상태로 유지하는 데 필요한 만큼 시설의 수리 및 유지에 사용되어야 한다.

AG IN NO: CC 2632

발신 시간: 1952년 7월 19일 1시 38분 Z
수신 시간: 1952년 7월 19일 14시 30분 I

[📠 평문 전문] 극동군 사령부→제8군 사령부, 한국후방관구사령부

3급 비밀

주한 미 제8군 사령부 부관참모실

수신 전문

1952년 7월 22일

발신: 극동군 사령관
수신: 주한 미 제8군 전방 사령관,
한국후방관구사령부 사령관
통지: 주일군수사령부 사령관
인용: CX 52353

긴급도: 긴급작업처리
조치: 군수참모부 (4)
배포: 참모장 (2)

관련 사령부들 간의 합의에 따라, 한국후방관구사령부는 기존 참모부와 함께 현재 대구의 제8군 본대가 사용 중인 본부 건물 내에 제공될 공간으로 즉시 이동한다. 미 제8군 본대(미 제8군 사령관이 희망한 행정병과 제외)는 실행 가능한 가장 빠른 날짜에 육군 후방 전투지경선의 북쪽으로 이동한다.

한국후방관구사령부 본부가 편성을 완료함에 따라, 이는 대구로 단계적으로 들어가고 미 제8군 본대(행정병과 제외)는 지휘관들 간에 상호 조정한 대로 단계적으로 철수하며 지휘권은 한국후방관구사령부 사령관에게로 넘어간다.

한국후방관구사령부 사령관은 대구에 남아있는 미 제8군 행정병과에 대해 적합한 공간을 사용할 수 있도록 할 것이다.

AG IN NO: CT-7-1548

발신 시간: 1952년 7월 22일 4시 56분 Z
수신 시간: 1952년 7월 22일 16시 0분 I

**주의: 이 원고는 미완성으로 수정본이 나올 것이다.*

[평문 전문] 극동군 사령부→제8군 사령부, 한국후방관구사령부

3급 비밀

주한 미 제8군 사령부 부관참모실

수신 전문

1952년 7월 22일

발신: 극동군 사령관	**긴급도: 긴급작업처리**
수신: 주한 미 제8군 전방 사령관,	**조치: 군수참모부 (4)**
한국후방관구사령부 사령관	**배포: 참모장 (2)**
통지: 주일군수사령부 사령관	**추가배포: 작전참모부 (4), 정보참모부 (2)**
인용: CX 52353	**주한 미 제8군 본대 배포: 인사참모부, 군수참모부, 부참모장**

수정본

관련 사령부들 간의 합의에 따라, 한국후방관구사령부는 기존 참모부와 함께 현재 대구의 제8군 본대가 사용 중인 본부 건물 내에 제공될 공간으로 즉시 이동한다. 미 제8군 본대(미 제8군 사령관이 희망한 행정병과 제외)는 실행 가능한 가장 빠른 날짜에 육군 후방 전투지경선의 북쪽으로 이동한다.

한국후방관구사령부 본부가 편성을 완료함에 따라, 이는 대구로 단계적으로 들어가고 미 제8군 본대(행정병과 제외)는 지휘관들 간에 상호 조정한 대로 단계적으로 철수하며 지휘권은 한국후방관구사령부 사령관에게로 넘어간다.

한국후방관구사령부 사령관은 대구에 남아있는 미 제8군 행정병과에 대해 적합한 공간을 사용할 수 있도록 할 것이다. 대구에서 이동하는 미 제8군 부대들은 자체 장비 이외의 가구와 비품을 제자리에 둘 것이다. 미 제8군 사령관과 한국후방관구사령부 본부 간 상호 합의되면 자체 장비 이외의 품목은 옮겨질 수 있다. 가구와 비품에 대해 해결되지 않은 문제는 결정을 위해 본 사령부로 위탁한다. 관계 사령부의 승인 권한을 넘어서는 최소한의 필수적인 건설을 위한 프로젝트는 실행 가능한 가장 빠른 날짜에 본 사령부로 제출되어야 한다.

AG IN NO: CT-7-1548

발신 시간: 1952년 7월 22일 4시 56분 Z
수신 시간: 1952년 7월 22일 16시 0분 I

3급 비밀

주한 미 제8군 사령부 부관참모실

수신 전문

1952년 7월 22일

발신: 극동군 사령관
수신: 주한 미 제8군 전방 사령관,
한국후방관구사령부 사령관
통지: 주일군수사령부 사령관(전달됨)
인용: CX 52353

긴급도: 긴급작업처리

	전방	본대
조치:	군수참모부	
배포:	정보참모부	인사참모부 (2)
	작전참모부	군수참모부 (4)
	참모장	부참모장
		참모장

관련 사령부들 간의 합의에 따라, 한국후방관구사령부는 기존 참모부와 함께 현재 대구의 제8군 본대가 사용 중인 본부 건물 내에 제공될 공간으로 즉시 이동한다. 미 제8군 본대(미 제8군 사령관이 희망한 행정병과 제외)는 실행 가능한 가장 빠른 날짜에 육군 후방 전투지경선의 북쪽으로 이동한다.

한국후방관구사령부 본부가 편성을 완료함에 따라, 이는 대구로 단계적으로 들어가고 미 제8군 본대(행정병과 제외)는 지휘관들 간에 상호 조정한 대로 단계적으로 철수하며 지휘권은 한국후방관구사령부 사령관에게로 넘어간다.

한국후방관구사령부 사령관은 대구에 남아있는 미 제8군 행정병과에 대해 적합한 공간을 사용할 수 있도록 할 것이다.

대구에서 이동하는 미 제8군 부대들은 자체 장비 이외의 가구와 비품을 제자리에 둘 것이다. 미 제8군 사령관과 한국후방관구사령부 본부 간 상호 합의되면 자체 장비 이외의 품목은 옮겨질 수 있다. 가구와 비품에 대해 해결되지 않은 문제는 결정을 위해 본 사령부로 위탁한다.

관계 사령부의 승인 권한을 넘어서는 최소한의 필수적인 건설을 위한 프로젝트는 실행 가능한 가장 빠른 날짜에 본 사령부로 제출되어야 한다.

AG IN NO: CC 3031

발신 시간: 1952년 7월 22일 8시 0분 Z
수신 시간: 1952년 7월 22일 18시 45분 I

[평문 전문] 제8군 사령부→극동군 사령부 58

2급 비밀

1952년 8월 26일

발신: 주한 미 제8군 사령관
수신: 극동군 사령관
인용: GX 7835 KEN-C

긴급도: 긴급작업처리

참조: 극동군 사령관, 전문 CX 52353, 1952년 7월 22일

필수적인 지원 시설에 한정하여, 군수참모부 보급과 기술병과를 위한 사무실과 숙소를 제공하기 위해 제출한 〈4종 프로젝트〉(미 제8군 공병 048-53-OP)의 승인을 요청한다. 용산 군사지역 내 선정된 건물을 재건하고 조립식 건물로 보완함으로써 제공될 공간은 비용을 감소시키고 지역 배치를 통합할 것이다.

프로젝트의 견적 비용은 다음과 같다.

(단위: 달러)

구분		금액
한국	자재	100,000
	노동	150,000
소계		250,000
미국	자재	245,000
합계		495,000

작업은 부대 노동 및 민간 계약으로 완수될 것이며 산정된 건설 기간은 4개월이다.

존 P. 러브
중위, 부관부, 부관부장

윌리엄 C. 베이커 주니어
대령, 전투공병

58 원문에는 동일한 내용의 암호문 전문이 함께 편철되어 있다.

2급 비밀

주한 미 제8군 사령부 부관참모실

수신 전문

1952년 8월 29일

발신: 극동군 사령관	긴급도: 긴급작업처리
수신: 전방 주한 미 제8군	조치: 작전참모부 (5)
통지: 극동육군, 제5공군	배포: 인사참모부 (1), 정보참모부 (2), 군수참모부 (4), 참모장 (2)
인용: CX 54387	
주제: 미 제8군 및 제5공군 사령부의 이동	

전문은 세 부분으로 이루어져 있다.

1. 참조: 주한 미 제8군 사령부, 〈작전명령 제36호〉, 1952년 8월 25일.

2. 귀하는 극동군 사령관에게 9월 8일까지 미 제8군 및 제5공군 두 사령부의 계획된 이동에 관한 다음 정보를 제공하기 바란다.
   a. 선정된 장소
   b. 위 참조 1의 하위 항목 2에서 (4)를 제외하고 (1)에서 (5)까지 서술된 자료
   c. 필요한 건설 및 건설의 유형, IX, 부대 벌목, 행정, 작전, 여가 시설, 도로, 공공시설의 비용 견적서 명세
   d. 미국 자재의 비용, 지출이 아닌, 즉, 계약 노동, 현지의 계획 자재
   e. 건설 견적서의 근거가 된 건설 기준 및 자료

3. 무선 송신할 수 없는 다량의 정보는 배달원을 통해 본 사령부에 전달하도록 한다.

AG IN NO: CT-8-2079

발신 시간: 1952년 8월 29일 9시 44분 Z
수신 시간: 1952년 8월 29일 21시 0분 I

[평문 전문] 극동군 사령부→제8군 사령부

2급 비밀

주한 미 제8군 사령부 부관참모실

1952년 8월 29일

발신: 극동군 사령관
수신: 전방 주한 미 제8군
통지: 극동육군, 제5공군
인용: CX 54387
주제: 미 제8군 및 제5공군 사령부의 이동

긴급도: 긴급작업처리
조치: 공병 (3)
배포: 인사참모부 (1), 정보참모부 (2),
군수참모부 (4), 참모장 (2), 작전참모부 (4)

조치 변경

전문은 세 부분으로 이루어져 있다.

1. 참조: 주한 미 제8군 사령부, 〈작전명령 제36호〉, 1952년 8월 25일.

2. 귀하는 극동군 사령관에게 9월 8일까지 미 제8군 및 제5공군 두 사령부의 계획된 이동에 관한 다음 정보를 제공하기 바란다.
   a. 선정된 장소
   b. 위 참조 1의 하위 항목 2에서 (4)를 제외하고 (1)에서 (5)까지 서술된 자료
   c. 필요한 건설 및 건설의 유형, IX, 부대 벌목, 행정, 작전, 여가 시설, 도로, 공공시설의 비용 견적서 명세
   d. 미국 자재의 비용, 지출이 아닌, 즉, 계약 노동, 현지의 계획 자재
   e. 건설 견적서의 근거가 된 건설 기준 및 자료

3. 무선 송신할 수 없는 다량의 정보는 배달원을 통해 본 사령부에 전달하도록 한다.

AG IN NO: CT-8-2079

발신 시간: 1952년 8월 29일 9시 44분 Z
수신 시간: 1952년 8월 29일 21시 0분 I

**주의: 작전참모부 스나이더 대령의 요구에 따라 조치 변경.*

2급 비밀

주한 미 제8군 사령부 부관참모실

수신 전문

1952년 8월 29일

발신: 극동군 사령관	**긴급도: 긴급작업처리**
수신: 전방 주한 미 제8군	**조치: 공병 (3)**
통지: 극동육군, 제5공군	**배포: 인사참모부 (1), 정보참모부 (2),**
인용: CX 54387	**군수참모부 (4), 참모장 (2), 작전참모부 (4)**
주제: 미 제8군 및 제5공군 사령부의 이동	

수정본

전문은 세 부분으로 이루어져 있다.

1. 참조: 주한 미 제8군 사령부, 〈작전명령 제36호〉, 1952년 8월 25일.

2. 귀하는 극동군 사령관에게 9월 8일까지 미 제8군 및 제5공군 두 사령부의 계획된 이동에 관한 다음 정보를 제공하기 바란다.
   a. 선정된 장소
   b. 위 참조 1의 하위 항목 2에서 (4)를 제외하고 (1)에서 (5)까지 서술된 자료
   c. 필요한 건설 및 건설의 유형, 즉, 부대 주거, 행정, 작전, 여가 시설, 도로, 기반시설의 비용 견적서 명세
   d. 미국 자재의 비용, 지출이 아닌, 즉, 계약 노동, 현지의 계획된 자재
   e. 건설 견적서의 근거가 된 건설 기준 및 자료

3. 무선 송신할 수 없는 다량의 정보는 배달원을 통해 본 사령부에 전달하도록 한다.

AG IN NO: CT-8-2079

발신 시간: 1952년 8월 29일 9시 44분 Z
수신 시간: 1952년 8월 29일 21시 0분 I

** 주의: 밑줄 친 부분 수정됨. 현재 제공된 전문이 정확함.*

[평문 전문] 극동군 사령부→제8군 사령부

2급 비밀

주한 미 제8군 사령부 부관참모실

수신 전문

1952년 9월 1일

발신: 극동군 사령관
수신: 후방 주한 미 제8군 사령관
인용: C 54498

긴급도: 우선처리
조치: 공병 (3)
배포: 군수참모부 (4), 참모장 (2)

참조: 주한 미 제8군 사령관, 전문 GX 7835 KEN-C, 1952년 8월 26일

이 전문은 두 부분으로 이루어져 있다.

Ⅰ. 군수참모부 보급 및 기술병과를 대구에서 용산 군사지역으로 이동할 수 있도록 하는 데 필수적인 최소한의 건설 세부 계획의 수립을 위해 원칙적으로 승인되었다.

Ⅱ. 계약이 체결된 부대가 건설을 개시하기 이전에, 프로젝트가 완벽히 타당함을 다음의 내용을 포함해서 제출해줄 것을 요청한다.

a. 제공될 시설의 범주에 따른 프로젝트의 명세, 즉 행정 공간의 ft^2, 운영 공간, 중요 시설(구조만), 창고 보관 또는 군수품 공간, 그리고 부대 주거 및 부속 시설의 수, 사병과 장교 모두.

b. 행정 공간 및 부대 주거를 사용하는 사람들을 포함하는 위 시설에 대한 타당한 이유. 창고 보관되거나 저장되는 양, 그리고 활동에 따른 운영 공간에 대한 설명 또는 요건 및 그 범위.

c. 항목 및 출처에 따라 한국 자재를 나타내는 자재 견적 비용 명세, 및 항목에 따른 미국 자재.

d. 사용될 자금의 유형과 유용성에 대한 표시와 함께, 부대 및 계약으로 행해질 노동과

자재를 포함한 작업의 달러 가치 계산서.

e. 주제 프로젝트에 관련된 건설을 보여주는 장소의 OD 배치 계획.

AG IN NO: CT-9-49

발신 시간: 1952년 9월 1일 10시 58분 Z
수신 시간: 1952년 9월 1일 23시 0분 I

** 주의: 이 전문은 후방 주한 미 제8군으로부터 조치용으로 전송됨.*

2급 비밀

주한 미 제8군 사령부 부관참모실

수신 전문

1952년 9월 1일

발신: 극동군 사령관
수신: 후방 주한 미 제8군 사령관
인용: C 54498

긴급도: 우선처리
조치: 공병 (3)
배포: 군수참모부 (4), 참모장 (2)

수정본

참조: 주한 미 제8군 사령관, 전문 GX 7835 KEN-C, 1952년 8월 26일

이 전문은 두 부분으로 이루어져 있다.

Ⅰ. 군수참모부 보급 및 기술병과를 대구에서 용산 군사지역으로 이동할 수 있도록 하는 데 필수적인 최소한의 건설 세부 계획의 수립을 위해 원칙적으로 승인되었다.

Ⅱ. 계약이 체결된 부대가 건설을 개시하기 이전에, 프로젝트가 완벽히 타당함을 다음의 내용을 포함해서 제출해줄 것을 요청한다.

a. 제공될 시설의 범주에 따른 프로젝트의 명세, 즉 행정 공간의 ft^2, 운영 공간, 중요 시설(구조만), 창고 보관 또는 군수품 공간, 그리고 부대 주거 및 부속 시설의 수, 사병과 장교 모두.

b. 행정 공간 및 부대 주거를 사용하는 사람들을 포함하는 위 시설에 대한 타당한 이유. 창고 보관되거나 저장되는 양, 그리고 활동에 따른 운영 공간에 대한 설명 또는 요건 및 그 범위.

c. 항목 및 출처에 따라 한국 자재를 나타내는 자재 견적 비용 명세, 및 항목에 따른 미국 자재.

d. 사용될 자금의 유형과 유용성에 대한 표시와 함께 부대 및 도급으로 하게 될 노동과 자재를 포함한 작업의 달러 가치 계산서.

e. 주제 프로젝트에 관련된 건설을 보여주는 장소의 배치 계획.

AG IN NO: CT-9-49

발신 시간: 1952년 9월 1일 10시 58분 Z
수신 시간: 1952년 9월 1일 23시 0분 I

* *주의: Ⅱ의 e는 수정됨.*
* *주의: 이 전문은 후방 주한 미 제8군으로부터 조치용으로 전송됨.*

2급 비밀

주한 미 제8군 사령부 부관참모실

수신 전문

1952년 9월 4일

발신: 유엔군 사령관
수신: 주한 미 제8군 전방 사령관
인용: C 54641

긴급도: 우선처리
조치: 군수참모부 (4)
배포: 작전참모부 (4), 공병 (2), 참모장 (2)

국무부가 반도호텔 건너편의 더 작은 건물을 취득할 수 있을 얼마간의 재정 합의금으로 대한민국에 반도호텔 건물을 양도하기를 원한다는 정보가 본 사령부에 비공식적으로 접수되었다. 본 사령부는 육군부에 대한 반도호텔 양도 가능성에 대한 정보를 갖고 있지 않지만, 서울에 있는 귀 사령부의 통합을 고려하여 귀하는 아마 반도호텔 이용을 바랄 것으로 보인다. 이는 조사 문의에 불과하고, 귀하가 육군 사령부의 일부를 위해 반도호텔 사용이 바람직하다고 고려하더라도, 그를 확보할 수 있다는 보증이 없음을 이해하길 바란다. 주한 미 대사가 한국에서 떠나기 전에 협상을 매듭짓기를 희망한다고 생각되고 있으므로, 가능한 한 빨리 귀하의 의견 및 권고를 바란다.

AG IN NO: CT-9-308

발신 시간: 1952년 9월 4일 8시 12분 Z
수신 시간: 1952년 9월 4일 19시 20분 I

[암호문 전문] 제8군 사령부→유엔군 사령부

2급 기밀

1952년 9월 5일

발신: 주한 미 제8군 사령관
수신: 유엔군 사령관
인용: GX 8099 KGL-K

긴급도: 우선처리

반도호텔과 관련하여 귀하의 전문에서 인용한 C 54641(1952년 9월 4일)에 포함된 정보는 본 사령부가 아는 바대로 대체로 상황에 일치한다. 본 사령부는 필요한 재건이 승인되면 반도호텔 사용을 바랐다. 1952년 8월 24일 주한 미 제8군 사령부가 교전 시기 이후로 기간을 무기한으로 연장하여 반도호텔을 사용하도록 허가해 줄 것을 미 대사에 공식적으로 요청했다. 대사의 대답을 기다리는 동안, 본 사령부가 계획한 더 이상의 조치는 없다. 반도호텔이 사용 가능하다면, 이는 행정 참모가 대구에서 서울로 이동한 후 숙소 및 사무실 공간을 제공하는 데 사용될 것이다.

F. L. 듀크
준위, 미합중국, 부관부장

R. A. 베이커
대령, 일반참모

[암호문 전문] 제8군 사령부→극동군 사령부

2급 비밀

1952년 9월 5일

발신: 주한 미 제8군 사령관
수신: 극동군 사령관
통지: 미 극동공군 및 제5공군 사령관
인용: GX 8101 KEN-C
주제: 미 제8군 및 제5공군 사령부의 이전

긴급도: 우선처리

1. 참조: 극동군 사령관, 전문 CX 54387, 1952년 8월 29일

2. 1952년 극동군 사령부 맥컬럼 중령이 전화 통신으로 주한 미 제8군 켈리 중령에게 9월 8일까지 제출해달라고 했던 보고를 9월 5일까지 먼저 무선으로 보고하라고 한 것에 응답하여 다음의 정보가 제출되었다.
   a. 선정된 장소: 캠프 서빙고, 용산 군사지역, 경성(서울) 지도 1/12,500(CS 217554). 지도는 전체 보고에 나온다.
   b. 위 참조의 2b에서 요청된 사용 가능한 자료는 전체 보고에 나오게 된다.
   c. 건설 요건에는 조립식 주택 건설로 증대된 현재 건물의 재건, 전기 및 급수 체계에 대한 수리, 도로 연장 및 수리, 구역 보안 울타리, 통신 설비 및 현재 지역의 일부를 사용하고 있는 두 부대 단위의 이동을 포함한다. 부대 이전 비용을 7열로 정리하면 다음과 같다.

(단위: 달러)

유형	주한 미 제8군			전방 제5공군		
	미국자재	한국자재	한국노동	미국자재	한국자재	한국노동
행정	608,685	66,000	44,000	193,400	62,000	40,000
부대 주거	348,480	110,000	82,500	329,980	30,000	35,000
운영	188,650	57,200	30,800	8,500	24,000	13,400
오락시설	54,010	33,000	26,400	12,000	21,000	12,900
도로, 보안울타리, 경계등	100,000	—	—	85,000	—	—

유형	주한 미 제8군			전방 제5공군		
	미국자재	한국자재	한국노동	미국자재	한국자재	한국노동
기반시설	891,000	77,000	115,500	229,500	20,000	20,000
소계	2,190,825	343,200	299,200	858,380	15,700	111,300
부대 이동	102,000	—	—	49,200	—	—
소계	2,292,825	343,200	299,200	907,580	15,700	111,300
우발사태 10%	229,293	34,320	29,920	90,758	15,700	11,130
통신	217,000	—	—	—	—	—
합계	2,739,108	377,520	329,120	998,338	172,700	122.430

d. 위의 표를 3열로 정리하면 다음과 같다.

(단위: 달러)

유형	주한 미 제8군	전방 제5공군
미국 자재	2,739,108	998,338
원화 지출	707,640	295,130
합계	3,445,748	1,293,468

주한 미 제8군 및 제5공군 전방사령부 이전 비용의 전체 합계는 4,739,216달러이다.

e. 부대 주거, 식당, 사무실 및 중대 사무실, 보급 및 저장, 클럽 시설, 예배당 및 극장을 건설하며, 높이 12ft 미만의 새 건물을 설치할 때는 최소 30ft 소방 간격 및 높이 12ft 초과 시는 50ft의 간격을 둔다.

전기 및 수도는 사령부와 지원 부대를 수용하기 위한 최소 요건인 주한 미 제8군의 장교와 준위 744명 및 사병 3,111명과 전방 제5공군의 장교와 준위 325명 및 공군 1,300명에 대한 공간 요건에 근거하며, 제5공군 계획은 전방 부대의 이전에만 기초한다.

3. 9월 3일 주한 미 제8군 켈리 중령과 극동군 사령부 맥컬럼 중령의 전화 통화 중 대구로부터 주한 미 제8군 인사참모부 및 행정병과의 이동을 생략했다는 내용을 참조하라. 다음은 위 주한 미 제8군 견적으로부터 공제용으로 제출되었다. 다음과 같이 4열로 표시한다.

(단위: 달러)

유형	미국 자재	한국 자재	한국 노동
행정	129,030	13,662	9,108
부대 주거	41,512	13,836	10,542
운영	12,898	4,042	2,310
기반시설 및 도로	13,060	—	—
소계	196,500	31,540	21,960
우발사태 10%	19,650	3,154	2,196
합계	216,150	34,694	24,156

미국 자재 21만 6,150달러, 원화 지출 5만 8,850달러, 합계 27만 5,000달러이다.

4. 가용 시간이 단기간이어서 필요한 답변이 전적으로 조사되지 못했으므로, 앞의 견적은 가정에 따른 개략적인 예비 계획에서 나왔으며 예비적인 것으로만 간주되어야 한다.

5. 참조의 내용 중 두 번째 단락의 서술과 관련하여, 용산 군사지역으로 주한 미 제8군 사령부의 완전한 이전은 제안되지 않았으며, 제5공군 사령부 중 어떠한 부대의 이전도 제안되지 않았다.

6. 이 전문은 제5공군 사령부의 동의를 받은 것이다.

존 P. 러브
중위, 부관부, 부관부장

윌리엄 C. 베이커 주니어
대령, 전투공병

참모협조전		보안 등급 (해당 시) *2급비밀 보안정보*
문서번호 KEN-C	**주제** 미 제8군 및 제5공군의 이전	

수신 군수참모부 **발신** 전방 공병 **날짜** 1952년 9월 4일 **의견 제1호**

1. 참조: a. 극동군 사령관, 전문 CX 54387, 1952년 8월 29일(첨부 A).
   b. 주한 미 제8군 공병, 〈작전명령 제36호〉(첨부 B).

2. 참조 1a의 2항은 극동군 사령관에게 9월 8일까지 미 제8군 및 제5공군 두 사령부의 이동 계획에 관한 정보가 제공되어야 한다고 요청하고 있다. 3항은 무선 송신이 불가능한 정보를 서면으로 제출할 것을 요구한다. 이 서면 보고는 별도의 참모협조전으로 후속 제출될 것이다.

3. 9월 2일 극동군 사령부 공병부서 맥컬럼 중령은 주한 미 제8군 공병부서 켈리 중령과의 전화 통화에서, 참조에 요청된 9월 8일 대신 9월 5일에 관련 주제를 무선으로 전송해줄 것을 요청했다. 무선 전문은 평문 전문 사본과 함께 첨부되어 있다(첨부 C).

4. 9월 3일 앞의 두 장교들 간 전화 통화에서, 현재 대구에 주둔하는 인사참모부 및 행정병과에 필요한 시설을 견적에서 생략하려는 바람이 추가로 드러났다. 극동군 사령관의 공식 요청에 대한 모든 계산과 작업이 거의 완료된 상태에서 전화 요청이 접수되었으며, 수정 사항은 추가적인 하위 항목으로 보고서에 포함되어 필요 시 공제할 수 있도록 하였다.

5. 제5공군은 대구에서 후방 부대의 이동을 고려하지 않으며 제출된 평가는 그 현재 위치에서 용산 군사지역으로 전방의 이동에 대한 것이다. 제5공군 사령부는 이 전문에서 극동군 사령관에게 동의한다.

참모협조전	보안 등급 (해당 시) *2급비밀 보안정보*
문서번호 KEN-C	**주제** 미 제8군 및 제5공군의 이전

6. 위에 참조된 전문에 의해 허용된 단시간으로는 시설 조사가 매우 조급하게 이루어질 수 밖에 없었으며, 철저한 고려와 세부사항을 바탕으로 한 최상의 토목공사를 상정하지 않은 전반적인 비용 견적만이 가능했다. 이 상황은 제5공군의 요건 조사 및 비용 견적 준비에서는 훨씬 더 뚜렷한데, 제5공군 사령부의 입장에서는 가용 시간이 단기간이었고 참고된 전문의 통지 사본을 수령할 때까지는 용산 군사지역으로 이동할 계획이 없었기 때문에 불리한 여건이었다.

라이딩어 중령 켈리 중령 베이커 대령

2급 비밀

주한 미 제8군 사령부 부관참모실

1952년 9월 7일

기록용 비망록
주제: 미 제8군 지휘소 요건

1. 극동군 사령관은 미 제8군 사령부에 최종적으로 육군 후방 전투지경선의 전방 지역으로 근접할 것을 지시했다. 현 상황은,
   a. 전방지휘소는 현재 서울대학교 건물에 위치한다.
   b. 후방지휘소는 현재 다음으로 나뉜다.
      (1) 서울의 기술병과
      (2) 대구의 행정병과

2. 서울지역의 요건
   a. 전방지휘소
   b. 기술병과용 공간
   c. 행정병과용 공간
   d. 대체 전방지휘소는 교전이 계속되는 한 긴급 사용을 위해 항상 있어야 한다. 이는 최우선 요건이다.

3. 잠정 계획
   a. 전방지휘소는 서울대학교에 남는다.
   b. 후방지휘소
      (1) 용산의 기술병과 프로젝트를 가능한 한 빨리 완료
      (2) 대체 전방지휘소 용도의 통신 및 작전 사무실을 포함하여, 가능한 한 빨리 행정병과용으로 반도호텔 확보 및 수리
      (3) 대체 전방지휘소를 포함하여 자금 및 권한을 사용할 수 있게 되면 용산의 행정병과

프로젝트 완료

4. 최종 목표

a. 전방지휘소: 반도호텔

b. 후방 지휘소

(1) 기술병과: 용산

(2) 행정병과: 용산

c. 대체 전방지휘소: 용산

5. 주한 미 제8군 및 제5공군이 현재 전방지휘소(서울대학교)를 비우라는 명령을 받는다면, 두 전방지휘소 모두 용산으로 가야 할 것이며, 기술 및 행정병과는 다음과 같이 배치될 것이다.

a. 기술병과: 용산

b. 행정병과: 반도호텔(교전이 계속되는 한 대체 전방지휘소 포함)

폴 D. 애덤스
준장, 일반 참모, 참모장

참모협조전	보안 등급 (해당 시) *2급비밀 보안정보*
문서번호 AG 600.1 KEN-C	**주제** 미 제8군 및 제5공군 사령부의 이전

수신 군수참모부 **발신** 전방 공병 **날짜** 1952년 9월 8일 **의견 제1호**

1. 참조: 극동군 사령관, 전문 CX 54387, 1952년 8월 29일.

2. 위 참조에 따라 요청된 검토가 첨부되었다. 이는 다음 내용을 포함한다.
   a. 극동군 사령관에게 1952년 9월 5일 보낸 전문에 포함된 정보의 개요.
   b. 〈경성(서울) 지도〉(1:12500): 주한 현재 유엔군 부대들이 사용하는 지역을 나타내는 캠프 서빙고, 용산 군사지역의 윤곽이 드러나 있다. 이 지도는 또한 일시적으로 미 제8군 사령부와 제5공군 사령부 및 그들의 작전을 직접 지원하는 부대들을 위해 선정된 지역도 나타낸다.
   c. 〈캠프 서빙고의 배치도〉(1:2500): 주한 미 제8군 사령부 및 제5공군 전방사령부를 수용할 현재 및 신규 주거시설의 예비 배치를 보여준다.
   d. 기존 전기 및 수도시설 체계 검토
      (1) 현재 수도 설비의 범위가 나타나며 연장선에 대한 예비 검토를 포함한다.
      (2) 기존 전기 체계의 일부가 나타난다. 지역을 통과하는 물탱크 우회로의 경로를 따라 있는 경성전기회사의 본관을 제외하면, 지역에 남아있는 전기 체계에 대해 납득이 가는 배치를 제시하기에 충분한 자료를 표로 만들지 못했다. 계산 및 계획에 따르면 필요한 용량을 공급하는 새로운 선이 경성전기 변압기 시설로부터 약 1mi 거리에 있는 E 지역의 변압기 보관 건물까지 운영되어야 한다는 것이 나타난다.

—— 라이딩어 중령 —— 켈리 중령 —— 하임스 중령 —— 베이커 대령 ——

2급 비밀

주한 미 제8군 사령부 부관참모실

1952년 9월 10일

문서번호: AG 600.1 KEN-C
주제: 미 제8군 및 제5공군 사령부의 이전
수신: 극동군 사령관

1. 참조
   a. 극동군 사령부, 전문 CX 54387, 1952년 8월 29일(첨부 1)
   b. 미 제8군 사령부, 전문 GX 8101 KEN-C, 1952년 9월 5일(평문)(첨부 2)
   c. 미 제8군 공병, 〈작전명령 제36호〉, 1952년 8월 25일(첨부 3)

2. 비용 견적과 함께 건설이 필요한 사항을 약술한 무선 보고가 1952년 9월 5일 위 참조 1b로 귀 사령부에 제출되었다. 전체 보고는 인사참모부 및 행정병과가 대구에서 이동하지 않는다면 발생할 비용 감소에 대한 전화 요청과 함께 제공한다.
   a. 선정된 장소: 캠프 서빙고, 용산 군사지역. 〈경성(서울) 지도〉(1:12,500, CS 217554) 참조. 유엔군 부대들이 현재 사용하는 지역은 노란색으로 나타난다(첨부 4). 이 지도는 또한 미 제8군 사령부 및 제5공군 전방사령부를 수용할 지역에 대한 예비 선정도 보여준다.
   b. 참조 1c항의 2f에서 (4)를 제외한 (1)부터 (5)까지 항목에 설명된 조사 자료에 대한 지시는 대체로 미 제8군 사령부 군수참모부 및 기술병과가 사용 가능한 장소로서 검토가 진행 중인 지역으로 한정되었다. 그 결과, 수집된 조사 자료는 이 지역에 한정된다. 제5공군과의 비공식 접촉을 통해 제5공군 사령부는 현재의 위치에서 이동을 고려 중이지 않으며, 귀하가 제안했던 장소 조사도 시작되지 않았음이 나타났다. 미 제8군에서 준비된 조사 자료는 다음과 같다.
      (1) 기존 구조의 위치(첨부 5)
      (2) 기존 공공시설의 위치

(a) 지역 내의 급수 체계는 여전히 조사 중이다. 현재 설비에 관해 이용할 수 있는 자료에 더하여 계획된 연장 날짜까지의 검토가 첨부 6에 제시된다.

(b) 해당 지역의 전기 체계는 아직 조사 진행 중이며, 지역 내 현재 체계에 대한 납득이 가는 배치를 제시하기 충분한 자료가 표로 만들어지지 못했다. 현재 용량이 불충분한 경성전기회사 주요 전력선이 지역을 통과하여 지나가고 그밖에 민간 지역사회에 공급한다. 요건 작성을 통해 경성전기회사 변압기 시설로부터 약 1mi 거리에 있는 E 지역의 변압기 보관 건물까지, 지역에 공급할 새로운 연결이 필요하다는 점이 나타났다. 더욱이 보관소에서 기존 및 계획된 시설까지 3,300볼트 1차 코일이 필요하다. 전기 정보는 첨부 6에 나타나 있다.

(c) 도로, 주차 구역 및 인도의 위치는 첨부 5에 나타나 있다.

c. 필요한 건설 및 건설 유형에 대한 견적 비용 명세: 평문으로 된 미 제8군, 전문 GX 8101 KEN-C, 1952년 9월 5일자 사본을 참고하라(첨부 2).

d. 비용 명세 및 미 제8군 사령부와 제5공군 전방 사령부를 이전하는 전체 견적 비용 합계를 제시한다. 상세한 명세에 대해서는 첨부 2를 보라.

(단위: 달러)

		미 제8군	전방 제5공군
미국 자재		2,739,108	998,338
원화 지출	한국 자재	377,520	172,700
	한국 노동	329,120	122,430
소계		3,445,748	1,293,468
합계		4,739,216	

e. 건설 견적이 근거한 건설 기준 및 자료: 용산지역은 재건한 현재 건축물을 최대한 활용하며, 조립식 주택과 퀀셋을 추가한다. 효율적이고 면밀한 시설 이용을 시행하기 위해 지역 및 설비를 최대한 이용하기로 한다. 견적은 〈기술교범 5-280〉에서 설명한 대로 건설의 전구 기준에 근거한다.

3. 1952년 9월 3일, 극동사령부 공병실 맥컬럼 중령과 미 제8군 공병부서 켈리 중령의 전화 통화에서 인사참모부 및 행정병과가 대구로부터 이동하지 않게 된 것을 견적에 반영해달라는 요청이 있었다. 이 부대를 서울에 수용하는 계획이 불필요하다면, 위 두 번째 견적에서 다음의 사항을 공제할 수 있다. 상세한 명세에 대해서는 첨부 2를 보라.

(단위: 달러)

미 제8군		
미국 자재		216,150
한국	자재	34,694
	노동	24,156
합계		275,000

4. 지역에 대한 상세한 조사가 진행 중이지만, 초기 단계에 불과하며 그 결과로서 위 견적에 기초한 예비 계획 자료를 신뢰해야 했다. 귀하의 요청을 받고 나서 가용한 단기간에 전적인 조사 및 진전이 가능하지 않은 문제에 답변하려면 가정이 필요했다. 제출된 모든 정보는 문제의 예비 검토로서 간주되어야 한다.

5. "미 제8군 및 제5공군 두 사령부의 계획된 이전"을 언급하는 위 1a항(첨부 1)에 있는 참조 2항과 관련하여, 본 사령부는 미 제8군 사령부를 용산 군사지역으로 완전히 이전할 것을 제안하지 않았다. 또한, 제5공군 사령부와의 비공식적 접촉을 통해 제5공군의 어떤 부대도 이전할 계획이 없었음이 나타났다. 극동군 사령관에게 보낸 무선 전문(첨부 2)는 제5공군의 동의를 받은 것이다.

사령관을 대신하여.

제임스 콘웨이
준위, 미합중국, 부관부장

첨부문서 6건

- *본문에 명시된 바와 같음.*[59]

* 사본 제공: *제5공군, 극동공군*

59 본 문서에는 첨부문서 목록이 따로 기재되어 있지 않다. 기타 문서에도 이와 같이 표기된 경우에는 별도의 첨부문서 목록이 존재하지 않는다.

참모협조전	보안 등급 (해당 시) *2급비밀 보안정보*
문서번호 AG 600.1 KEN-C	**주제** 용산 군사기지에 있는 군수참모부 및 기술병과의 이전

수신 군수참모부, 참모장 **발신** 공병 **날짜** 1952년 9월 12일 **의견 제1호**

문제의 서술

1. 극동군 사령관에게 군수참모부 보급 및 기술병과를 수용하기 위해 용산 군사지역에 최소한의 필수적인 건설이 타당함을 보여준다.

문제에 관계된 사실

1. 주한 미 제8군은 4종 프로젝트(첨부 A)의 승인을 요청했다.
2. 극동군 사령관은 원칙적으로 상세한 계획을 승인했으며 건설 이전에 타당한 이유를 희망한다(첨부 B).

가정

1. 타당한 이유는 최초에 무선으로 제출한 구상에 근거해야 한다.
2. 비용 견적에서 배치 및 개선의 사소한 변경은 허용할 수 있으며 바람직하다.

논의

첨부된 서한은 군수참모부 및 기술병과에 더하여 보안 및 지원 요건에 필요한 소규모 지원 부대를 위한 최소한의 필수적인 요건을 충족시키는 견적을 제시한다. 배치 계획은 제공될 시설을 설명하는 서한과 함께 동봉되어 있다. 견적 및 계획을 준비하면서 인사참모부, 통신 및 본부 사령과 조정이 시행되었다. 인사참모부는 군수참모부 및 기술병과에 할당된 장교들을 위한 장교 주거가 견적에 제시되지 못했다는 점에서 한 가지 이의를 제기했다. 이는 그러한 장교들이 현재 다른 곳에서 주거를 제공받고 있기 때문이다. 인사참모부는 대구에서 서울로 인사참모부 및 행정병과를 옮기는 것에 대해 추가 장교 숙소 및 식당이 필수일 것이라고 지적한다. 본 부서는 동의하나 문제를 별도로 직시해야 한다고 생각한다.

참모협조전	보안 등급 (해당 시) *2급비밀 보안정보*
문서번호 AG 600.1 KEN-C	**주제 용산 군사기지에 있는 군수참모부 및 기술병과의 이전**

결론

첨부 C와 함께 첨부된 서한은 극동군 사령관 요청의 요건을 충족시킨다.

권고

첨부된 서한(첨부 C)는 서명 및 발송용으로 승인됨.

하임스 중령 —— 베이커 대령

2급 비밀

1952년 9월 16일

발신: 주한 미 제8군 전방 사령관
수신: 극동군 사령관
인용: G 8439 KGL-K

긴급도: 우선처리

참조: 극동군 사령부, 전문 C 54641, 1952년 9월 4일; 미 제8군 사령부, 전문 G 8099, 1952년 9월 5일

주한 미 대사 대리가 본 사령부에게 대한민국은 더 이상 반도호텔의 확보에 관심이 없다고 통지했다. 반도호텔에 대한 본 사령부의 요청에 대하여 대사관은 미 제8군이 인력 배치와 함께 전체 건물을 재건하고, 대사관이 장차 8층인 반도호텔에서 최대 3개 층, 적어도 2개 층을 사용할 권리를 유지할 것을 제안했다. 대사관은 본 사령부가 전체 건물을 필요로 하기 때문에 반도호텔의 합동 사용은 용인될 수 없다는 통지를 받았다. 귀하의 전문 C 54641에서 제안한 대로 본 사령부의 사용을 위해 육군부로 반도호텔을 양도하는 조치를 취할 것을 요청한다. 도쿄의 미국 대사관의 조지 캘러핸 씨는 반도호텔의 상황을 잘 안다고 생각한다.

존 P. 러브
중위, 부관부, 부관부장

R. A. 베이커
대령, 일반참모

2급 비밀

주한 미 제8군 사령부

1952년 9월 17일

문서번호: AG 600.1 KEN-C
주제: 용산 군사지역으로 군수참모부 보급 및 기술병과의 이전
수신: 극동군 사령관

1. 참조
   a. 미 제8군 사령부, 전문 CX 7835 KEN-C, 1952년 8월 26일
   b. 극동군 사령부, 전문 C 54498, 1952년 9월 1일

2. 위 참조 1b의 Ⅱ에서 요청된 정보를 동봉하여 제출한다. 이는 군수참모부 보급 및 기술병과를 현재 위치에서 용산 군사지역의 캠프 서빙고로 이동하는 데 필요한 최소한의 필수적인 건설을 다루고 있다.
   a. 시설 기준에 따른 프로젝트의 명세
      (1) 행정 공간 59,800ft²
      (2) 운영 공간 21,900ft²
      (3) 통신 건물 13,000ft²
      (4) 창고 또는 보급 공간 7,220ft²
      (5) 부대 주거 및 부속 시설 103,400ft²
         (a) 사병용 숙소, 식당, 예배당, 임시 화장실 및 목욕 시설용 89,300ft².
         (b) 서비스 클럽, PX 및 극장용 14,100ft²
   b. 타당한 이유
      (1) 인원: 장교 및 준사관 262명, 사병 1,038명
      (2) 행정 공간: 미 제8군 사령부 및 지원 부대용 사무실
      (3) 운영 공간: 진료소 2,800ft², 정비소 3,100ft², 공공시설 작업장 공간 4,000ft², 난방

장치 4,000ft^2, 소방서 4,000ft^2, 공공시설 및 전력 건물 4,000ft^2

(4) 통신 건물: '골조' 건물 4,000ft^2, 통신센터 9,000ft^2

(5) 창고 보관 및 저장: 지원 부대와 주둔지에 대한 중대 및 파견대 보급 및 지역에 자리 잡은 미 제8군 사령부에 대한 기지 소유물 보급

(6) 부대 주거 및 부속 시설

(a) 숙소: 장교 42명, 지원 부대만 3,160ft^2, 사병 41,520ft^2, 식당 16,260ft^2, 예배당 4,000ft^2, 임시 화장실 및 목욕실 3,186ft^2

(b) 오락: PX 4,000ft^2, 서비스 클럽 6,100ft^2, 극장 4,000ft^2

c. 자재 견적

(1) 미국 자재

(단위: 달러)

20ft×48ft 퀀셋	62,400
20ft×54ft 조립식 주택	25,300
40ft×100ft 퀀셋(내한 장치 포함)	45,500
굴뚝을 포함한 공간 난방기	25,000
극장, PX, 기타용 셔먼 넬슨Sherman Nelson 난방기와 도관導管	8,400
유리	3,500
다양한 크기의 목재	85,000
합판	12,000
페인트, 유류	7,000
시멘트	22,000
퍼티Putty	325
기타 철물류, 자물쇠, 걸쇠, 경첩, 기타	4,000
구조용 강재	5,000
아연 도금 금속	3,000
루핑지Roofing paper	5,000
못	2,500
완비된 샤워 설비	7,400
배관 설비(건물: B2 구역 - 1, 2, 5, 31, 32, 33, 41 E 구역 - 17, 18, 19, 20)	12,000
전기 - 예비 발전기를 포함한 1차 코일 배선	70,000
전기 - 실내 배선	10,000
총 미국 자재	415,325

(2) 한국 자재

(단위: 달러)

벽돌	9.850
철물류(기타, 경첩, 걸쇠 등)	730
회반죽, 철사 등	10,900
카제인Casein, 페인트	2,710
타일	2,000
보일러, 파이프 및 라디에이터	30,000
총 한국 자재	56,190

d. 달러 견적

(1) 노동

(단위: 달러)

미국 부대 360,000시간 × 1달러	360,000
한국인(원화 계약)	85,000
총 노동	445,000

한국인 노동은 배관 및 난방, 목공소 제품, 회반죽 및 지붕 수리의 설비에 대한 서비스를 포함한다.

(2) 자재

(단위: 달러)

미국	415,325
한국(원)	56,190
총 자재	471,515

(3) 프로젝트에 대한 총 노동 및 자재: 91만 6,515달러

(4) 자금 사용 가능성

(a) 원화는 〈유지 및 운영 프로젝트 2900〉용으로 책정된 자금에서 소비될 것이다. 자금은 현재 사용 가능하다.

(b) 한국 외부의 공급원으로부터 필요한 자재는 조달을 위해 본 사령부 외부의 기관으로 요청되어야 한다.

(c) 일시적으로 기준 품목을 통상 공급 경로로 사용할 수 없거나 재건 작업이 상당히 지연되는 경우에 자재에 대한 추가적인 원 지출이 필요할 수 있다. 프로젝트에 대한 전체 달러 가치가 그러한 구매로 인해 초과되어서는 안된다.

e. 관련된 건설을 보여주는 장소의 배치가 첨부되었다(첨부 1). 계획에서 천연색으로 보이는 모든 건물은 이 견적에 포함된 것이다.

3. 견적 비교

(단위: 달러)

현재 견적	916,515
제외할 부대노동 비용(이전 견적에 포함되지 않음)	360,000
차액	556,515
이전 견적(참조 1a)	495,000
차액	61,515

4. 이 지역의 사용을 분명히 하기 위해 한국 정부와 부동산 사용에 대한 한국 정부와의 기존 합의 하에서 우리의 소유권은 무기한이 아니며 한국이 요구하면 양도해야 한다. 부동산에 대한 소유권은 한국 육군에 귀속되어 있고, 이는 본 사령부의 지휘하에 있기 때문에 여기서 퇴거할 위험은 미국 육군이 분명한 소유권을 보유하지 않은 다른 곳보다 적다고 생각된다.

5. 날씨가 추워지기 전에 건설이 가능하도록 이 프로젝트에 대한 조기 건설 및 승인이 요청되었다.

사령관을 대신하여.

제임스 콘웨이
준위, 미합중국, 부관부장

첨부문서 1건

- *본문에 명시된 바와 같음.*

2급 비밀

주한 미 제8군 사령부 부관참모실

수신 전문

1952년 9월 23일

발신: 극동군 사령관	긴급도: 정상처리
수신: 주한 미 제8군 전방 사령관	조치: 공병 (3)
인용: C 55701	배포: 군수참모부 (4), 참모장 (2)
주제: 용산 군사지역으로 군수참모부 보급 및 기술병과의 이전	추가 배포: 인사참모부 (3), 통신 (3), 본부 사령 (1)

이 전문은 세 부분으로 이루어져 있다.

Ⅰ. 참조

a. 주한 미 제8군 사령부, 전문 GX 7835 KEN-C, 1952년 8월 26일.

b. 극동군 사령부, 전문 C 54498, 1952년 9월 1일.

c. 주한 미 제8군 사령부, 〈용산 군사지역으로 군수참모부 보급 및 기술병과의 이전〉, AG 600.1 KEN-C, 1952년 9월 17일.

Ⅱ. 위의 참조 Ⅰc에 제출된 프로젝트와 그것을 위한 보급 요건을 다루는 〈4종 프로젝트〉(주한 미 제8군, GEN-048-53-DSV)가 승인되었다.

Ⅲ. 위에서 언급된 경로를 통해 극동군 사령부, 〈4종 프로젝트의 준비〉(AG 600.12), 1952년 5월 7일에 따라 준비된 4종 프로젝트 제출을 요청한다.

주의: C 54498은 우리의 AG IN NO: CT-9-49를 말한다.

AG IN NO: CT-9-2395

발신 시간: 1952년 9월 24일 7시 36분 Z
수신 시간: 1952년 9월 24일 17시 40분 I

2급 비밀

극동군 사령부 본부

1952년 10월 16일

문서번호: AG 600.1(1952년 10월 16일) GD/F
주제: 용산 군사지역으로 미 제8군 사령부 및 병설 사령부 이전에 대한 건설 요건
수신: 미 제8군 사령관

1. 참조
   a. 극동군 사령부, 전문 CX 52171, 1952년 7월 19일
   b. 극동군 사령부, 전문 CX 52353, 1952년 7월 22일
   c. 극동군 사령부, 전문 CX 55701, 1952년 9월 23일
   d. 1952년 10월 1일부터 3일 동안 귀 사령부에서 극동군 사령부의 대표들이 귀 참모진의 지원을 받아 진전시킨 용산 군사지역으로 미 제8군 사령부 및 병설 사령부의 이전 계획
   e. 주한 미 제8군 군수참모부에서 E. E. 커크패트릭 대령 및 G. R. 테일러 중령에게 보낸 비망록 〈미 제8군 지휘소 요건〉, 1952년 10월 3일

2. 참조 1e에 약술된 대로 미 제8군 사령부의 이전 계획은 본 사령부가 고려했다. 그러나 전체 반도호텔 건물 및 미쓰이물산 건물을 영구적으로 미 제8군 사용을 위해 쓸 수 없을 것이기 때문에, 이 두 건물을 효율적으로 활용한다는 견지에서 그 계획은 실현 가능하다고 여겨지지 않았다. 이들 건물의 재건에 대해서는 더 이상 고려하지 않을 것이다.

3. 미 제8군 사령부 및 병설 사령부는 최종적으로 용산 군사지역에 자리 잡게 될 것으로 여겨진다. 이를 시행하기 위해 미 제8군 사령부 및 병설 사령부를 이전하는 데 필요한 건설은 다음 우선순위에 부합할 것이다.
   a. Ⅰ단계: 참조 1c에 의해 건설이 승인된, 이전에 대구에 있던 군수참모부 보급 및 기술병과의 이전.
   b. Ⅱ단계: 이전에 대구에 있던 인사참모부 및 행정병과의 이전.

c. Ⅲ단계: 서울에서 현재 사용하는 건물로부터 전방 미 제8군 사령부 및 전방 제5공군 사령부의 이전.

d. Ⅳ단계: 현재 대구에 있는 대한민국 육군 및 주한미군사고문단의 이전.

4. 참조 1d에 따른 Ⅱ단계 이전에 부응할 새로운 시설의 건설 및 기존 시설의 재건은 승인되었다. 이 건설과 재건의 총 비용은 110만 달러를 초과해서는 안 된다.

5. Ⅲ단계 이전은 필요한 시설이 건설되거나 재건되는 대로 곧 완수하기로 계획되었다. 1952년 11월 1일 이전에 본 사령부로 계획에 대한 귀하의 의견을 제공하기 바란다. 귀하의 의견을 받는 대로, 본 사령부는 전방 제5공군 사령부의 이전을 극동공군 사령관과 협의할 것이다.

6. Ⅳ단계에 필요한 건설에 대한 계획이 진전되고 대한민국 육군본부 및 주한미군사고문단의 최근 요건을 반영하기 위해 현행대로 유지되는 것이 바람직하다. 이 단계에서는 확보될 자재도 없고 어떠한 건설도 개시되지 않을 것이다.

7. Ⅰ단계에 대해 앞서 승인된 것을 포함하여, 이전을 위한 전체 단계에서의 건설은 "건설 기준 - 주한 미 제8군 및 병설 사령부 이전"(첨부 1)에 규정된 엄격한 기준으로 제한될 것이다. 사령부가 높은 기동성을 유지하고 기민한 이동을 준비하기 위해서는 임시 주거로서 임시 막사, 텐트 설비, 기존 대피소를 활용하는 것이 바람직한 기준이다.

8. 참조 1a 및 1c에 따라 Ⅰ단계부터 Ⅳ단계까지의 건설을 위한 4종 프로젝트의 제출 요건에는 적용되지 않는다.

클라크 장군의 명령으로.

C. C. B. 워든
대령, 부관부, 부관

첨부문서 1건

1. 건설 기준 - 주한 미 제8군 사령부 및 병설 사령부 이전

* 사본 제공: *극동공군 사령관*
한국후방관구사령부 사령관

[평문 전문] 유엔군 사령부→제8군 사령부

2급 비밀

주한 미 제8군 사령부 부관참모실

수신 전문

1952년 10월 18일

발신: 유엔군 사령관
수신: 주한 미 제8군 전방 사령관
인용: C 57227

긴급도: 정상처리
조치: 군수참모부 (4)
배포: 참모장 (2)

참조: 주한 미 제8군 전방 사령관, 전문 G 8439 KGL-K, 1952년 9월 16일

미 제8군의 반도호텔 사용은 유리하게 고려되지 못하고 있다.

AG IN NO: CT 10-1960

발신 시간: 1952년 10월 18일 8시 6분 Z
수신 시간: 1952년 10월 18일 18시 30분 I

[암호문 전문] 유엔군 사령부→미 육군부

2급 비밀

주한 미 제8군 사령부 부관참모실

수신 전문

1952년 10월 19일

발신: 유엔군 사령관
수신: 육군부 군수참모부/정보참모부
통지: 한국후방관구사령부 사령관, 주한 미 제8군 사령관
인용: CX 57226

긴급도: 정상처리
조치: 군수참모부 (4)
배포: 공병 (1), 참모장 (2)

참조: 미 육군부, 전문 DA 361082, 1952년 9월 23일

귀하의 전문 중 내용 일부 및 항목이 일치하는 부분을 참조.

3. A. 그러므로 지급금 없이 대한민국 정부로부터 토지와 이용이 요구되었다. 기존 이용의 변경 또는 재건은 공병 건설대대, 한국노무단, 보급창 군수품, 현지 절차 및 계약 서비스를 활용하여 수행되었다. 달러 비용은 육군군사기금에서, 한국노무단 숙소 비용은 한국 정부에서 나왔고, 원화 비용은 원화 인출금 계정에서 나왔다.
   B. 미 제8군은 반도호텔 건물을 요구하지 않는다. 군 재건의 견적 비용은 43만 3,000달러이다. 이 건물에 군 예산이 소비되는 것은 적절하게 생각되지 않는다.
   C. 정부 제안에 대한 귀하의 요청 참조. 그러나 재건과 관련해서 반도호텔 건물은 서울에서 최상의 사무실 건물이다. 정부와 유엔 기관들은 모두 최초 교전 중에 건물에 대한 요구를 제시했을 것이다. 본 사령부의 권고는 정부가 소유권을 유지하는 것이다.

AG IN NO: CT 10-2024

발신 시간: 1952년 10월 18일 8시 5분 Z
수신 시간: 1952년 10월 19일 2시 15분 I

[암호문 전문] 제8군 사령부→극동군 사령부

2급 비밀

1952년 10월 22일

발신: 미 제8군 사령관 | **긴급도: 우선처리**
수신: 극동군 사령관
통지: 미 극동육군 사령관, 한국후방관구 사령관,
한국병참기지관구 사령관
인용: GX 30406 KEN-C
주제: 4종 프로젝트(미 제8군 공병, 053-53-OP)
용산 군사지역 대 공습 방어용 대체 지휘소

참조: 극동군 사령관, 전문 CX 52171, 1952년 7월 19일

이 전문은 두 부분으로 이루어져 있다.

1. 프로젝트는 작전 전구 기준에 따른 기존 벙커 및 터널의 재건과, 조명·난방·환기를 포함하는 시설의 설치로 구성된다. 견적 비용은 다음과 같이 3열로 표시한다.

(단위: 달러)

구분	미국	한국	합계
노동	14,368	16,307	30,675
자재	30,306	33,863	64,169
합계	44,674	50,170	94,844

한국 자재는 필요한 시간 이내에 군수 보급으로 사용 가능하지 않은 공공시설 품목을 포함한다.

2. 적 공군의 공격 시 본 사령부의 우발사태 작전을 보장하기 위한 대체 지휘소 준비는 밴플리트에 의해 긴급 작전상 필요하다고 서명되었다.

제임스 콘웨이
준위, 미합중국, 부관부장

루이스 J. 러마기
대령, 전투공병

2급 비밀

주한 미 제8군 사령부

1952년 10월 23일

문서번호: AG 400 KGL-O
주제: 용산 지역의 건축 자재 사용 요청
수신: 주한미군사고문단장

1. 본 사령부는 용산 지역에서 회수된 건축 자재가 전체 지역 재건 목적으로 수집되었다고 이해한다.

2. 그러므로 귀하는 극동군 사령부, 전문 CX 55701, 1952년 9월 23일의 Ⅰ단계에서 약술된 대로 재건에 사용하기 위한 다음 항목들의 양도를 가능한 빨리 집계하여 대한민국 육군과 협의할 것을 요청한다.

a. 벽돌, 일반, 폐품 수집 500,000[60]
b. 타일, 루핑Roofing, 폐품 수집 250,000
c. 라디에이터, 증기, 폐품 수집 50

밴 플리트 장군의 명령에 의하여.

다튼 K. 존스
중위, 부관부, 부관부장

60 원문에 해당 수치의 단위가 기재되어 있지 않다.

[평문 전문] 극동군 사령부→제8군 사령부

2급 비밀

주한 미 제8군 사령부 부관참모실

1952년 10월 25일

발신: 극동군 사령관
수신: 주한 미 제8군 사령관
인용: C 57750

긴급도: 정상처리
조치: 공병 (3)
배포: 군수참모부 (4), 참모장 (2)

주한 미 제8군 사령관, 전문 GX 30406 KEN-C, 1952년 10월 22일 용산 군사지역 작전 전구 기준에 따른 벙커 및 터널의 재건을 다루는 프로젝트가 승인되었다. 극동군 사령부, 서한 〈건설 요청〉, AG 400 CE, 1952년 10월 25일에 부합하는 프로젝트를 확인해서 제출하라.

AG IN NO: CT 10-2929

발신 시간: 1952년 10월 25일 6시 20분 Z
수신 시간: 1952년 10월 25일 20시 0분 I

참모협조전	보안 등급 (해당 시) *2급비밀 보안정보*
문서번호 AG 600 KGL-K	**주제** 극동군 사령관의 서한(주제: 용산 군사지역으로 미 제8군 사령부 및 병설 사령부 이전을 위한 건설 요건)

수신 공병, 본부 사령, 인사참모부, 정보참모부, 작전참모부, 참모장　**발신** 군수참모부　**날짜** 1952년 10월 28일　**의견 제1호**

1. 문제: 극동군 사령부, 서한 〈용산 군사지역으로 미 제8군 사령부 및 병설 사령부 이전을 위한 건설 요건〉, 1952년 10월 16일 중 Ⅲ단계 건설과 관련한 5항에 대해 의견을 제출한다(첨부 A).

2. 문제에 관계된 사실
   a. 용산 군사지역의 건설 및 재건에 대한 Ⅰ단계 및 Ⅱ단계는 극동군 사령관의 승인을 받았다. 이들은 일반적으로 후방 주한 미 제8군에 시설을 제공한다. Ⅰ단계 작업은 진행 중이다. Ⅱ단계는 자재 및 부대 이용이 가능한 대로, Ⅰ단계와 동시에 그리고 이어서 착수될 것이다.
   b. 극동군 사령관은 "Ⅲ단계 이전은 필요한 시설이 건설되거나 재건될 수 있는 한 빨리 완성되어야 한다"고 지시했다(첨부 A, 5항). 이는 전방 주한 미 제8군 및 전방 제5공군을 현재 시설로부터 용산 지역으로 이동시키는 것을 의미할 것이다.
   c. 이용 가능한 건설 자재와 공병 부대들이 Ⅰ단계 및 Ⅱ단계에서 내년 봄까지 전적으로 활용될 것이다. 결과적으로, Ⅲ단계의 조기 완료를 계획해서는 안 된다(첨부 B). 그러나 극동군 사령관의 Ⅲ단계 승인은 보급 조치를 즉각 개시할 수 있도록 할 것이다.
   d. 극동군 사령관은 불필요하게 엄격해 보이는 용산 작업에 대한 건설 기준을 규정했다(첨부 C).
   e. 극동군 사령관은 미 제8군의 반도호텔의 재건 및 활용에 대해서는 더 이상 고려하지 않는다고 지시했다(첨부 A, 2항).

참모협조전	보안 등급 (해당 시) *2급비밀 보안정보*
문서번호 AG 600 KGL-K	**주제** 극동군 사령관의 서한(주제: 용산 군사지역으로 미 제8군 사령부 및 병설 사령부 이전을 위한 건설 요건)

3. 논의

a. 용산 프로젝트의 Ⅰ단계 및 Ⅱ단계가 완료되면, 미 제8군은 그 사령부 부대들을 두 장소, 용산과 현재의 주요 기지로 통합할 수 있을 것이다. 특정 막사 지역은 또한 유지될 것이지만, 현재 사용·유지되고 있는 산재한 많은 시설이 폐쇄되어 한국 정부로 반환될 수 있다. 이는 당초 후방 미 제8군이 대구에서 이동한 뒤 수용될 용산 지역에 일정한 건설 및 재건을 권고한 주한 미 제8군의 주요 목적을 달성할 것이다. 더욱이 벙커와 터널 재건은 만일 필요한 경우에 대체 전방지휘소를 제공하게 될 것이다.

b. 교전이 계속되고 적 항공 활동의 위협이 존재하는 한 모든 주한 미 제8군 사령부와 전방 제5공군을 한 장소로 이동시키는 것은 신중하지 않다고 여겨진다. 현재 주한 미 제8군 계획은 교전이 존재하는 한 본 사령부가 최소 두 개 부대가 되는 것을 필요로 한다(첨부 D). 현재 전방 주한 미 제8군 및 전방 제5공군의 현행 시설은 올바르고 적절하게 설치되어 있고 그들의 이동은 지금 필요하다고 여겨지지 않는다. 제5공군과 미 제8군은 정전 이후까지 그들의 주요 기지 포기를 강요하는 어떠한 압력도 없도록 해야하며, 다른 곳에서 완벽하게 만족스러운 시설이 준비될 수 있기 전까지 어떠한 조급한 이동도 확실히 삼가야 한다고 생각된다. 한국에서 가장 중요한 노력은 현재 전쟁에서 승리하는 것이다. 유엔군에게 필요한 부동산은 유지되어야 한다.

c. 제5공군 사령부는 용산이나 다른 곳으로 이동하는 데 열중했던 적이 없다. 그들은 어떠한 상세 계획도 수립하려 하지 않았다고 여겨진다. 극동군 사령부가 이동을 제안받은 제5공군과 협의할 것이라는 점이 주목된다(첨부 A, 5항). 공군은 용산에서 그 자체의 건설을 관리할 것으로 추정된다.

참모협조전	보안 등급 (해당 시) *2급비밀 보안정보*
문서번호 AG 600 KGL-K	**주제** 극동군 사령관의 서한(주제: 용산 군사지역으로 미 제8군 사령부 및 병설 사령부 이전을 위한 건설 요건)

d. 이 특별한 프로젝트에 대해 극동군 사령관이 규정한 엄격한 제한은 미 제8군에게 만족스럽고 훌륭해 보이는 시설을 제공하는 데 불리할 것이다. 전쟁과 악천후로 손상되어 재건될 건물들을 볼품없이 수습된 상태로 남아있게 해서는 안 된다. 대원의 차림과 행동, 장비와 시설의 유지 및 보수에 대해 미 제8군에서 주장한 기준에 일치하는 생활 및 근무조건을 제공하기 위해, 작전 전구 기준에 맞는 페인트, 내부 마감 등의 신중한 사용과 합리적이고 만족할 만한 위생 시설 및 막사 제공이 필요하다고 여겨진다. 이는 내핍과 절약 방침의 정신으로 이루어질 수 있다. 이러한 제한의 완화를 극동군 사령관에게 요청해야 한다고 생각된다.

4. 권고: 극동군 사령관에게 제안된 회신이 승인되어야 함(첨부 E).

베이커 대령

[평문 전문] 극동군 사령부→제8군 사령부

2급 비밀

주한 미 제8군 사령부 부관참모실

1952년 11월 2일

발신: 극동군 사령관
수신: 주한 미 제8군 사령관
인용: C 58202

긴급도: 정상처리
조치: 공병 (3)
배포: 군수참모부 (3), 참모장 (2)

참조: 극동군 사령부, 〈용산 군사지역으로 미 제8군 사령부 및 병설 사령부 이전을 위한 건설 요건〉, AG 600.1 GD/F, 1952년 10월 16일.

참조 서한의 5항에 대한 의견을 받지 못했다. 언제 회신이 예상되는지 통지하라.

AG IN NO: CT 11-152

발신 시간: 1952년 11월 2일 7시 29분 Z
수신 시간: 1952년 11월 2일 17시 30분 I

[📠 평문 전문] 극동군 사령부→제8군 사령부

2급 비밀

주한 미 제8군 사령부 부관참모실

수신 전문

1952년 11월 2일

발신: 극동군 사령관	긴급도: 정상처리
수신: 주한 미 제8군 사령관	조치: 군수참모부 (3)
인용: C 58202	배포: 참모장 (2), 공병 (2)

<u>조치 변경</u>

참조: 극동군 사령부, 〈용산 군사지역으로 미 제8군 사령부 및 병설 사령부 이전을 위한 건설 요건〉, AG 600.1 GD/F, 1952년 10월 16일.

참조 서한의 5항에 대한 의견을 받지 못했다. 언제 회신이 예상되는지 통지하라.

AG IN NO: CT 11-152

발신 시간: 1952년 11월 2일 7시 29분 Z
수신 시간: 1952년 11월 2일 17시 30분 I

** 주의: 군수참모부 레인 씨의 요청으로 지휘 조치(1952년 11월 2일 23시 30분 Z).*

[암호문 전문] 제8군 사령부→극동군 사령부

2급 비밀

1952년 11월 3일

발신: 주한 미 제8군 전방 사령관
수신: 극동군 사령관
인용: G 30760 KGL-S

긴급도: 우선처리

귀하의 전문 C 58202 와 관련하여, 극동군 사령부, 서한 〈용산 군사지역으로 미 제8군 사령부 및 병설 사령부 이전을 위한 건설 요건〉, AG 600.1 GD/F, 1952년 10월 16일의 5항에 대한 의견이 본 사령부에서 1952년 10월 31일 13시에 발송되었다.

존 P. 러브
중위, 부관부, 부관부장

레온 A. 브로크
대령, 일반참모

2급 비밀

주한 미 제8군 사령부

문서번호: AG 600.1 KGL-O
주제: 용산 군사지역으로 미 제8군 사령부 및 병설 사령부 이전을 위한 건설 요건
수신: 극동군 사령관

1. 참조: 극동군 사령부, 서한 〈용산 군사지역으로 미 제8군 사령부 및 병설 사령부 이전을 위한 건설 요건〉, AG 600.1 GD/F, 1952년 10월 16일

2. 용산 군사지역의 건설 및 재건 프로젝트의 Ⅰ단계에서 준비된 작업이 시작되었다. Ⅱ단계 하에서 승인된 작업은 자재 및 건설 노력이 이용 가능해지는 대로 예정될 것이다. Ⅱ단계의 특정 항목은 건설의 관점에서 실행가능하고 바람직하게 생각될 때 Ⅰ단계와 함께 동시에 착수될 것이다.

3. 참조 서한의 5항에 관하여, 다음 의견이 제출되었다.
   a. 첫 3단계의 특정 공동시설은 Ⅰ단계 및 Ⅱ단계에서 준비되는 중이다. 현재 이루어질 수 있고 나중에 Ⅲ단계에 기여할 모든 추가 작업은 Ⅱ단계 건설과 재건을 계획하고 예정하는 데 고려될 것이다.
   b. Ⅲ단계를 즉시 착수하기 위한 자재 및 건설 노력은 현재 이용할 수 없다. 조달에 필요한 긴 소요 시간과 함께, 특정 건설 자재의 심각한 부족 및 가용 공병 부대의 전적인 투입으로 내년 봄 이전에 Ⅲ단계의 대부분을 시작하는 것이 불가능하다.
   c. Ⅰ단계 및 Ⅱ단계의 완료로 용산과 현 미 제8군 기지의 두 지역으로 미 제8군 사령부의 통합을 가능하게 할 것이고, 그에 따라 산재한 많은 시설을 폐쇄하고 현재의 혼잡하고 때로는 불만족스러운 조건을 감소시킬 것이다. 이는 대구에서 후방 미 제8군을 이동할 필요가 있을 때 용산 지역에서 제한적 건설 및 재건을 제안한 목적이었다.
   d. 교전이 계속되고 적 항공 활동의 위협이 존재하는 한 모든 미 제8군 사령부와 전방

제5공군을 한 지역에 집중시키는 것은 적절하지 않다고 여겨진다. 또한 이들 부대용으로 사용할 수 있는 시설이 현재 적절하지 않기 때문에, 가까운 장래에 그 부대들의 이전은 필수적이지 않고 운영상 관점에서도 바람직하지 않을 것으로 생각된다.

e. 이때 Ⅲ단계의 승인은 물품 및 건설 노력을 이용할 수 있을 때 건설 자재의 질서 있는 조달 및 이후의 작업 개시를 가능하게 할 것이다.

f. 제5공군은 사령부의 이전과 관련하여 자체적으로 건설 부대 및 공학 기술 지원을 제공할 것으로 추정된다. 특정 공동 사용 시설 및 계획 수립에 대한 지원은 미 제8군에서 제공할 것이다.

4. 용산 군사지역 이전은 규정된 건설 기준을 참고하여 살기에 적합하고 쓸만하고, 세련되고 정연하며 완벽하게 건축하지만, 화려한 장식은 엄격히 방지한다는 것이 미 제8군의 방침이다. 주거, 행정 시설 및 오락 구역은 미 제8군의 인력 및 장비에 요구되는 전반적으로 높은 수준의 절도와 외관을 유지하며 관리될 것으로 기대한다. 한국은 특히 미 제8군이 자리 잡은 전쟁 피해를 입은 나라로서, 부대가 스스로 생산한 것 이외의 오락 시설을 제공하지 않는다. 결과적으로, 대원의 생활 및 작업 조건이 더욱 중요해진다. 재건된 숙소와 작업 공간은 내부 마감에 대한 제한 완화 및 막사의 위생 시설 복구를 통해 거의 추가 비용 없이 청결, 위생 설비 및 유용성 면에서 상당히 개선될 수 있다. 그러한 작업이 내핍과 절약의 방침 안에서 이루어질 수 있다고 생각된다.

5. 다음을 권장한다.

a. Ⅲ단계 건설은 건설 자재 조달 및 Ⅲ단계의 특정 부분을 Ⅰ단계와 Ⅱ단계로 통합이 가능하도록 바람직하고 실행 가능하다고 결정될 때 승인되어야 함.

b. 전방 미 제8군 및 전방 제5공군을 이전하는 시기에 대한 결정은 Ⅲ단계 건설 완료 시까지 연기되며, 그 결정은 그때의 전술적 상황에 근거하게 됨.

c. 참조 서한의 첨부 1에 명시된 대로 재건 기준은 막사의 위생시설 수리를 허용하고 재건된 건물의 청결, 위생 설비 및 공공시설 개선 목적의 내부 마감을 허용하는 정도까지 완화된다.

사령관을 대신하여.

B. T. 샨츠
대령, 부관부, 부관

2급 비밀

1952년 11월 8일

AKAEN 400(1952년 10월 23일) 1차 평정서
발신: 주한미군사고문단
수신: 주한 미 제8군 사령관
주제: 용산 지역의 건축 자재 사용 요청

1. 기본 통신에서 요청된 자재의 양도가 대한민국 육군과 협의되고 있다.

2. 서울의 대한민국 육군 공병감실 건설부 전방 부서장 허 소령은 요청받은 양에 대해 WD AGO 양식 446에서 제시하는 대로 지정된 주한 미 제8군 대표에게 자재를 양도하라는 지시를 받았다. 대한민국 육군 공병감실 건설부 고문 조셉 C. 깁스 중령은 자재 이전에 영향을 주는 사안에 대해 관심을 가져야 한다(보안 553).

단장을 대신하여.

L. S. 워터스
중령, 부관부, 부관

[📝 평정서] 극동군 사령부→제8군 사령부

2급 비밀

1952년 11월 9일

주제: 용산 군사지역으로 미 제8군 사령부 및 병설 사령부 이전을 위한 건설 요건
AG 600.1(1952년 10월 31일)GD/F 1차 평정서
발신: 극동군 사령부
수신: 미 제8군 사령관

1. Ⅲ단계 이전을 시행하는 데 필요한 건설이 승인되었다. 건설 및 재건 기준은 극동군 사령부, 서한 〈용산 군사지역으로 미 제8군 사령부 및 병설 사령부 이전을 위한 건설 요건〉, AG 600.1 GD/F, 1952년 10월 16일에서 규정된 것을 지켜야 한다.

2. Ⅲ단계 이전 시행에 필요한 건설 및 재건은 공병 노력이 이용 가능해지는 대로 곧 시작되고 그 후에 관련된 작업의 질서 있고 효율적인 편성에 따라 가능한 한 빨리 완료되어야 한다. 미 제8군 사령부의 이전은 그때의 전술적 상황이 달리 영향을 주지 않는 한 필요한 건설이 완료되는 대로 곧 시행될 것이다.

3. 별도 조치에 따라, 제5공군 전방사령부를 국립서울대학교 의과대학 및 병원의 그 현 위치에서 용산 군사지역으로 이전하는 것은 극동공군 사령관과 협의되고 있다.

클라크[61] 장군의 명령에 의하여.

C. C. C. 워든
대령, 부관부, 부관

---

61 마크 W. 클라크(Mark Wayne Clark, 1896~1984)는 1952년 5월 12일~1953년 10월 7일 유엔군 사령관을 역임했다.

6·25전쟁기 서울시사령부 병참 관련 문서

출처: RG 338, Eighth U. S. Army, 1944-56, Adjutant General Section, Security-Classified General Correspondence, 1952, 323. to 350.05, Box 832, AG 323

2급 비밀

주한 미 제8군 사령부

1952년 8월 28일

문서번호: AG 323 KGL-X
주제: 임시 서울시사령부 훈령
수신: 임시 서울시사령부 지휘관

1. 일반사항

a. 권한 부여: 임시 서울시사령부 편성 권한은 주한 미 제8군 사령부, 〈일반명령 제495호〉, 1952년 8월 28일에 포함되어 있다.

b. 임시 서울시사령부 편성 시행 날짜는 1952년 8월 28일이다.

c. 지역: 지정된 지구 안의 모든 한강 다리를 포함하는, 서울 영등포의 주요 도시 지역(오버레이overlay[62] 첨부 1).

2. 책임

a. 예하 부대를 지휘하고 책임 지역의 기타 군부대에 군수 지원을 제공하라.

b. 상급 사령부가 지시한 대로 유엔 군부대 및 민간 기관에 군수 지원을 제공하라.

c. 임시 서울시사령부의 지리적 경계선 내에 배치된 부대를 위해 1종 및 3종 보급소를 설치 및 운영하라(해당 지역 내에 임시로 위치한 전술부대는 포함시키지 말 것).

d. 호송대 재급유소를 설치 및 운영하라.

e. (1) 책임 지역 안에서 교통 통제 및 법과 질서의 유지를 확립하라.

(2) 사전 심리 및 감금 시설을 설치 및 운영하라.

f. 임시 부대와 인원에 숙소 및 식사 제공 시설을 설치 및 운영하라.

62 유동적인 군사정보를 지도 위에 나타내기 위해 씌우는 투명한 종이를 말한다.

g. 서울시사령부의 지리적 경계선 내에 배치하기로 승인된 모든 유엔 부대 및 활동을 위한 부동산을 확보, 할당 및 기록을 유지하라.

h. 현지 노동사무소를 설치 및 운영하라.

i. 구매 및 계약사무소를 설치 및 운영하라.

j. 책임 부여 지역 내에서 유류 공급선 할당에 대해 보호를 제공하라.

k. 서울시사령부 안의 내부 안전 조직. 권한은 임시 서울시사령부 사령관에게 위임된다.

(1) 비상사태 시 서울-영등포 지역 전체 육군 부대에 대한 임시 서울시사령부 사령관의 작전 통제 아래 운용을 포괄하는 계획을 수립하고자, 필요 시 협의 시행 목적으로 임시 서울시사령부 사령관과 거기서 숙소를 제공받는 전체 육군 부대 간 직접 소통이 승인되었다.

(2) 주한 미 제8군 화생방 방어 계획에 따라 기본 임무나 배속과 관계없이 지역 범위 안에 배치된 모든 부대에 대한 화생방 방어를 조직 및 계획하라.

(3) 적합한 경우에 한국 당국과 협력하여, 서울시사령부에 대해 다음의 소극적 방공 대책을 제공할 계획 및 절차를 수립하라.

(a) 공습경보의 전파

(b) 조명 통제

(c) 분산 절차 및 차량 통행 통제를 포함한 공습 훈련

(d) 임시 서울시사령부에 할당된 필수 시설의 위장 및 분산

(e) 임시 서울시사령부에 할당된 부대의 대원 대피소 준비

(f) 폭탄 처리 대책

(g) 필수 시설의 비상 수리

(h) 비상 구조, 응급 치료, 예방 접종 및 입원

(i) 지역의 군 인원에 대한 방공 교육 계획

(4) 이상에 따라 수립된 계획은 승인을 위해 주한 미 제8군 사령부로 전송될 것이다.

l. 일본중앙거래소의 서울 출장소를 설치 및 운영하라.

m. 일본중앙거래소의 영등포 출장소를 설치 및 운영하라.

n. 책임 할당 구역 내의 미국 부대에 대한 화재 방호를 포함하여 공병 수리 및 영선 지원을 제공하라.

o. 기존의 소화기 기지거리既知距離 사격장을 운영하라.

p. 보급경제supply economy[63] 및 철도 통제에 대한 주한 미 제8군 명령 시행을 감독하라.

q. 서울, 영등포, 수원 인근의 부대에 편의를 제공하기 위해 서울에 구두수선 시설을 설치 및 운영하라.

r. 서울시 안에서 필요할 수 있는 행정 전화 교환기와 시설을 설치 및 운영하라(주한 미 제8군 사령부를 위해 해당 사령부가 운영하고 유지하는 것은 제외).

s. 특수 근무 부서를 설치 및 운영하라.

t. 서울과 영등포에 사병들을 위한 여가 센터를 설치 및 운영하라.

u. 지역의 지리적 경계선 내에서 한강 간선도로 교량 및 한강에 대한 군과 민간의 이용을 통제하라.

v. 배정된 의료 인력이 없는 서울시사령부 내 부대에 대해 일반 진료소 의료 서비스를 제공하라.

w. 필요 시 여객 버스 서비스를 설치 및 운영하라.

x. 서울시사령부의 지리적 경계선 내의 부대에 군사우편 서비스를 제공하라.

y. (1) 군목이 배정되지 않은 부대에 대한 시무 보장을 위해 지역 전체 군목 활동을 협의하라.
(2) 지역의 인격 지도 교육을 협의 및 감독하라.

z. 극동사령부 영화 교환에 대해 군수 지원을 제공하라.

aa. 본 사령부가 지시할 수 있는 기타 임무.

밴 플리트 장군의 명령에 의하여.

C. W. 벌선
중령, 부관병과, 부관부장

첨부문서 1건

- *본문에 명시된 바와 같음.*

* 배포: *D&S*

---

63 작전 지원을 위한 물자 절약을 말한다.

🔗 첨부문서 〈서울-영등포의 주요 도시지역 오버레이〉

2급 비밀

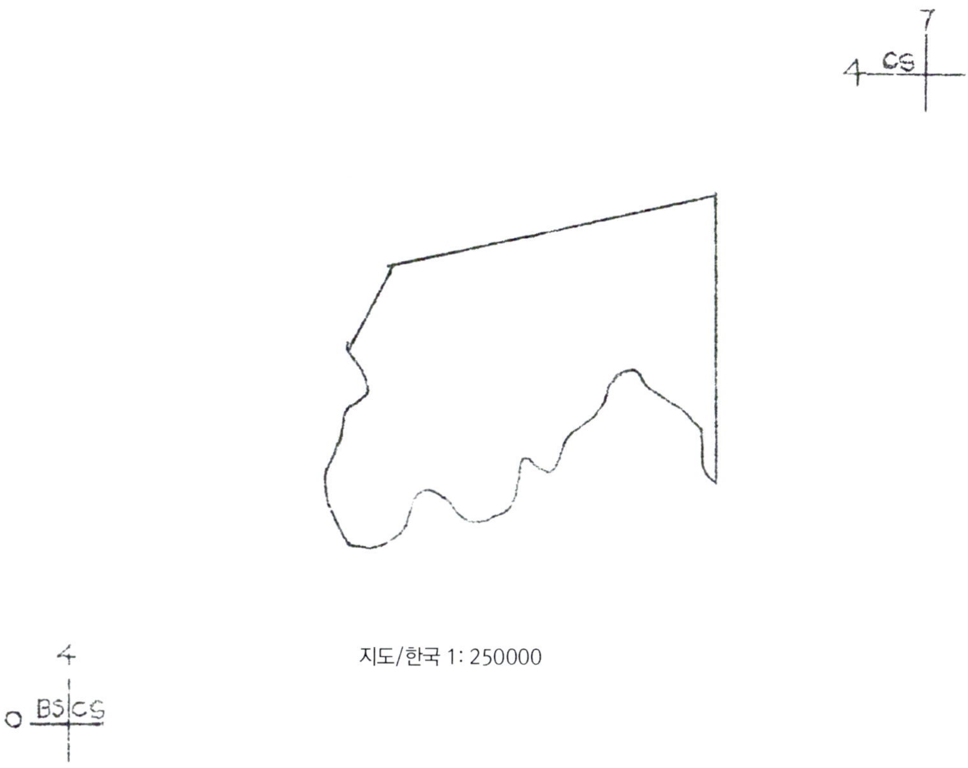

지도/한국 1: 250000

2급 비밀

서울시사령부의 임무

참조: 〈서울시사령부 훈령〉, 1952년 8월 28일(첨부 A).[64]

서울시사령부 본부
- 장교 6명, 사병 42명, 현지인 209명(첨부 B)
- 서울시사령부의 행정 관리 제공

군수 지원(훈령 2a 및 b항)
- 장교 2명, 사병 9명, 현지인 9명(첨부 C)
- 군인 약 3,000명에게 2종·4종 지원 제공

1종 보급소 운영(훈령 c항)
- 장교 1명, 사병 23명, 현지인 114명(첨부 D)
- 매주 병참 A레이션 약 14만 5,000개, C레이션 2,000개, 한국 레이션 8만 개 및 영국 A레이션 1만 1,900개 지급. 매주 빵 4만 5,000lb 제빵 및 지급. 매주 아이스크림 1,500gal 생산 및 지급

3종 보급소 운영(훈령 2c 및 d항)
- 장교 1명, 사병 20명, 현지인 52명(첨부 E)
- 매주 자동차유 9만gal 및 경유 10만gal 지급
- 매주 석탄 260t을 받아서 사용 부대에 지급

64 원문에는 첨부 A 문서가 본 문서 바로 뒤에 첨부되어 있지 않고 다른 페이지에 배치되어 있다.

법과 질서 유지 확립 및 감금 시설 설치(훈령 2e항)

- 장교 4명, 사병 11명, 현지인 11명(첨부 F)
- 미군 헌병 2개 중대 및 대한민국 육군 헌병 2개 중대 운영 감독, 재소자 최대 20인용 사전 구금시설 운영

임시 식당 및 숙소 설치(훈령 2f항)

- 장교 1명, 사병 30명, 현지인 50명(첨부 G)
- 매주 장교 및 사병 평균 700명에 대해 숙소 제공
- 매주 임시 인원에 대해 평균 7,500회의 식사 제공

부동산 확보(훈령 2g항)

- 장교 2명, 사병 3명, 현지 9명(첨부 H)
- 참모공병사무소와 합쳐진 이 사무소는 서울과 영등포에서 유엔군을 위한 모든 부동산을 확보, 할당, 기록한다. 현재 한국에서 유엔이 보유한 부동산의 대략 37%는 서울에 있다.

현지 노동사무소 운영(훈령 2h항)

- 장교 1명, 사병 2명, 현지 8명(첨부 I)
- 서울지역에서 부대를 위한 현지 노동력 확보, 전화국 기록 유지, 봉급명세표 승인

구매 및 계약사무소 설치(훈령 2i항)

- 장교 2명, 사병 2명, 현지인 9명(첨부 J)
- 서울지역의 모든 구매 계약 교섭, 군단 및 사단을 위한 요건에 대한 교섭, 제조업자 견본실 유지, 제품의 유형과 비용 및 서비스, 능력에 대한 현행 제조업자 및 도급업자 명부 유지, 매주 원화 1~3억 지출

서울-영등포에서 유류 공급선에 대한 보호 제공

- 대한민국 육군 헌병이 헌병 사령관의 감독 하에 수행(첨부 F)

서울지역 내부 보안 조직(훈령 2r항)

- 장교 3명, 사병 6명(첨부 K)
- 이 부서는 정보과, 작전과, 화생방 방어 사무소 및 안전과 손해배상청구 사무소으로 구성된다. 이는 훈령 2k항에 열거된 모든 사안에 대해 참모부를 완성한다.

서울 PX 설치(훈령 3l항)

- 장교 1명, 사병 15명(첨부 L)
- 매주 거래액 8만 5,000달러의 한국에서 가장 큰 거래소 운영

영등포 PX 설치(훈령 3m항)

- 장교 1명, 사병 7명(첨부 M)
- 매주 거래액 3만 5,000달러의 출장 거래소 운영

서울에서 공병 수리 및 영선 지원과 화재 방호 제공(훈령 2n항)

- 수리 및 영선 부서: 장교 2명, 사병 31명, 현지인 279명(첨부 N)
- 미국이 보유한 건물에 대해 최소한 필요한 복구 및 수리 시행, 보조 도로 유지
- 소방부: 장교 1명, 사병 25명, 현지인 52명(첨부 O)
- 서울에서 모든 소화 장비 활동 조정. 미군 부대에 화재 방호 제공

기존의 소화기 사격장 운영(훈령 2o항)(첨부 K)

- 300yd, 20석 사격장 2곳 운영, 권총 사격장 1곳 및 자동화기 사격장 1곳. 병사들의 매주 평균 사격 발수는 500발이다.

서울에서 구두수선 시설 운영(훈령 2g항)(첨부 C)

- 매주 약 100켤레의 구두 수선

전화 교환기 운영(훈령 2r항)

- 장교 1명, 사병 10명, 현지인 43명(첨부 P)
- 헤이븐 교환기는 6석 교환대. 매주 평균 전화 건수는 4만 8,000회이다.

특수 근무 부서 운영(훈령 2s항)

• 장교 1명, 사병 7명, 현지인 82명(첨부 Q)

• 이 부서는 서울극장에서 매주 1만 3,000명에게 영화 상영을 제공한다. 미국위문협회 쇼가 장소 제공을 받고, 지역에서 잠시 출연 계약이 되었다. 8개의 현지 쇼가 진행되고 매주 40개의 쇼에 대해 출연 계약이 되었다. 서울운동장은 수영, 테니스, 야구 및 미식축구를 위한 여가 시설을 제공했다. 악단 연주회는 여름철에 매주 열렸다. 역사적으로 유명한 서울에 대해 안내인을 동반한 관광여행을 매주 100명을 대상으로 시행한다.

필요한 여객 버스 서비스 운영(훈령 2w항)

• 장교 2명, 사병 23명, 현지인 121명(첨부 R)

• 매주 버스 19대가 6개 노선에서 평균 1만 1,000명의 여객 밀도로 운영된다. 이 부서는 또한 본부 수송부 70대의 추가 차량을 유지 및 운영한다.

개요

(단위: 명)

구분	장교	사병	현지인
본부 부서	6	42	209
군수자원(2종·4종)	2	9	9
1종 보급소	1	23	114
3종 보급소	1	20	52
헌병 사령관	4	11	19
임시	1	30	50
공병 및 부동산	2	3	9
노동	1	2	8
구매 및 계약	2	2	9
훈련	3	6	8
서울 PX	1	15	-
영등포 PX	1	7	-
수리 및 영선	2	31	278
소방	1	25	52
통신	1	10	43
특수 근무	1	7	82
수송부	2	23	121
기타		3	
합계	32	269	1,063

첨부 B. 서울시사령부 본부 인원

1952년 11월 21일

본부 사령관

본부 파견대-보급-노동-유지-숙소 16개소

급식 분류-군목-경비-본부 식당

장교 3명

(단위: 명)

구분	사병	현지인
사무 보조	0	1
관리자	0	1
행정 보조	0	1
회계사	0	2
경리	0	2
타이피스트	0	2
캐비닛 제작자	0	1
목수	0	3
전기 기술자	0	2
석공	0	2
통역자	0	6
조사원	0	3
현장 주임	2	14
청소부	0	28
노동자	0	62
경비	6	15
보일러공	1	12
비서	0	1
요리사	7	8
제빵사	0	2
요리용 레인지 담당자	0	6
취사근무병	0	5
냄비 설거지	0	8
화물 검사관	0	2
여종업원	0	12
감독	0	1
번역자	0	1
상사	1	0
행정 부사관	2	0
중대 서기	1	0
보급 병장	1	0
보급 서기	2	0
군목 보조	1	0
식량 보급 상병	3	0
식당 병장	1	0
위생병	2	0
식품 서비스 감독	1	0
합계	31	207

본부 참모 부관 및 인원

장교 3명

(단위: 명)

<table>
<tr><th colspan="2">구분</th><th>사병</th><th>현지인</th></tr>
<tr><td colspan="2">비서</td><td>0</td><td>1</td></tr>
<tr><td colspan="2">타이피스트</td><td>1</td><td>1</td></tr>
<tr><td colspan="2">행정 부사관</td><td>1</td><td>0</td></tr>
<tr><td colspan="2">인력 운영 상병</td><td>1</td><td>0</td></tr>
<tr><td colspan="2">인력 관리 상병</td><td>3</td><td>0</td></tr>
<tr><td colspan="2">(타이피스트가 아닌) 서기</td><td>5(1-961)[65]</td><td>0</td></tr>
<tr><td colspan="2">소계</td><td>11</td><td>2</td></tr>
<tr><td rowspan="3">기타</td><td>주한 미 제8군 통신원 식당 요리사</td><td>1</td><td></td></tr>
<tr><td>유엔한국민사지원단 한국인 직원 판매점 매장 보급 취급자</td><td>1</td><td></td></tr>
<tr><td>미국 대사관, 행정 부사관</td><td>1</td><td></td></tr>
<tr><td colspan="2">합계</td><td>3</td><td></td></tr>
</table>

65 해당 붙임문서 중 일부 인원 옆에 (숫자-961)과 같은 내용이 기재되어 있으나 그 의미는 알기 어렵다.

본부 군수과(2종 · 4종 및 구두 수선)

장교 2명

(단위: 명)

구분	사병	현지인
비서	0	1
타이피스트	0	1
통역자	0	2
구두 수선공	2(1-961)	5
행정 부사관	1	0
병참 보급 상병	4	0
부대 보급 상병	1	0
보급 서기	1	0
합계	9	9

첨부 D. 1종 보급소 운영 인원

1종 보급소

장교 1명

(단위: 명)

구분	사병	현지인
제빵사	2	14
보일러공	0	2
경리	0	2
서기	2	1
전기 기술자	0	1
현장 감독	9	8
통역자	0	1
청소부	0	7
보급 취급자	4	76
통계학자	0	0
감독	4	2
보급 서기	1	0
식품 검사관	1	0
합계	23	114

3종 보급소

장교 1명

(단위: 명)

구분	사병	현지인
감독	3	1
서기	1	0
가선공架線工(휘발유)	4	0
경비	9	0
타이피스트	0	1
통역자	0	1
노동 현장 감독	0	1
노동자	0	48
운전사	3	0
합계	20(20-961)	52

헌병 사령관

장교 4명

(단위: 명)

구분	사병	현지인
서기	0	1
통역자	0	4
조사원	0	8
청소부	0	1
노동자	0	2
변호사	0	1
비서	0	1
타이피스트	1	1
헌병	4	0
소계	5	19
경비(영창)	6	
합계	11	

첨부 G. 임시 식당 및 숙소 인원

임시 숙소 및 식당

장교 1(1-961)명

(단위: 명)

구분	사병	현지인
감독	1((1-961)	1
현장 감독	2(2-961)	3
통역자	0	1
목수	2(2-961)	1
노동자	0	10
경비	7(7-961)	2
화물 검사관	3(3-961)	4
요리사	6(2-961)	4
제빵사	0	2
요리용 레인지 담당자	0	4
냄비 설거지	0	4
취사 근무병	0	9
웨이트리스	0	5
서기(중대 및 인력)	2(2-961)	0
보급 서기	1(1-961)	0
우편 서기	1(1-961)	0
정훈교육 부사관	1(1-961)	0
운전사(중대만)	3(3-961)	0
식당 병장	1	0
합계	30	50

첨부 H. 부동산 확보 인원

공병 사무소 및 부동산

장교 2명

(단위: 명)

구분	사병	현지인
공병	1	3
제도공	0	1
타이피스트	0	1
통역자	0	3
번역자	0	1
감독	2	0
합계	3	9

노동사무소

장교 1명

(단위: 명)

구분	사병	현지인
사무 보조	0	1
회계사	0	1
통계학자	0	1
비서	0	1
노동자	0	2
경비	0	1
타이피스트	0	1
행정 부사관	2	0
합계	2	8

첨부 J. 구매 및 계약사무소 인원

구매 및 계약

장교 2명

(단위: 명)

구분	사병	현지인
사무 보조	0	1
산업 경제학자	0	1
재정 경제학자	0	1
공병	0	1
행정 보조	0	1
청소부	0	2
서기 타이피스트	1	0
행정 감독	1	0
소계	2	7
적십자 청소부		2
합계		9

본부 참모 정보과 작전과 및 소총 사격장

장교 2명

(단위: 명)

구분	사병	현지인
비서	0	1
번역자	0	1
통역자	0	1
노동자	3	5
정훈 상병	1	0
작전 병장	1	0
제도공	1	0
합계	6	8

첨부 L. 서울 PX 인원

서울 PX

장교 2명

(단위: 명)

구분	사병	현지인
요리사	4	
식량 보급 상병	6	
서기	2	
인력 운영 감독	1	
보급 취급자	2	
합계	15	

영등포 PX

장교 1명

(단위: 명)

구분	사병	현지인
회계사	1	
창고 감독	2	
식료품점 급식원	1	
판매 감독	3	
합계	7	

수리 및 영선

장교 2명

(단위: 명)

구분	사병	현지인
사무 보조	0	1
감독	1	3
선임 현장 감독	1	2
현장 감독	11	10
예술가	0	1
캐비닛 제작자	0	6
목수	4	60
전기 기술자	3	10
공병	0	2
정비사	0	16
주택 도장공	1	6
간판공	0	4
노동자	0	144
석공	0	2
배관공	3	5
미장이	0	5
타이피스트	0	1
난방 및 환기 상병	2	0
공병 보급 상병	5	0
합계	31	278

첨부 0. 소방부 인원

소방부

장교 1명

(단위: 명)

구분	사병	현지인
소방대장	1	0
소방관	19	40
통역자	0	10
서기	0	1
청소부	0	1
대원 책임자	5	0
합계	25	52

첨부 P. 전화교환기 운영 인원

통신

장교 1명

(단위: 명)

구분	사병	현지인
감독	1	1
선임 현장 감독	2	2
가선공	0	9
전기 기술자	0	1
전화 교환원	0	28
노동자	0	2
교환국 보수공	2	0
전화기 기계 수리공	4	0
사무소 감독	1	0
합계	10	43

첨부 Q. 특수 근무 부서 운영 인원

특수 근무

장교 1명

(단위: 명)

구분	사병	현지인
사무 보조	0	2
예술가	0	4
감독(연예 상병)	7	4
선임 현장 감독	0	4
회계사	0	3
전기 기술자	0	8
보일러공	0	5
비서	0	1
번역자	0	3
기계 수리공	0	1
노동	0	43
경비	0	3
경리	0	1
합계	7	82

첨부 R. 여객 버스 서비스 운영 인원

수송부

장교 1명, 준위 1명

(단위: 명)

구분	사병	현지인
사무 보조	0	1
감독	2	3
현장 감독	0	2
통계학자	0	1
발차 담당자	5	4
시간 기록원	0	1
타이피스트	0	3
간판공	0	1
정비사	5(1-961)	22
운전사	8(4-961)	70
노동자	0	12
목수	0	1
견인차 운전자	1	0
부품 보급 서기	1	0
합계	23	121

참모협조전	보안 등급 (해당 시) *2급비밀 보안정보*
문서번호 SCCC 323	**주제** 서울시사령부

수신 주한 미 제8군 참모장 **발신** 서울시사령부 지휘관 **날짜** 1952년 11월 21일 **의견 제1호**

과제: 서울시사령부의 기능 검토 및 가능한 책임 감축 또는 재배치 결정

논의: 서울시사령부는 주한 미 제8군 사령부, 파일 AG 323 KGL-X 〈서울시 사령부 훈령〉, 1952년 8월 28일(첨부 A)의 권한 하에 운영된다. 첨부 A, 2항에 열거된 개별 책임은 첨부 A의 부록 1에서 논의된다. 서울시사령부가 수행하는 모든 기능 및 지원은 주둔지, 숙영지 또는 기지 보충대에 대한 요구와 유사하다. 병사 노동력을 대신하여 현지 노동력이 전적으로 쓰인다. 현재 서울시사령부가 수행하는 3개 작업은, 육군이 이동하지 않고 이전된 작업은 요건이 존재하는 한 지속된다는 보장이 있다면, 논리적으로 육군 근무부대로 이전될 수 있다. 이들은 (a) 1종 급식소, 3종 유류 지급소, 2종 및 4종 지급소와 구두수선 시설이다.

a. 1종 급식소는 영등포에 있는 10탄약보급소에 흡수되거나 공동으로 운영될 수 있다.

b. 3종 지급소는 병참 유류중대가 운영할 수 있다.

c. 2종 또는 4종 지급소는 폐지될 수 있고 현재 지원받고 있는 부대가 육군기지보급창에 직접 청구하는 것이 허용될 수 있다.

d. 구두수선 시설은 영등포의 구두수선 사업소와 병합될 수 있다.

서울시사령부의 인원 절감은 다음과 같을 것이다.

1종 급식소	장교 1	사병 23
3종 지급소	장교 1	사병 20
2종 및 4종 지급소		사병 3
구두수선 시설		사병 2
합계	장교 2	사병 48

결론: 일정한 인원의 감축은 육군 근무부대 및 보급창의 특정 할당 임무 인수에 따라 서울시사령부 안에서 시행될 수 있다. 육군 근무부대 및 보급창이 대신한다면 서울 인근의 미군에 대한 근무가 계속 보장되어야 한다.

참모협조전		보안 등급 (해당 시) *2급비밀 보안정보*
문서번호 SCCC 323	**주제** 서울시사령부	

권고: 특정 임무의 재배치에 따른 서울시사령부의 필요한 인원 감축에 관하여 추가 검토하라.

콜스

참모협조전	보안 등급 (해당 시) *2급비밀 보안정보*
문서번호 AG 322 KGO-C	**주제** 서울시사령부의 병참 보급 기능

수신 병참, 인사참모부, 군수참모부, 참모장 **발신** 작전참모부 **날짜** 1952년 11월 27일 **의견 제1호**

1. 첨부 A는 서울시사령부 지휘관이 1952년 12월 1일 사령부 및 제961병참지원중대의 1개 소대의 손실 교체를 위해 필요한 인원을 서술한 데서 비롯된 검토이다.

2. 주한 미 제8군 사령부 보급에 의해 준비되었어야 할, 위 손실을 교체할 인원 절감을 위해, 주한 미 제8군 병참은 서울에 위치한 제8군 내 병참부대의 이용 가능한 보급으로부터 현재 제961병참지원중대가 수행하는 1종 및 3종(유류만) 기능을 인수할 준비가 되어 있다(첨부 B).

3. 헌병 사령관, 임시 숙소, 소방부, 노동, 수리 및 영선, 기타를 포함하는 서울시사령부의 책임을 더 줄이고자 참모 검토(첨부 A)에서 권고받은 대로 본 부서는 추가 검토를 실시하고 있으며, 그에 의해 그 사령부의 요건을 축소한다.

4. 이상 2항 및 3항에 지시된 책임 인수를 위해 주한 미 제8군 병참의 조치 승인을 권고한다.

대령 리 준장 마틴

[일반 서한] 제8군 병참→제8군 군수참모부

2급 비밀

수신: 군수참모부 **발신**: 병참 **날짜**: 1952년 12월 28일 **의견 제2호**

1. 본 부서는 다음 예외와 함께 의견 제1호 4항에서 이루어진 권고에 동의한다.
   2종 및 4종 활동은 1952년 11월 27일, 본 부서원에게 인원 증가 없이 유지될 수 있는 이러한 책임을 지시했던 서울시사령부 지휘관의 수중에 있게 될 것이다.

2. 본 부서는 본 사령부가 발표할 일반명령에 의견 제1호, 2항에 열거된 책임(2종과 4종 및 구두수선 제외)을 주한 미 제8군 병참으로 이전하는 것과, 이러한 설비 운영에 사용되는 모든 자재를 마찬가지로 현재 시설 유지 책임을 지게 될 조직인 제23병참단에 이전할 것을 제안한다.

3. 본 부서는 더 나아가 현재 구두수선 시설에서 활용되며, 서울시사령부가 운영하는 장비를 제443병참기지보급창으로 이전할 것을 제안한다. 장비와 물품을 포함하여, 이 시설은 영등포에 있는 기존의 미 제8군 구두수선 시설과 통합하기로 계획되었다.

4. 이 명령의 발표에 대해 또한 다음의 숫자 명칭이 인수되는 시설에 붙여지도록 제안된다.

신규 명칭	이전
병참보급소 제40호(1종)	병참 1종 보급소, 서울시사령부
병참보급소 제40호(3종)	주유소, 서울시사령부

중령 콘 대령 벨

참모협조전	보안 등급 (해당 시) *2급비밀 보안정보*
문서번호 AG 322 KGO-C	**주제** 서울시사령부의 병참 보급 기능

수신 인사참모부, 군수참모부, 참모장, 작전참모부(회송) **발신** 작전참모부 **날짜** 1952년 11월 29일 **의견 제1호**

1. 첨부한 첨부 A는 서울시사령부 지휘관이 1952년 12월 1일 사령부 및 제961병참지원중대의 1개 소대의 손실 교체를 위해 필요한 인원을 서술한 데서 비롯된 검토이다.

2. 주한 미 제8군 사령부 보급에 의해 준비되었어야 할, 위 손실을 교체할 인원 절감을 위해, 주한 미 제8군 병참은 서울에 위치한 제8군 내 병참부대의 이용 가능한 보급으로부터 현재 제961병참지원중대가 수행하는 1종 및 3종(유류만) 기능을 인수할 준비가 되어 있다(첨부 B).

3. 이전에 제961병참지원중대가 수행했던 2종 및 4종 기능은 추가 인원 증가 없이 서울시사령부가 수행할 것이다. 구두수선 시설은 제443병참기지보급창이 수행할 것이다.

4. 본 부서는 이상의 조치 시행에 필요한 명령을 발표할 것이다.

5. 헌병 사령관, 임시 숙소, 소방부, 노동, 수리 및 영선, 기타를 포함하는 서울시사령부의 책임을 더 줄이고자 참모 검토(첨부 A)에서 권고받은 대로 본 부서는 추가 검토를 실시하고 있으며, 그에 의해 그 사령부의 요건을 축소한다.

6. 이상 2항 및 3항에 지시된 책임 인수를 위해 주한 미 제8군 병참의 조치 승인을 권고함.

대령 리 — 준장 마틴

2급 비밀

주한 미 제8군 사령부

1952년 12월 3일

문서번호: AG 323 KGO-C
주제: 훈령
수신: 임시 서울시사령부 지휘관, 제443병참기지보급창 지휘관, 제23병참단 지휘관

1. 책임: 1952년 12월 2일을 기하여 임시 서울시사령부 경계선 내에 주둔하는 부대를 위해 아래에 지정된 보급소 및 시설의 설치와 운영(해당 지역 내에 임시로 위치한 주요 전술부대는 제외)은 아래 열거된 지휘관들의 책임이 될 것이다.

보급소	명칭	책임 장교
1종	병참 보급소 40호(1종)	제23병참단 지휘관
3종(유류만)	병참 보급소 40호(3종)	제23병참단 지휘관
구두수선 시설		제443병참기지보급창 지휘관

2. 자재 및 장비: 미 제8군 병참 및 임시 서울시사령부 지휘관은 임시 서울시사령부가 아래에 열거한 부대에 대해 다음 시설을 운영하는 데 필요한 자재 및 장비의 이전을 시행할 것이다.
   - 제23병참단: 1종 및 3종 보급소
   - 제443병참기지보급창: 구두수선 시설

3. 참조 및 취소
   a. 참조: 미 제8군 사령부, 서한 〈임시 서울시사령부 훈령〉, AG 323 KGL-X, 1952년 8월 28일.
   b. 취소: 위 참조 서한 중 2c, 2d, 2q항의 1종 및 3종 보급소와 구두수선 시설의 설치 및 운영에 관한 내용은 취소한다.

밴 플리트 장군의 명령에 의하여.

B. T. 샨츠
대령, 부관병과, 부관

* 배포

- *D&S 외*
- *KGO-C 2부*
- *KQM 4부*
- *각 수신인 10부*

[일반 서한] 제8군 사령부→임시 서울시사령부

2급 비밀

주한 미 제8군 사령부

1952년 12월 7일

문서번호: AG 628 KGP-S
주제: 훈령
수신: 임시 서울시사령부

1. 책임: 1952년 12월 5일을 기하여 임시 부대와 인원에 숙소 및 식사 제공 시설의 설치와 운영이 중단되었다.

2. 참고 및 취소
   a. 참고: 미 제8군 사령부, 서한 〈임시 서울시사령부 훈령〉, AG 323 KGL-X , 1952년 8월 28일.
   b. 취소: 위 참고 서한 중 2f항의 임시 식당 및 숙소의 설치와 운영에 관한 내용은 취소한다.

밴 플리트 장군의 명령에 의하여.

샨츠 B. T.
대령, 부관병과, 부관

* 배포: *D&S 외 수신인 10부*

6·25전쟁 이후 UN 원조기관 서울 이전 관련 문서

출처: RG 338, UN Civil Assistance Command, Korea (UNCACK), 1951, Entry UNCACK UNIT 11028, movement to Seoul, 370

[📝 일반 서한] 한국후방관구사령부→한국병참기지관구 사령부, 주한유엔민사원조사령부, 포로사령부, 제3수송군사철도근무대, 대구 군사기지

2급 비밀

한국후방관구사령부 본부

1953년 5월 24일

문서번호: AG 601 CZGL-O
수신: 한국병참기지관구 사령관, 주한유엔민사원조사령부 사령관, 포로사령부 사령관, 제3수송군사철도근무대, 대구 군사기지
주제: 서울지역의 부동산에 대한 요구사항

1. 서울지역에서 행정 기능 용도에 적합한 다양한 부동산은 간혹 사용 가능하다.

2. 그러한 부동산에 대한 귀하의 예상 요구사항을 실행 가능한 한 신속히 조사하여 본 사령부로 보고하기 바란다. 요구사항은 정당한 이유 및 희망하는 대략적인 ft^2를 포함해야 한다.

3. 관련된 유엔사령부 기관은 물론 귀 사령부의 부대에 대한 요구사항도 보고되어야 한다. 추후에 보고된 요구사항의 조정 또는 변경 시, 본 사령부에 즉각 보고해야 한다.

4. 귀하는 본 사령부의 요청에 따라, 의도한 목적에 적합한지 결정하기 위해 사용 가능한 시설 점검 준비를 하기 바란다.

5. 이 보고서는 〈육군규정 335-15〉 17c 항에 따라 보고 통제 표시에서 면제된다.

헤렌 소장의 명령에 의하여.

D. N. 블랙
소위, 부관부, 부관부장

2급 비밀

1953년 6월 25일

CAAS 601(1953년 5월 24일) 1차 평정서
발신: 주한유엔민사원조사령부
수신: 한국후방관구사령부 사령관
주제: 서울지역의 부동산에 대한 요구사항

1. 앞의 통신문의 2항에 따라, 다음은 현재 위치에서 본 사령부의 이동을 위해 서울지역의 부동산에 대해 예상되는 요구사항이다.

(단위: ft^2)

사무실	75,000
장교 및 민간인 숙소	40,000
사병 숙소	24,000
식당	28,000
클럽	15,000
보급 및 기반시설 공간	20,000

2. 위 요구사항은 민간인과 군 둘 다 1950년 6월 7일 〈육군규정 415-107〉로 정해진 제안된 분배표 인원 및 공간 할당에 근거한다.

3. 유엔한국통일부흥위원단을 위한 공간 요구사항은 나중에 발송될 것이다.

사령관을 대신하여.

네드 생어
중령, 부관부, 부관

유엔한국통일부흥위원단[66]

한국, 부산
1953년 6월 27일

케이스 장군에게.

위원단이 서울로 되돌아가기로 결정한다면, 나는 우선 유엔한국통일부흥위원단의 요청에 대한 귀하의 관심에 감사를 표한다. 나는 6월 4일의 우리의 대화에 따라 문제를 요약하고자 한다.

위원단(당시에는 유엔한국위원단)이 1950년 서울을 떠나야 했을 때, 대표들은 조선호텔의 임대용 방을 사용했다. 사무국장과 직원 일부는 후암동 101번지에 있는 건물을 사용했고, 서울 철수 직전에 상당한 자금이 덕수궁의 박물관 건물을 사무공간으로 개조하는 데 지출되었다. 찰스 코우츠 사무국장 대리가 외무부 차관 조정환 씨[67]에게 보낸 1950년 11월 16일자 통신문에서 유엔위원단이 해당 건물을 사무공간으로 개조하는 자금 지출과 교환하여 덕수궁의 박물관 부지를 받게 될 것이라고 합의되었다. 위에 언급된 두 건물은, 그러므로 유엔한국통일부흥위원단에 할당되었다고 간주되어야 한다.

1952년 6월 6일 미 군사당국의 요청에 응하여 전방 주한 미 제8군 공병 부서 필립 라이딩어 중령에게 유엔한국통일부흥위원단의 공간 요건을 명시한 통신문이 발송되었다. 그러나 그때 이후 우리는 위원단의 요구가 변했다고 느끼며, 귀 사령부를 지원하는 노력의 일환으로 아래에 우리가 지금 위원단의 요건으로 간주하는 내용의 개요를 서술한다.

a) 조직의 인원: 유엔한국통일부흥위원단은 일반적으로 두 부분으로 구성된다.

1) 대표단 7명(대표 1명, 될 수 있는 한 대표마다 대리 1명과 비서 1명)

---

66 유엔한국통일부흥위원단(United Nations Commission for the Unification and Rehabilitation of Korea, UNCURK)은 6·25전쟁으로 파괴된 대한민국 재건을 목적으로 1951년 세워진 유엔의 기구였다. 한국통일부흥위원회라고도 부른다. 1948년 12월에 세워진 유엔 한국위원회가 해체된 후 세워졌으며, 6·25전쟁이 진행 중이던 1950년 10월 7일 제5차 유엔 총회에서 설치가 결의됐다. 한반도의 재건, 구호, 통일, 민주정부 성립 등을 목표로 했다. 이후 1973년 12월 제28차 유엔총회에서 만장일치 결의로 해체됐다.

67 曹正煥(1892~1967)은 대한민국 외무부 차관(1949년 3월 7일~1951년 7월 14일) 및 외무부 장관(1955년 7월 28일 ~ 1959년 12월 21일)을 역임했던 인물이다. 원문의 오기('Mr. Chung Woo Cho')를 우리말로 옮기면서 '조정환'으로 바로잡았다.

2) 사무국, 행정장교 1명 및 독립 장교(정치, 법, 경제 및 재정, 정보) 2명에서 4명과 함께 사무국장이 인솔.

현장 근무 및 사무국 직원, 현재 장교 12명과 한국인 직원 25명이다.

b) 사무공간: 사무공간에 대한 요구사항은 다음과 같다.

1) 위원단 회의실(20ft×25ft) 500ft²

대표 사무실(15ft×12ft) 180ft²

2) 사무국장(15ft×12ft) 180ft²

사무국(비서 2명)(8ft×12ft) 96ft²

3) 행정장교(12ft×12ft) 144ft²

4) 독립 장교(4명)(4×12ft×12ft) 576ft²

5) 총사무국(비서 3명 및 등사 인쇄물 작업자)(12ft×12ft) 144ft²

6) 번역 인력(번역자 6명)(12ft×20ft) 240ft²

7) 보급 사무소(3명 및 문구)(12ft×20ft) 240ft²

저장실: 장비(20ft×25ft) 500ft²

식품(20ft×20ft) 400ft²

8) 무선: 문서취급소(8ft×10ft) 80ft²

무선국(8ft×20ft 160ft²

암호실(8ft×10ft) 80ft²

9) 수송: 발차 담당자(8ft×10ft) 80ft²

운전사실(8ft×12ft) 96ft²

저장실(8ft×12ft) 96ft²

작업장(20ft×20ft) 400ft²

차량 15대용 수송부

c) 숙소: 규정으로 대표단과 사무국장은 각기 방갈로 한 채를 필요로 한다. 사무국원에게는 그들의 계급에 따라 주거가 제공될 것이다. 독립 장교들은 육군 영관급 장교에 준하며 현장 근무 단원들은 위관급 장교에 준한다.

6월 4일 귀 사무실에서 있었던 회의에서 제기되었듯이, 유엔한국통일부흥위원단의 행정장교는 1952년 12월 3일까지 소급하여, 위원단이 서울로 되돌아간다면 발생할 수 있는 문제를 조사하라는 지시를 받았다. 미 제8군의 노먼 대령과 로즈 소령의 지원에 따른 상세한 검토 및 조사 후에, 위원단을 위한 가장 실용적 위치는 서대문구에 있는 대한금융조합연합회 소유의 부동산 한 구획이 될 것이라고 결정되었다. 이 부동산은 위원단에 배정된 대표들과 직원들을 위한 사무 공간과 주거시설을 제공하기에 충분한 건물로 이루어졌다. 2월 27일, 나는 만일 위원단이 그 위치를 서울로 이전할 것을 결정할 때는 이 부지가 유엔한국통일부흥위원단에 배정되어야 한다는 요청을 제출하기 위해 외무부 장관 대리 조정환 씨를 방문했다.

그 후에 외무부로부터 대신할 적합한 시설이 사용 가능해지면 이 부동산의 양도는 중단될 수 있다는 요청을 받았다.

위원단의 업무상 머지않아 서울로 이동이 필요할 수 있다는 점을 고려하여, 지역 내에 경비를 배치하는 적절한 조치가 취해질 수 있도록 위원단에 서대문구 부지를 할당하는 활동 프로그램을 제안한다.

이 할당과 교환하여, 우리가 "귀속 재산"으로 알고 있는 후암동 101번지의 부동산은 주한유엔민사원조사령부에 의해 양도 및 권리가 주장되거나 한국 정부에 반환될 수 있다. 더욱이 우리는 이전에 덕수궁박물관에서 유엔한국통일부흥위원단에 할당되었던 공간에 대한 우리의 권리를 주한유엔민사원조사령부에 양도하는 것을 호의적으로 고려할 것이다. 셰퍼드 대령에게 지적했듯이 유엔한국통일부흥위원단이 수리 및 장비에 상당한 비용을 지출했던 공간은 상태가 좋고 사무실로 거의 즉시 사용될 수 있다. 더욱이, 위원단이 중앙난방을 설치했으며 거의 또는 전혀 문제없이 사용될 수 있다.

우리는 서대문구 부동산이 위원단에 사용 가능해진 후에 유엔한국통일부흥위원단의 덕수궁박물관 양도와 교환하여 주한유엔민사원조사령부가 부지를 복구한다는 협정이 맺어져야 한다고 제안한다. 주한유엔민사원조사령부가 이 박물관 인수에 관심이 없다면 주한유엔민사원조사령부가 이 부지를 수리할 필수 건설 자재를 제공한다는 대체 협정이 고려될 수 있다.

이들 제안은 물론 아직 매우 불확실한 단계에 있으며, 우리의 과거 문제 조사에서 비롯된 것에 불과하다. 우리는 귀하가 원하는 어떠한 대체 제안에 대해서도 고려할 준비가 되어 있다.

귀하는 또한 내가 심사숙고된 어떠한 해답에 대해서도 우리 사령부의 동의를 받아야 한다는 것과, 우리 예산의 엄격한 제한을 고려하여, 서울에 있는 다른 부지의 복구의 형태로 우리가 덕수궁 박물관에 지출한 자금에 대해 최대의 보상을 얻게 해 줄 수 있을 제안을 우선시해야 함을 이해할 것이다.

진심으로.

조지 J. 매튜
사무국장

2급 비밀

1953년 7월 2일

CACG 1차 평정서
주제: 서울지역의 부동산에 대한 요구사항
발신: 한국민사원조사령부
수신: 미 제8군 사령관

1. 앞의 서한은 서울의 공간에 대해 유엔한국통일부흥위원단의 요구사항을 제시한다.

2. 대한민국 중앙정부의 상당 부분은 이미 부산에서 서울로 이동했다(이 이동은 전적으로 비밀리에 이루어졌으며 알려진 바로는 본 사령부나 지방 팀 지휘관들이 발급한 허가에 근거하지 않았다). 이 이동은 1953년 7월 말까지 완료될 것이라는 점을 인정할 수 있다.

3. 현재의 협상이 정전으로 귀결된다면 본 사령부, 유엔한국통일부흥위원단, 유엔한국재건단[68]의 본부는 각자에게 할당된 임무를 수행하기 위해 서울로 이동할 것이다.

4. 그러한 이동에 대해서는 유엔군사령부 사령관의 승인을 우선 얻어야 하기 때문에 본 사령부는 현 시점에서 서울의 공간 요건에 대한 확실한 요구를 할 수 없다. 그러나 기존 서한(한국후방관구사령부 본부, 〈서울지역의 부동산에 대한 요구사항〉, 1953년 5월 24일)에 대한 1차 평정서에 의해 본 사령부는 이동 시 서울의 부동산에 대한 예상 요구사항이 다음과 같을 것이라고 보고했다.

68 유엔한국재건단(UNKRA: United Nations Korean Reconstruction Agency)은 1950년 12월 1일 유엔총회 결의 410(V)에 의해 한국의 재건을 담당하는 기구로 설립되었다. 1951년 2월 공식 활동을 개시했으나 전쟁 기간 중 초기 활동은 민간인 긴급구호로 제한되고, 유엔군사령부 활동을 보조하는 위치에 있었다. 1953년 정전 이후 본격적으로 재건, 원조 활동을 전개하여 한국의 산업시설 복구와 생활 개선에 주력했으며, 1958년 7월 1일 활동을 종료했다.

(단위: ft^2)

사무 공간	75,000
장교 및 민간인 숙소	40,000
사병 숙소	24,000
식당	28,000
클럽	15,000
보급 및 기반시설 공간	20,000
합계	202,000

5. 1953년 4월에 본 사령부의 부사령관 찰스 E. 셰퍼드 대령이 본 사령부의 서울 이동에 관련된 문제를 조사하기 위해 서울을 방문했다. 그때는 적합한 공간이 시야에 들어오지 않았다. 덕수궁박물관과 후암동 101번지의 부동산은 사용될 수 있다면 우리의 원래 최소 요건을 제공할 수 있을 것이다.

6. 귀하의 권한이 닿는 한 귀하는 다음 조치를 취할 것이 권고된다.
   a. 유엔한국통일부흥위원단을 위해 서대문구 지역의 대한금융조합연합회 소유 부동산을 확보하라.
   b. 본 사령부를 위해 후암동 101번지에 위치한 부동산과 덕수궁박물관을 확보하라.

호머 케이스[69]
준장, 미합중국, 사령관

69 호머 케이스(Homer Case, 1894~1996)는 1953년 2월 1일~1954년 1월 3일 주한유엔민사원조사령부 및 한국민사원조사령부 사령관을 역임했다.

[📝 평정서] 한국후방관구사령부→한국민사원조사령부

2급 비밀

1953년 7월 3일

AG 601 CZGL-O(1953년 5월 24일) 2차 평정서
발신: 한국후방관구사령부
수신: 한국민사원조사령부 사령관

한국민사원조사령부[70] 부관 생어 중령과 본 사령부 군수참모부 파머리 중령의 전화 통화에 따라 미 제8군 사령관(군사우체국 301)에게 제출용으로 반환되었다.

사령관을 대신하여.

D. H. 블랙
중위, 부관부, 부관부장

70 한국민사원조사령부(KCAC: Korea Civil Assistance Command)는 1953년 7월 1일 유엔군 사령관 직속 기구로서 설립되어 전후 구호와 복구를 추구했으며, 미국의 對韓 원조를 실질적으로 집행했다. 전후 주한미군의 민사기구, 유엔 원조에 대응하는 미국의 원조기구로서 원조물자 제공을 비롯하여 광범위한 영역에서 원조사업을 전개했다. 1955년 11월 30일 활동을 종료했다.

[암호문 전문] 극동군 사령부→한국민사원조사령부

2급 비밀

1953년 7월 12일

발신: 극동군사령관
수신: 한국민사원조사령부 사령관
통지: 극동육군 본대 사령관,
한국후방관구사령부 사령관,
미 제8군 사령관,
태평양사령관 대표 합동경제위원회
인용: CX 63636

긴급도: 정상처리

참조: 한국민사원조사령부, 전문 9-7(한국민사원조부사령관/참모장), 1957년 7월 3일

1. 한국민사원조사령부는 부산에 남는다는 것이 일반 개념이다. 한국민사원조사령부 본부 인원이 본 사령부의 구체적 승인 없이 서울로 이동해서는 안 된다.

2. 정부 고문 및 귀하의 임무에 필수적인 이들과 같은 최소 인원의 서울 이동에 대해 신중하게 예상한 계획만 착수될 수 있다. 그러한 계획은 대한민국이나 기타 비 유엔기관들과 논의 없이 수립될 것이다. 귀하의 가장 빠른 계획을 요청한다.

2급 비밀

1953년 7월 18일

AG 601(1953년 6월 27일) KGL-O 2차 평정서
주제: 서울지역의 부동산에 대한 요구사항
발신: 미 제8군 사령부
수신: 한국민사원조사령부 사령관

1. 참조: 극동군 사령관, 전문 CX 63636, 1953년 7월 12일

2. 참조된 전문의 2항을 고려하여 기본에 포함된 요청에 따라 더 이상의 조치는 취해지지 않았다.

3. 본 사령부는 귀하의 필요에 적합하다고 생각되는 사용 가능한 일정한 구획의 부동산을 갖고 있다. 현재 계획이 귀 사령부의 일부 또는 전체를 서울로 이동하는 것이라면, 귀 사령부의 대표자가 이들 부동산이 귀하의 요구사항에 바람직한지 점검하고 알리기 위해 본 사령부를 방문할 것을 요청한다.

사령관을 대신하여.

데이비드 H. 아르프
대령, 부관부, 부관차장

[암호문 전문] 한국민사원조사령부→극동군사령부

2급 비밀

1953년 7월 23일

발신: 한국민사원조사령부 사령관
수신: 극동군사령부 사령관
통지: 한국후방관구사령부 사령관,
미 제8군 사령관, 극동육군 본대 사령관
인용: 75-7

긴급도: 정상처리

참조: 극동군사령부 사령관, 전문 CX 63636, 1953년 7월 12일

1. 대한민국-한국민사원조사령부 합동 활동 재개는 대한민국 정부의 서울 이동으로 인해 일시적으로 중단될 것을 예상하면서 귀하의 승인을 받기 위해 다음 계획을 제출했다.
   A. 한국민사원조사령부 본부는 상황 재검토를 결정할 때까지 현 위치에 남는다.
   B. 서울로 이동하게 될 대한민국 정부 부처 고문은 다음과 같다.
      (1) 리브: 재정(서울로 이미 출장)
      (2) 톰: 농업 및 삼림 관리
      (3) 조지: 상업 및 산업
      (4) 거스리: 사법
   C. 고문이 배정되지 않고 임무에 필요하다고 간주되는 대한민국 정부 기관과의 연락을 위해 필요해지면 주로 기술부서의 소규모 직원(10명 미만)이 서울에 배정됨.

2. 이상을 처리하기 위한 서울의 사무공간 및 숙소는 현재 사용 가능하며 이 최소 계획 시행을 위해 추가 필요 공간은 없다.

3. 베넷[71] 씨는 이상에 동의한다. 끝.

네드 생어
부관부, 중령

찰스 E. 셰퍼드
대령, 포병, 민사원조부사령관/참모장

71 잭 베넷(Jack Bennett)은 1953년 7월 당시 한미합동경제위원회 유엔군사령부 대표였다.

참모협조전	보안 등급 (해당 시) *2급비밀 보안정보*

문서번호	주제 서울지역 공간 요구사항

수신 사령관 **발신** 행정과장 **날짜** 1953년 7월 25일 **의견 제1호**

다음은 서울지역의 부동산 공간에 대해 한국민사원조사령부의 공간 요구사항과 유엔한국재건단 및 유엔한국통일부흥위원단 양 측에서 보고한 요구사항이다.

a. 한국민사원조사령부

(단위: ft^2)

사무 공간	75,000
장교 및 민간인 숙소	40,000
사병 숙소	24,000
식당	28,000
클럽	15,000
보급 및 기반시설 공간	20,000

b. 유엔한국재건단

(단위: ft^2)

일정한 가족용 설비를 갖춘, 편의시설을 포함한 주거	160,000
편의시설을 포함한 사무 공간	130,000
수송부, 사무 공간, 관리 작업장 및 기타	10,000
주차 시설	45,000

c. 유엔한국통일부흥위원단

(단위: ft^2)

위원단 회의실	500
대표 사무실	180
사무국장	180
사무국(비서 2명)	96
행정장교	144
독립 장교(4명)	576
총사무국(비서 3명 및 등사 인쇄물 작업자)	144
번역 인력(번역자 6명)	240
보급 사무소(3명 및 문구)	740
식품	400

참모협조전	보안 등급 (해당 시) *2급비밀 보안정보*
문서번호	주제 서울지역 공간 요구사항

(단위: ft^2)

무선	문서취급소	80
	무선국	160
	암호실	80
수송	발차 담당자	80
	운전기사실	96
	저장실	96
	작업장	400
차량 15대용 수송부		

숙소: 규정상 대표단과 사무국장은 각기 방갈로 한 채를 필요로 한다. 사무국원에게는 그들의 계급에 따라 주거가 제공될 것이다. 독립 장교들은 육군 영관급 장교에 준하며 현장 근무 단원들은 위관급 장교에 준한다.

카스틸

첨부문서 72

용산

	SR	한국민사원조사령부	유엔한국재건단	유엔한국통일부흥위원단
Pop	60	300	350	30
사무실	20	110	130	5
숙소	15	60	80	5
사병	-	25	-	-
식당	2	30	15	2
클럽	-	15	15	-
보급	-	20	20	-
Total op	37	260	260	12
차량(수송부)	10	105	170	15

72 해당 문서는 앞의 참모협조전에 부속된 수기자료로서, 수치의 단위가 명시되어 있지 않아 구체적인 의미를 파악하기 어렵다.

2급 비밀

1953년 7월 28일

발신: 미 제8군
수신: 극동육군 본대 사령관
통지: 유엔군 사령관, 극동해군 사령관, 극동공군 사령관, 한국민사지원사령부 사령관, 극동육군 전방 사령관, 한국후방관구사령부 사령관
인용: GX 7524 KGL
주제: 서울에서 미 제8군이 퇴거한 부동산으로 미국-유엔 기관들의 이동

이 전문은 여섯 부분으로 되어 있다.

I

참조
a. 유엔군 사령관이 극동육군 사령관에게 보낸 문서 63864
b. 극동육군 사령관, EX 20723
c. 극동육군 사령관, EX 20294
d. 미 제8군 GX 6683
e. 유엔군 사령관, 63636

II

참조 a 및 b에 따라 회의가 개최되었다. 미국-유엔 군사 또는 민간 기관들의 향후 서울 이동 요청을 처리하기 위해 상시 미 제8군-한국민사원조사령부 자문위원회가 참조 c 중 4b항의 지시대로 구성되었으며, 이의가 있는 경우 승인을 받았다면 극동육군을 통해 합의된 권고 사항을 유엔군 사령관에게 전송하고, 결정을 위해 사실과 권고 사항을 극동육군을 통해 유엔군 사령관에게 전송하도록 한다. 미 제8군이 위원회 의장을 맡는다.

III

당면한 문제: 7월 및 8월에 미 제8군이 퇴거할 부동산의 양도
a. 유엔군 사령관 정책에 따라, 회의 참석자들은 미 제8군이 8007군부대 및 8240군부대에 재할당된 의과대학 및 덕성여중을 제외하고 참조(정부 소재지)에 기재된 모든 부동산에

73 원문에는 동일한 내용의 암호문 전문이 함께 편철되어 있다.

대해 미 제8군 사령관이 권고한 날짜에 양도하기로 동의했다. 서울산업주식회사와 중구 경기장 및 운동장[74]도 양도된다.

Ⅳ

참조 e에서 지시된 대로, 다음 사실이 회의에서 논의되었다.

a. 앞으로 30일 동안 태평양사령관 직무대행, 유엔한국재건단, 한국민사원조사령부의 공간 수요는 그들 자체의 자원으로 충족시킬 수 있다는 것이 한국민사지원사령부 사령관의 입장이다. 그러나 대통령이 발표한 강화된 재건 프로그램의 요건은 조속한 시일 내에 이 3개 사령부 대부분이 대한민국 정부 소재지로 이동할 것을 요한다. 사령부는 태평양사령관 직무대행이 강화된 재건 프로그램에 대한 상세한 정보를 얻는 대로 유엔한국재건단 및 한국민사원조사령부 전용 사무실의 상세 요건을 유엔군 사령관에게 제공할 것을 제안한다.

b. 한국민사원조사령부·유엔한국재건단·한국경제특별사절단실의 최종 이동에 대한 태평양사령관 직무대행 요건을 충족시킬 수 있는 주거 및 숙소 제공의 장기적 문제는 한국민사원조사령부가 검토하여 위의 Ⅱ에서 설치된 기관을 통해 유엔군 사령관 승인을 위해 제출될 것이다. 서울대학교에 대한 대한민국 정부의 요청을 고려 중인 한국민사원조사령부 사령관은 다른 가능성 중에서 미 제8군의 그 장소를 제시한다.

c. 대한민국 정부의 귀환 결과로서, 미 제8군의 군사적 임무, 포로와 피난민의 이동에 따르는 수송 문제, 사무 공간 및 숙소의 부족과 서울의 전반적 과밀화로 인해 1단계(정전 이후 기간) 동안 한국경제특별사절단실, 한국민사원조사령부, 유엔한국재건단의 전반적인 서울 이동이 아마도 방해받을 것이다.

Ⅴ

미 제8군 사령부의 현재 서울대학교 장소를 제외한 모든 부동산의 예정된 양도에 대해 대한민국에 발표될 것이다. 후자는 위 4b에서 한국민사원조사령부가 검토하는 동안 양도에 대해 발표되지 않을 것이다. 8월 20일 용산의 사령부 마감 이후 미 제8군의 경비 요건을 제거하기 위해 서울대학교 보유에 대해 조기 정책 결정이 필요하다.

Ⅵ

미 제8군은 대한민국 교육체계 회복을 위한 유엔군사령부 정책을 촉진하기 위한 부동산 반환에 대해 적절한 보도 자료를 작성할 것이다.

---

74 원문은 'Chung Ku Stadium and grounds'로 기재되어 있는데, 이는 서울운동장을 가리킨다.

2급 비밀

미 극동육군 사령부

1953년 7월 30일

문서번호: AG 370.5 GA-L
주제: 미국-유엔 기관들의 서울로의 이동
수신: 유엔군 사령관

1. 참조: 미 제8군, 전문 GX 7524, 1953년 7월 29일.

2. 본 사령부는 참조된 전문 두 번째 부분에서 설명한 대로 결론에 도달하는 데 따르게 될 절차는 물론, 미 제8군-한국민사원조사령부 자문위원회 성립에 동의한다.

3. 본 사령부는 현재 미 제8군이 사용하는 서울대학교의 그 일부(법대 및 공대)에 대한 조기 방침 결정에 동의한다. 그러나, 정치 및 군사적 상황이 더욱 안정될 때까지 한국민사원조사령부와 기타 대부분 민간 기관의 서울 이동을 권할 만하다고는 생각되지 않는다.

4. 한국민사원조사령부 및 그 관계 기관들을 위해 주거를 제공하는 장기적 과제에 대해, 본 사령부는 현지 노동 고용은 물론 한국 재건 자금의 사용을 권고한다.

사령관을 대신하여.

로버트 I. 렘스나이더
대위, 부관부, 부관부장

[암호문 전문] 극동군 사령부→한국민사원조사령부

2급 비밀

1953년 8월 1일

발신: 극동군 사령관
수신: 한국민사원조사령부,
극동육군 본대 사령관,
한국후방관구사령부 사령관,
미 제8군 사령관,
한국태평양사령관 직무대행
인용: CX 64170

긴급도: 정상처리

참조: 한국민사원조사령부, 전문 75-7, 1953년 7월 23일

귀하의 전문 첫 문단에 서술된 계획은 요청한 숙소 및 사무 공간이 귀하의 보유 자산 범위 내에 있어야 한다는 조건으로 승인되었다.

승인받은 이동이 완료되면 본 사령부에 통지하라.

[📝 일반 서한] 유엔한국재건단→한국민사원조사령부

유엔한국재건단 사령부

한국, 부산
1953년 8월 1일

수신: 한국민사원조사령부 사령관
주제: 유엔한국재건단 인원의 서울 이동

참조: FAS/jm/Nr. 8965

유엔한국재건단 담당 부참모장 존 버크 대령에게

운영상 이유에 따라 다음 부서의 영구적인 서울 이동을 최대한 빨리 허가해 주기를 요청한다.

- 농촌지원사무국
- 자연자원부
- 보고 및 통계부

관계자 수는 다음과 같다.

- 국제 단원 50명
- 한국 단원 30명

서울 유엔한국재건단은 위에 언급된 인원에 대비할 충분한 주거 및 사무실 시설을 보유하고 있다.

진심으로.

찰스 W. 제퍼스
운영 책임자

유엔한국재건단 사령부

한국, 부산
1953년 8월 4일

수신: 한국민사원조사령부 사령관
주제: 유엔한국재건단 인원의 서울 이동

참조: FAS/jm/Nr. 9139

유엔한국재건단 담당 부참모장 존 버크 대령에게

운영상 이유에 따라, 다음 인원의 영구적인 서울 이동을 최대한 빨리 허가해 주기를 요청한다.

- 국제 단원 50명
- 한국 단원 30명

서울 유엔한국재건단은 이들 전체 인원에 대한 충분한 주거 및 사무실 시설을 보유하고 있다.

진심으로.

찰스 W. 제퍼스
운영 책임자

[암호문 전문] 한국민사원조사령부→극동군 사령부

평문

1953년 8월 6일

발신: 한국민사원조사령부 사령관
수신: 극동군 사령관
인용: 23-8 CAAS-A

긴급도: 정상처리

이 전문은 두 부분으로 되어 있다.

1. 본 사령부는 유엔한국재건단 운영 책임자로부터 유엔한국재건단 단원 50명의 영구적 서울 이동을 요청하는 공식 통신문을 받았다. 유엔한국재건단은 서울에서 이 사람들을 위한 충분한 주거 및 사무실 시설을 보유하고 있으며 머지않아 단계적으로 이동할 것이라고 명시하였다.

2. 이에 대해 제한된 이동만을 승인할 것을 권고한다.

중위 윌리엄 로저스
부관부, 부관 부장

네드 생어
중령

3급 기밀

민사원조사령부 본부

1953년 8월 7일

수신: 네드 생어 중령, 부관
주제: 서울로의 이동

1. 8월 11일에 본인[프라야드 부라나시리-역자 주]과 본인의 현지 직원, 본인 사무실의 서울 이동에 대한 승인을 요청한다.
   a. 본인과 현지 직원에 대한 여행 명령: 김종석 씨(기술 보조, 유엔한국재건단 파견), 이덕희 양(타이피스트, 유엔한국재건단 파견), 강순자 양(행정 조수, 한국민사원조사령부).
   b. 사무실 장비 및 물품 수송(철도)[목록 첨부]: 이 점에 대하여 유엔한국재건단이 포장을 하고 부산역까지 수송을 제공하기로 동의했다.

2. 서울시 팀 지휘관 톰슨 대령에게 한국민사원조사령부 본부, 한국은행 및 한국민사원조사령부 본부와 소통이 이루어지고 사무실 물품 및 기타 필요한 설비를 얻게 될 서울시 팀에 관한 본인의 공식 입장을 알려주면 감사하겠다.

3. 서울의 한국은행 고문 사무소에 한국민사원조사령부 본부, 서울시 팀, 기타 고문들 등과 소통하기 위한 군용 전화(장거리 전화용 시설 포함) 설치를 요청한다.

4. 숙소는 유엔한국재건단이 제공할 것이다. 서울에서 통상적인 수송 또한 유엔한국재건단이 제공할 것이다.

프라야드 부라나시리[75]

75 프라야드 부라나시리(Prayad Buranasiri, 1910~1970)는 태국 재무부 관료로 유엔한국재건단, 한국민사원조사령부에서 활동했으며 한국은행 고문, 합동경제위원회 미국 측 재정분과위원회 위원을 역임했다.

* 배포

- *CAAS*　　　　　　*2*
- *정리 보관*　　　　*2*
- *유엔한국재건단*　*1*

첨부 문서 〈사무실 장비 및 물품 목록〉[76]

보관철, 나무	1
보관철, 금속	3
책상, 타이핑	2
의자, 타이핑	2
책상, 간부	2
타자기	2
선풍기, 전기	2
책상 전등	2
보관철 및 문서, 물품 등	8상자
수화물	12개

76 해당 목록은 수기로 작성되어 있다.

2급 비밀

유엔군사령부 본부

1953년 8월 8일

문서번호: AGJ 370.5(1953년 8월 8일) EJ/B
주제: 미국-유엔 기관의 서울로의 이동
수신: 미 극동육군 사령관,
한국민사원조사령부 사령관

1. 참조
   a. 극동육군 사령부, 서한 〈미국-유엔 기관들의 서울로의 이동〉, AG 370.5 GA-L, 1953년 7월 30일(한국민사원조사령부 사령관을 위한 사본은 첨부문서 참조).
   b. 미 제8군 사령관, 전문 GX 7525, 1953년 7월 29일.

2. 참조 1b의 2번에서 설명한 대로, 미 제8군-한국민사원조사령부 자문위원회 설립과 극동육군 사령관을 통해 유엔군 사령관에 권고안을 제출하는 절차가 승인되었다.

3. 현재 미 제8군이 사용하는 서울대학교의 일부(법대 및 공대)는 미 제8군이 더 이상 필요하지 않게 되면 바로 대한민국 정부에 양도 및 반환될 것이다.

테일러[77] 장군의 명령에 의하여.

H. H. 와일드
대령, 부관부, 부관

첨부문서 1건

- 본문에 명시된 바와 같음.

77 맥스웰 D. 테일러(Maxwell Davenport Taylor, 1901~1987)는 1953년 2월~1955년 4월 주한 미 제8군 사령관을 역임했다.

[암호문 전문] 극동군 사령부→한국민사원조사령부

대외비

1953년 8월 8일

발신: 극동군 사령관
수신: 한국민사원조사령부 사령관
인용: C 64298

긴급도: 정상처리

기획 및 정책참모부 발신 참조

A. 미 제8군, 전문 GX 7524, 1953년 7월 28일

B. 한국민사원조사령부, 전문 23-8 CAAS-A, 1953년 8월 6일

참조 A의 두 번째 부분에 제시된 극동육군 사령관을 통한 미 제8군-한국민사원조사령부 자문위원회 설치 및 유엔군 사령관에 대한 권고 절차는 귀하에게 우편으로 보낸 유엔군 사령부, 서한 〈미국-유엔 기관들의 서울로의 이동〉, AGJ 370.5, 1953년 8월 8일에서 승인되었다.

참조 B의 요청을 미 제8군-한국민사원조사령부 자문위원회에 보낸다.

3급 비밀

1953년 8월 8일

발신: 한국민사원조사령부 사령관
긴급도: 정상처리
수신: 극동군 사령관 기획 및 정책참모부
참조: 미 제8군 사령관, 극동육군 사령관
인용: 35-8

1. 한국민사원조사령부 서울시 팀 지휘관이 제5공군이 신규 미 제8군 지역에 바로 인접한 용산의 사무실 및 주거 지역 공사 계약을 해지할 계획이라는 비공식 정보를 받았다고 알렸다. 게다가 팀 지휘관은 대한민국 육군이 전방 서울사령부용 시설을 요청하여 이 목적용으로 제5공군이 떠난 지역 할당을 고려 중이라고 말했다.

2. 7월 30일 베넷 씨가 유엔한국재건단의 제퍼스와 한국민사원조사령부의 케이스와 함께 이 지역을 점검했으며, 셋은 이곳에 대해 즉각적이고 효율적인 타스카 계획[78]의 시행에 필수적이고, 차질 없이 세 사무소가 서울에서 대한민국 계획자들과 함께 하나의 지역에서 함께 일하도록 할 가능성이 있는 유일한 장소라는 데 합의했다.

3. 이 지역 할당은 새로운 합동경제위원회 대표가 도착하여 그의 사무소, 유엔한국재건단 및 한국민사원조사령부의 조직 및 사업소에 대한 그의 권고를 제출할 때까지 연기할 것을 제안한다.

네드 생어
중령, 부관

찰스 E. 셰퍼드
대령, 민사원조부사령관/참모장

---

78 〈타스카 보고서(TASCA Report)〉에서 제시된 계획을 가리킨다. 미국은 휴전 후의 상황 변화에 따른 대한원조 정책을 결정하기 위해 한국 상황에 대한 사전조사의 필요성에서 1953년 4월 17일 타스카(Henry J. Tasca)를 단장으로 하는 사절단을 한국에 파견했다. 타스카 사절단은 2개월에 걸친 한국 조사 활동과 한국정부 및 유엔군사령부 측에서 제공한 한국의 경제·군사 상황에 대한 자료를 바탕으로 1953년 6월 '한국 경제 강화'라는 제목의 이른바 〈타스카 보고서〉를 완성했다. 〈타스카 보고서〉는 구호·재건·방위 지원이라는 통합된 원조 프로그램의 필요성과 이에 따른 원조 기구의 조정을 제시하였다(이현진, 〈타스카 사절단의 방한과 그 보고서의 성격〉, 《역사와 현실》 49, 2003).

참모협조전[79]	보안 등급 (해당 시) *2급비밀 보안정보*

문서번호 KEN-C	주제 한국민사원조사령부 본부의 서울 이전		
수신 서울시 팀 지휘관	발신 한국민사원조사령부 사령관	날짜	의견 제1호

1. 첨부된 문서는 본 사령부의 서울지역으로의 이전에 관해 본 사령부에서 입수 가능한 모든 통신문 사본이다.

2. 용산 지역의 건물 수리는 제5공군이 단념했지만, 미 제8군에 의해 계속된다고 파악된다. 이 사안은 귀하가 미 제8군-한국민사원조사령부 자문위원회의 위원으로서, 이 프로젝트에서 모든 건물 등이 본 사령부의 사용을 위해 양도되어야 한다는 권고(최소한 한국민사원조사령부에 관해서는)에 대해 관심을 가져야 한다고 생각된다.

3. 본 사령부가 에이커acre로 잰 면적, 건물 공간, 난방 및 위생 시설을 포함하여 대상이 되는 부동산의 설명을 제공받기를 바란다.

케이스

---

79 본 문서의 원문은 참모협조전의 양식틀 없이 텍스트로만 작성되어 있으나, 가시성을 높이기 위해 참모협조전 양식틀에 맞추어 편집하였다

2급 비밀

제5공군 사령부

1953년 8월 11일

문서번호: IOI-S 601
주제: 제5공군에 의한 대구 및 서울의 부동산 양도(평문)
수신: 한국후방관구사령부 사령관

1. 참조: 제5공군 사령부, 서한 〈부동산에 대한 요청, 오산비행장 지역 K〉, IOI-S 601, 1953년 8월 2일

2. 오산비행장의 신규 제5공군 사령부 완공에 따라, 첨부문서에 기재된 부동산은 대한민국에 반환될 수 있다. 이는 전적으로 오산비행장의 J, K, L 지역의 신속한 취득을 조건으로 한다.

3. 오산비행장의 요청 지역에 대한 확실한 취득 일자가 귀 사령부에 의해 주어질 때까지 기재된 부동산 양도의 잠정 일자는 정할 수 없다.

사령관을 대신하여.

C. H, 메이스트릭
소위, 미 공군, 부관부장

첨부문서 1건

〈대한민국으로 양도될 부동산 목록〉

* 참조: *한국병참기지관구 사령관(첨부문서 포함)*
미 제8군 사령관(첨부문서 포함)

첨부문서 〈대한민국으로 양도될 부동산 목록〉

2급 비밀

한국 대구시 및 서울시의 제5공군 부동산의 양도에 관한 정보

1. 대구

a. 1954년 1월 1일경 양도될 부동산

지역	좌표	명칭	사용 부대	부동산 처리 번호
A	DQ 642680	대구상업학교	제5공군 사령부	15 TMP
B	DQ 628686	장로교미션스쿨	제5공군 선임장교숙소	10 TMP
C	DQ 644675	경북중학교	제6151공군기지비행대대	25 TMP
E(고지대)	DQ 627687	장로교미션스쿨	제7통신비행대대	
E(저지대)	DQ 688624	장로교미션스쿨	제7통신비행대대	8 TMP
F	DQ 644687	대구여중	제6151공군기지비행대대(수송부)	107 TMP
K	DQ 620702	달서초등학교	제417공병항공단 사령부	94 TMP

b. 양도되지 않는 것

D	DQ 638680	상업학교	제1974항로및공중통신근무대	136 TMP

c. 이 시기에 양도 계획 미완료

G	DQ 649665	방덕동[80]	제1무선중계비행대대	137 TMP
H	DQ 638673		제2무선중계비행대대 "마르스"(Mars)	188 TMP
J	DQ 595675	내당동	제6004항공정보근무대대 제2파견대	183 TMP
L	DQ 621607	오동	제2무선중계비행대대 "플루토"(Pluto)	110 TMP
M	DQ 538910	유혹산[81]	제2무선중계비행대대 "베를린"(Berlin)	195 TMP

80 원문에는 'Pangdok Tong'으로 표기되어 있다.
81 원문에는 'Yuhok San Mt'으로 표기되어 있다.

2. 서울

a. 1954년 1월 1일경 양도될 부동산

지역	좌표	명칭	사용 부대	부동산 처리 번호
A	CS 235601	서울대학교	제5공군 사령부	5 SCC
B	CS 240590	서울대학교 사범대학	제502전술통제단	505 SCC
C	CS 242580	주택 2곳	장군 숙소	437 SCC
D	CS 236596	정신여중	제6154공군기지단 보급	356 SCC
			제748공군음악대	
F	CS 278608	고려대학교	제5통신단	133 SCC
	CS 234599	우체국	제6154공군기지단 노동사무소	17 SCC
	CS 236603	소방서	제1호 소방서	3 SCC
	CS 243589	소방서	제2호 소방서	4 SCC
	CS 210550	용산	제5공군	526X SCC
				526Y SCC
				526A2 SCC
				526A3 SCC

b. 서울 기타 지역의 양도 일자는 이 시기에 유효하지 않음.

[암호문 전문] 한국민사원조사령부→극동육군 사령부

2급 비밀

1953년 8월 13일

발신: 한국민사원조사령부 사령관
긴급도: 정상처리
수신: 극동육군 사령관
통지: 극동육군 본대 사령관, 한국후방관구사령부 사령관, 미 제8군 사령관
인용: 68-8 CAAS-A

참조: 극동군 사령부, 전문 CX 64170, 1953년 8월 1일 및 한국민사원조사령부, 전문 75-7, 1953년 7월 23일

1953년 8월 13일 고문들만 서울로 이동을 완료했다. 다른 인원은 현재 이동하지 않았다.

네드 생어
중령, 부관부 부관

윌리엄 G. 로저스
중위, 부관부

[암호문 전문] 한국민사원조사령부→제8군 사령부

2급 비밀

1953년 8월 16일

발신: 한국민사원조사령부 사령관
긴급도: 우선처리
수신: 미 제8군 사령관
통지: 극동군 사령부 기획 및 정책참모부, 극동육군 사령관, 미 제8군(한국민사원조사령부 서울시 팀에 전달)
인용: 83-8 CAAS-A

참조

A: 유엔군 사령부 본부, 서한 〈미국-유엔 기관의 서울로의 이동〉, 1953년 8월 8일

B: 한국민사원조사령부, 전문 35-8, 1953년 8월 8일

1. 본 사령부는 이전에 제5공군에 배정되었던 용산 사무실 및 주거 지역이 현재 미 제8군으로 이전된 것과 미 제8군이 군 재건 계약을 유지했다는 것을 공식적으로 통지했다.

2. 참조 A의 조항에 따라 이 전체 지역이 한국민사원조사령부 본부의 사용과 경제조정관의 서울 사무실 일부 또는 전체 및 유엔한국재건단에 대해 사무실과 주거용으로 한국민사원조사령부에 배정될 것을 요청한다. 경제조정관실의 보드[82]와 유엔한국재건단의 제퍼스[83]는 자기들의 사무실 용으로 이 지역의 사용에 대한 요구가 있다고 동의하지만 그들의 수장인 우드[84]와 콜터[85]에게 각자 상세하게 생각을 밝힐 수는 없다. 현재 부산 단지에 위치한 본

82 칼 보드(Karl Franz Bode)는 스탠포드대학교 경제학 교수로 유엔사령부 경제조정관실 경제 및 재정 고문이었다.

83 찰스 제퍼스(Charles W. Jeffers)는 유엔한국재건단 단원이었다.

84 타일러 우드(Clinton Tyler Wood, 1900~1983)는 진주만 공습 이후 미 육군에서 근무하기 시작했으며, 전후 미 국무부에 근무하며 마샬 플랜에 참가했고 미국의 대외 업무 분야에서 활동했다. 1953년 8월~1956년 5월에는 유엔사령부 경제조정관실 경제조정관을 역임했다.

85 존 콜터(John Breitling Coulter, 1891~1983)는 1948년 주한 미 제7보병사단장, 1951년 2~9월 주한 미 제8군 부사령관, 1951년 5~9월 유엔한국통일부흥위원단 연락장교로 복무했다. 1952년 1월 퇴역 후 1953년

사령부 및 유엔한국재건단의 인원에게는 지금 기존 또는 지금 용산 공군 지역에서 수리 중인 모든 사무실 및 숙소가 필요할 것으로 판단된다.

3. 이 요청은 우드의 정책 지침 및 극동군 사령관의 승인을 기다려야 하는 한국민사원조사령부의 서울로의 조기 이동을 예상하지 않는다. 끝.

네드 생어
중령, 부관부, 부관

찰스 E. 셰퍼드
대령, 민사원조부사령관/참모장

5월부터 1958년까지 유엔한국재건단 단장을 역임했다.

2급 비밀

미 제8군 사령부

1953년 8월 31일

문서번호: AG 370.5 KGL-C
주제: 미국-유엔 기관의 서울로의 이동
수신: 한국민사원조사령부 사령관

1. 참조
   a. 미 제8군 사령부, 전문 GX 7524, 1953년 7월 29일
   b. 유엔군 사령부 본부, 서한 〈미국-원조 기관의 서울로의 이동〉, 1953년 8월 8일

2. 1953년 7월 26일, 위 참조 1b에 의해 설립된 공동위원회에 대해 미 제8군 군수참모부가 본 사령부를 대표하며, 한국민사원조사령부 서울팀의 지휘관이 귀 사령부를 대표한다는 위 주제에 대해 본 사령부의 회의에서 구두로 합의되었다.

3. 이는 미 제8군의 대표로서 군수참모부 임명을 승인한다.

4. 해당 위원회의 첫 번째 회의에서 다른 요청과 함께 귀하의 요구사항이 고려될 수 있도록 귀측의 임명된 자의 승인 및 귀 사령부와 부수적 활동을 위해 검토한 장소 요건 제출을 요청한다.

사령관을 대신하여.

데이비드 H. 아르프
대령, 부관부, 부관차장

2급 비밀

1953년 9월 5일

CAAS-A 370.5(1953년 8월 31일) 1차 평정서
주제: 미국-유엔 기관의 서울로의 이동
발신: 한국민사원조사령부 본부
수신: 미 제8군 사령관

1. 이는 서울시 팀 지휘관 N. L. 톰슨 대령을 본 사령부의 대표로서 임명함을 승인한다.

2. 본 사령부와 부수적 활동에 대해 검토된 공간 요건은 공식적으로 별도의 서한으로 제출되었다. 경제조정관과 본 사령부 대표 간 서울에서의 협의가 비공식적으로 이를 제출할 것이다.

사령관을 대신하여.

알렌 W. 존슨
중위, 부관부, 부관부장

[평문 전문] 한국민사원조사령부→유엔군 사령부

2급 비밀

1953년 11월 10일

발신: 한국민사원조사령부 사령관
수신: 유엔군 사령관
배포: 태평양사령관 직무대행, 미 제8군 사령관, 제5공군 본대 사령관
인용: 33-1 CAAJ

유엔군 사령부, 전문 CX 63636, 1953년 7월 12일에서는 어떠한 인원이라도, 본 사령부가 귀 사령부의 구체적 승인 없이 서울로 이동해서는 안된다고 지시했다. 현재 서울에서 사무실 및 숙소는 한국민사원조사령부 운영에 필수적인 소수의 개인에게 사용 가능하다. 장소가 사용 가능해지는 대로 그러한 인원을 서울로 이전시키도록 승인을 요청한다.

네드 생어
중령, 부관부, 부관

[📠 평문 전문] 한국후방관구사령부→미 제8군 사령부, 한국민사원조사령부 [86]

3급 비밀

1953년 11월 22일

발신: 한국후방관구사령부 사령관
수신: 미 제8군 사령관, 한국민사원조사령부 사령관
배포: 한국병참기지관구 사령관, 제24보병사단 사령관
인용: AX 77374 CZGL-O

이 전문은 세 부분으로 되어 있다.

1. 참조: 미 제8군, 전문 GX 10258.

2. 제24사단은 현재 이전의 포로사령부 및 한국민사원조사령부 시설에 자리 잡았다. 사단 사령부에 인접한 미국이 건설한 추가 시설이 사단에 할당되었다. 한국민사원조사령부의 양도에 따라 기타 목적 용도로 한국민사원조사령부 시설 활용이 보장되었다.

3. 한국민사원조사령부에 대해, 한국민사원조사령부가 계획한 시설 양도 일자에 대한 정보를 요청한다.

네드 생어
중령, 부관부, 부관

찰스 E. 셰퍼드
대령, 포병, 민사원조부사령관

86 원본 자료에는 동일한 내용의 암호문 전문이 함께 수록되어 있다.

[암호문 전문] 한국민사원조사령부→한국후방관구사령부, 제8군 사령부

3급 비밀

발신: 한국민사원조사령부 사령관
수신: 한국후방관구사령부 사령관,
미 제8군 사령관
통지: 한국병참기지관구 사령관(우편),
제24보병사단 사령관(우편)
인용: 125-11 CASV-S

긴급도: 정상처리

참조: 한국후방관구사령부, 전문 AX 77374, 1953년 11월 22일.

서울의 시설 부족으로 인해 한국민사원조사령부가 계획한 건물 양도 일자는 없다.

알렌 W. 존슨
중위, 부관부, 부관부장

존 액스미스
대위, 정보

[평문 전문] 한국민사원조사령부→유엔군 사령부

3급 비밀

발신 전문

수신: 유엔군 사령관
발신: 한국민사원조사령부 사령관
배포: 극동육군 사령관, 미 제8군 사령관,
한국후방관구사령부 사령관,
태평양사령관 직무대행
인용: 131-12 CADC

긴급도: 정상처리

참조: 유엔군 사령부, 전문 CX 66377.

가능한 장소에 대하여 합동으로 점검하는 동안 있었던 본 사령부와 미 제8군 참모들 간 회의에서 서울의 시설 요건이 제출되었다. 귀하는 미 제8군 사령부, 전문 HX 35558 KGL-O에 주의하라. 서울대학교 사범대학이 한국민사원조사령부 본부에 적합하다고 생각된다.

네드 생어
중령, 부관부, 부관

찰스 E. 셰퍼드
대령, 포병, 민사원조부사령관

[암호문 전문] 유엔군 사령부→태평양사령부, 한국민사원조사령부

3급 비밀

1953년 12월 29일

발신: 유엔군 사령관
수신: 태평양사령관 직무대행, 한국민사원조사령부 사령관
통지: 미 제8군 본대 사령관, 한국후방관구사령부 사령관, 미 제8군 사령관
인용: CX 66607

참조: 유엔군 사령관, 전문 CX 66377(기획 및 정책참모부 발신).

한국민사원조사령부 본부가 서울로 실행 가능한 가장 이른 날짜에 서울로 이동할 것과 유엔군사령부 경제조정관이 서울에서 임시 SAT 기관[87]이 될 것을 지시했다. 참조 전문에 따라 1월 2일 이전에 귀하가 극동육군에 제출한 요구사항을 사령부에 통지하라.

87 원문에는 "PROV SAT FAC"으로 되어 있다.

6·25전쟁 이후 주한미군 재배치 작전 보고서

주한 미 제8군 재배치 작전보고서

(REPORT OF EIGHTH UNITED ARMY ROLL-UP OPERATIONS IN KOREA)

출처: RG 550 Records of United States Army, Pacific ; Record Group)(Records of HQ, US Army, Pacific, Military History Office, Classified Organizational History Files ; Series

참모협조전		보안 등급 (해당 시) *2급비밀*
문서번호	**주제 주한 미 제8군 재배치Roll-up[88] 작전 보고서(U)**	

수신 군사실 　**발신** 작전참모부 　**날짜** 1956년 4월 3일 　**의견 제1호**

중령 로저스

1. 본 사령부는 주제 보고서 2부를 수령했다. 인사참모부, 정보참모부, 민사참모부 및 감사관은 의견이 없었다. 2부 중 두 번째 사본은 군수참모부에서 여전히 검토를 진행 중이다. 군수참모부의 의견을 수령하면, 이는 기본 보고서의 수령자는 물론 귀 사무실에도 전달된다. 보고서 두 번째 사본은 작전참모부 문서철로 정리 보관될 것이다.

2. 비밀 첨부에서 분리되면 평문으로 등급을 다시 매기시오.

첨부: 보고서 1부.

R. J. 버처스
준장, 일반참모, 작전참모

---

88 'roll-up'은 사전적으로 "작전 지원에 필요하지 않은 시설을 질서정연하게 철거하여 다른 지역으로 이전하는 절차"(U.S. Department of Defense, *THE DICTIONARY OF MILITARY TERMS*, 2009, p.475)를 뜻하며, 국내 연구 및 번역에서는 '재집결', '철거', '철수', '해체' 등으로 표기된 바 있다. 이 글에서는 'roll-up' 과정의 성격을 잘 드러낸다고 여겨지는 '재배치'를 해당 번역어로 선택하여 우리말로 옮겼다.

주한 미 제8군 재배치 작전 보고서

3급 비밀

미 제8군 전방사령부 참모부

보고서 목차

1. 기관
2. 참고 문헌
3. 목적과 범위
4. 형식
5. 배경
6. 계획의 발전
7. 재배치 작전의 기본 구상
8. 재배치 최종기간 동안 상세한 계획 수립
9. 중요 조치 요약
10. 대한민국 국군에 대한 군수 지원
11. 대한민국 육군에 대한 보급 시설 양도
12. 대한민국 근무부대의 훈련
13. 여러 주한 기관에 대한 군수 지원
14. 기타 미군에 대한 군수 지원
15. 전방 미 제8군으로 한국후방관구사령부 책임의 이전
16. 보급품과 장비의 반납
17. 보급품과 장비의 재배치(2종 및 4종)
18. 통제 전투물자에 대한 보고
19. 탄약 운영
20. 유류 운영
21. 대한군사원조계획
22. 재정착 계획: 1954년 3월 15일~12월 31일
23. 보급품과 장비의 재생
24. 애스컴시티 보급창 건설
25. 통신시설의 양도
26. 부동산의 양도
27. 인력
28. 한국노무단
29. 1955년 6월 30일 이후의 작전
30. 전방 미 제8군 참모부의 작전
31. 작전 분석
32. 결론
33. 권고

1. 기관

이 보고서는 미 제8군 전방사령부의 참모부가 준비하여 미 극동육군 및 8군 사령부, 〈재배치 작전 검토〉, AG 400 GC-OT, 1955년 5월 4일에 따라 제출된 것이다.

2. 참고 문헌

a. 〈극동군 사령부의 군수 재조정에 대한 육군부 계획(극동군 사령부 재배치)〉, 1954년 6월 3일

b. 〈극동육군 작전계획 5-54〉, 1954년 6월 8일(1954년 9월 14일 개정)의 부록 I(군수)

c. 미 제8군 전방 사령부, 〈재배치 활동과 한국에 있는 미국 및 유엔 잔류부대에 대한 병참 지원에 대한 관리 계획〉, 1955년 3월 14일

d. 미 제8군 전방 사령부, 〈회람문서 제4호(여러 주한 기관에 대한 군수 지원)〉, 1955년 2월 2일(각 기관에 대한 지원의 유형과 범위에 대한 세부 개요)

3. 목적과 범위

이 보고서는 재배치 개시(1954년 초)부터 한국후방관구사령부의 단계적 철수(1955년 6월)까지, 미 제8군의 작전 활동을 설명하고 계획의 준비를 강조하며, 당면했던 문제와 어떻게 문제를 해결했는지 기록하고 학습한 교훈을 기록하며, 작전 자료를 기록하는 것 및 향후 재배치 작전에 적절한 지침을 제공하고자 얻어낸 결론과 권고를 제시하는 목적을 지닌다. 이 보고서는 미 제8군 및 이후 전방 미 제8군이 직접 참여했던 재배치 작전 상황만을 다룬다.

4. 형식

한국에서 재배치 계획은 원래 군수 사업이었지만, 모든 전방 미 제8군 참모부서는 각각 그 작전 지역 내에서 직접 연관되었다. 따라서 이 보고서는 전체 참모진의 활동을 설명하는 적절한 부록과 별지를 포함한다. 그러한 첨부문서에 재배치에 대한 자세한 회계가 포함되어 있으므로, 이 보고서의 항목은 사실상 일반적이며 전체 작전에서 더욱 중요한 양상만을 강조할 것이다. 이 보고서의 일부는 적절한 참모부서 부록에서 더욱 상세한 정보로 뒷받침된 군수 작전을 주로 다룰 것이다.

5. 배경

a. 한국전쟁 초기, 미 제8군 사령관은 대한민국 국군을 포함하여 주한 미군 및 유엔군 전체에

대한 군수 지원 책임을 전적으로 맡았다. 이러한 목적으로 미 제8군 예하 제2군수사령부가 운영되었다. 부산교두보의 반격 개시와 북진에 따라 항만, 철도 및 보급창 운영에 관련된 군수 문제가 비례해서 증가했다. 전쟁포로의 숫자가 늘어나면서 포로수용소 내 소요의 회수와 폭력성이 증대했고, 포로 통제는 군사령관의 주요한 문제가 되었다. 한국 통화 계획, 정치적 위기에 관한 문제와 민사 영역 관련 문제가 이미 혹사하는 참모진에게 추가적인 부담을 계속 부과했다. 그 결과, 여러 가능한 방안으로 이루어진 일련의 회의 끝에 극동군 사령관은 한국에 병참관구를 창설하여 미 제8군 사령관의 군수 임무를 해제할 것을 결정했다. 그에 따라, 한국후방관구사령부는 1952년 7월 10일 극동사령부의 주요 사령부의 하나로서 창설되었다.

b. 1953년 12월에 남한의 연합 군사력은 7개 군단, 27개 사단 및 여러 유엔군 부대로 다음과 같다.
   (1) 주한 미군은 3개 군단, 7개 사단 및 연합부대로 구성되었다.
   (2) 대한민국 육군은 4개 군단, 18개 사단 및 연합 대한민국 육군 부대로 구성되었다.
   (3) 기타 유엔군 부대는 대략 2개 사단에 상당했다.

c. 기타 한국 내의 군사력은 미 해군, 미 공군, 미 해병대 및 대한민국 해병대를 포함했다.

d. 이외에 다수의 준군사 및 민간 기관이 있었다.

e. 1954년 7월 1일 현재, 일반적으로 한국의 주요 군수기관 간에는 다음의 관계가 존재했다.
   (1) 극동육군은 미 본토로부터의 물자 보급계통 유입을 통제했고, 극동육군의 보급창은 한국을 포함하여 극동사령부를 통해 중앙집중적 재고 회계 및 재고 관리를 실시했다.
   (2) 한국후방관구사령부는 유일한 청구 기관이었다. 미 제8군은 한국후방관구사령부 보급창으로 청구했다.
   (3) 미 제8군 보급창은 한국 내 물류 자산에서 상대적으로 큰 비율을 차지했다.
   (4) 주요 전투 사령부로서 미 제8군은 주요 전투물자 품목 할당에 대해 미 극동육군을 직접 상대했다. 한국후방관구사령부는 한국으로 오고 가는 통제 전투물자의 이동을 중립국감독위원회에 보고할 책임이 있었고, 남한 입국항에서 중립국시찰단에 대한 군수 지원 책임이 있었다.
   (5) 한국후방관구사령부는 부산과 대구에 있는 제21 및 제25위수병원과 함께 미 제8군을 위한 예비 입원 시설을 제공했다. 한국후방관구사령부가 후송을 지휘했다.
   (6) 모든 기지는 일본에서 실시되었던 작전을 재건했다. 한국에는 재건 역량이 거의 없었다.
   (7) 구호물품을 포함한 모든 보급품은 한국 항구를 통해 통상적 방식으로 계획되었다.

한국후방관구사령부는 한국에서 모든 군용 하역 요구사항에 대해 미 극동육군에 발송을 신청했다.

(8) 미 제8군은 미 제8군 지역 내에서 공통의 통신 및 보급계통 업무를 운영했다. 제3철도수송사령부는 미 제8군 지역 내에서 미 제8군의 철도 요구사항을 충족시키며 운영되었다.

(9) 한국후방관구사령부는 남한 전역에서 모든 항만과 철도 시설을 운영했다.

6. 계획의 발전

a. 초기 계획 수립은 1954년 1월에 시작했으며 두 우발적 사건을 기반으로 했다. 첫째, 한국에서 모든 미군 및 유엔군의 전면 이동, 둘째, 필수적 전투 및 근무 지원 부대와 함께 미 육군 1개 사단, 미 해군 1개 사단 및 유엔군 1개 사단으로 이루어진 잔류부대 1개를 제외한 모든 병력의 이동이었다. 1954년 2월, 미 제8군의 이동을 다루는 최초의 계획 수립 지침이 전술한 두 가지 구상에 근거해 채택되었다. 2월과 3월에 한국후방관구사령부, 미 육군, 극동 및 미 제8군 간의 계획 수립 회의에서 잔류병력 지원에 필요한 부대의 종류와 수를 확정했다. 전개된 주요 가정은 다음과 같다.

(1) 대한민국 육군은 1954년 10월 1일까지 병참 면에서 독립하게 될 것이다.

(2) 약 7만 3,000명의 잔류부대가 한국에 남을 것이다.

(3) 공군은 단지 200명으로 축소하여 한국에 남을 것이다.

(4) 이동 순서

3월: 미 제45사단

4월: 필리핀대대

5월: 미 제40사단

7월: 미 제10군단과 제24사단은 일본으로 이전

8월: 미 제9군단 및 제5연대전투단

9월: 미 제2사단 및 제3사단

10월: 영연방 제1사단, 미 제8군 사령부 및 유엔군 부대의 나머지

11월: 미 제1해병사단

12월: 한국에서 전체 미군 및 유엔군이 이동된다면 미 제1군단은 단계적으로 철수할 것이다. 만일 한국에 잔류부대 유지를 구상했던 계획을 실행한다면 제1군단을 제7사단, 제1해병사단과 전투 및 근무 지원 부대와 함께 유지하는 것으로 계획되었다.

b. 극동사령부 재배치라는 간략한 제목의 1954년 6월 3일자 극동사령부의 군수 재조정에 대한 육군부 계획에 근거하여, 미 극동육군은 1954년 6월 8일자 〈극동육군 작전계획 5-54〉(1954년 9월 14일 개정)의 부록 I(군수)에서 미 제8군과 전방 미 제8군에 다음 책임을 할당했다.

(1) 미 제8군

(a) 이동에 따라, 미군 및 유엔군과 대한민국 부대의 전투 준비를 보장하고 교전 재개에 대해 식량을 보장하기 위해 현재의 군수 지원 임무를 계속한다.

(b) 명령에 의거, 예하 및 배속 부대를 이동한다.

(c) 계획된 이동을 고려하여 보급 및 기타 군수 요구사항에 대해 지속적 감시를 계속하고 필요한 적시의 감축 조치를 시행한다.

(d) 한국후방관구사령부를 통해 내려진 처분 지시에 따라, 미 제8군 지역에서 미 제8군(과 잔류부대)에 초과된 보급품, 장비 및 재고 처분을 시행한다.

(e) 미 제8군 지역에서 잔류부대의 요구사항을 초과하는 군수 시설 양도를 예정하고 시행한다. 한국후방관구사령부에 필요할 수 있는 군수 시설을 양도하기 전에 그 부여된 임무 또는 미 제8군 군수 작전의 중단으로 한국후방관구사령부에 넘겨진 임무 완수를 위해 한국후방관구사령부와 협의한다.

(f) 대한민국 육군 군수 작전을 계속 발전시킨다.

(g) 1955년 3월 31일까지 잔류 미군 및 유엔군, 주한미군사고문단, 유엔군사령부 군사정전위원회, 중립국감독위원회, 여러 주한 군사 및 민간 유형 기관에 대해 한국후방관구사령부의 보급 책임 해제를 완료하고, 묵덴 케이블, 감독 및 개선된 초단파 시설을 포함한 장거리 신호 통신시설에 대한 작전 책임을 인수하며, 한국으로 반입되는 전투물자 통제에 대한 육군 책임을 맡기 위해 인천에 기반한 군수 보급 시설, 수단, 보급창 재고 및 항만을 갖춘 주한 잔류부대를 창설한다.

(2) 전방 미 제8군

(a) 미 제8군 사령부의 일본으로의 이동에 따라 주한 미 제8군의 군수 임무를 맡는다.

(b) 명령에 따라 지역 책임과 사령관, 한국후방관구사령부의 군수 보급 임무를 맡을 준비를 한다.

(c) 모든 예하 및 배속 부대에 군수 보급을 제공한다.

c. 1954년 7월~9월 기간에, 계획 8A-OP-16-54가 진전되었다(발표된 바 없음). 이는 나중에 계획 I로 불렸다. 이 계획은 미 제8군 사령관이 극동군 사령관에게 보낸 비밀 전문

KCG 4-26(1954)에서 약술된 재배치와 잔류 미군 및 유엔군에 대한 구상을 따랐다. 이 계획은 다음 가정에 근거하였다.

(1) 미 제8군과 한국후방관구사령부는 예정대로 이동을 계속할 것이다.

(2) 유엔 국가들은 언제라도 한국에서 병력을 철수할 수 있다.

(3) 적은 정전 조항을 준수할 것이다.

(4) 대한민국 정부와 국군은 이동을 방해하지 않을 것이다.

d. 미 제8군의 임무는 미군 및 유엔군의 전투 준비 유지를 계속 보장하고, 1954년 12월 1일 미 제8군 전방사령부를 조직하여, 1955년 3월 31일까지 승인된 인원수로 미 제8군 전방사령부를 축소하는 것이다.

e. 계획은 미 제5공군이 미 제8군에 대한 지원 능력을 보유하고 한국에서 작전 기지를 유지하도록 준비되었다. 미 제7함대는 미 제8군에 대한 지원을 계속했다. 한국후방관구사령부는 미 제8군에 군수 지원을 계속 제공했고, 이러한 기능을 1955년 1월 1일~1955년 3월 31일 기간에 미 제1군단(집단)으로 점진적으로 넘겨주었다. 그리고 한국후방관구사령부 사령관은 완료 시까지 또는 1955년 6월 30일 또는 그때쯤까지 미군 및 유엔군 부대의 이동과 재배치에 관한 그의 책임을 계속 이행할 것이었다.

f. 1954년 10월 22일, 극동군 사령관과 미 제8군 사령관은 계획 8A-OP-16-54(전방 미 제8군의 편성)와 그 안에 들어있는 구상에 대한 특정한 대안을 논의했다. 이 논의의 결과로서 미 제8군 사령관은 그가 미 제8군 참모부가 검토한 계획 Ⅱ로 설계된, 새로운 대안적 구상을 원한다고 말했다.

g. 계획 Ⅱ의 구상은 미 제1군단(집단)이 추가 행정 기능과 한국후방관구사령부 및 야전군 유형의 군수 기능을 책임지지 않을 것임을 가시화했다. 이러한 기능은 전방 미 제8군의 책임으로 남으며 실행 가능한 만큼 극동육군 및 미 제8군으로 이전될 것이다.

h. 극동육군 본대 사령관이 극동군 사령관에게 보낸 〈주한 공군 잔류부대에 대한 육군 지원(회계년도 1955·1956)〉, FM 907398(2급비밀), 1954년 9월 24일자는 미 공군에 군수 지원을 제공하기 위한 정원 요건에 대한 초기 구상에서 급격한 변화를 보인다. 이 전문의 2항과 3항을 다음과 같이 인용한다.

"2. 1954년 6월 22일 극동군 사령부의 군수 재조정에 대한 육군부 계획의 첨부 B는 회계년도 1955년 말까지 주한 공군 인원 200명의 계획 배치를 나타낸다. 극동공군, 서한 〈한국후방관구사령부의 재편〉, DO-P 및 P, 1954년 9월 7일은 회계연도 1955년 말 주한 공군 인원수가 1955년 9월 30일까지 유지되는 약 2만 9,000

명(해병 항공부대 포함)일 것이라고 나타낸다."

"3. 본 사령부는 공군에 대한 군수 지원을 제공하기 위해 한국에 5,000명의 추가 정원이 필요할 것이라고 추산한다. 공군 인원이 15곳의 다른 장소에 있을 것임을 유의해야 한다. 이를 위해 인천과 부산 항만을 사용해야 할 것이다. 추가적인 5,000명의 정원은 요구받은 기본적 군수 지원을 제공하기 위한 최소한으로 여겨진다. 주한 극동공군 부대의 보유는 극동공군 시설 방어뿐만 아니라 부산항 방어를 위한 주한 방공포 대대의 증가를 요한다. 현재 한국에 대해 계획된 방공포는 지금 인천항 방어를 위해 배치하기로 계획되었다. 부산항에 최소한의 방어를 제공하려면 약 1,700명의 추가 방공포 부대가 필요하고 오산비행장은 극동공군이 보유한 가장 중요한 사용지가 될 것이다."

i. 계획 수립에 대한 재평가는 극동육군 및 미 제8군 사령부, FM 908960(2급비밀), 1955년 1월 10일자 수령 시에 나타났다. 이 전문은 잔류병력 부대 프로그램 계획 Ⅲ을 지시한 지침이었다.

j. 계획 수립의 수정을 요구한 FM 908960을 발췌하면 다음과 같다.

(1) "전투 효율성은 재배치, 재편 및 이동의 주요 목표에 부합하게 유지될 것이다."

(2) "한국에서 미군이 관련된 교전은 재개되지 않을 것이다."

(3) "개정된 부대기준표는 1개 군단, 2개 보병사단, 6개 야전 포병대대, 2개 방공포 대대, 3개 공병대대(전투) 그리고 1개 보병 중박격포대대를 포함할 것이다."

(4) "개정된 부대기준표는 현재 임무에서 어떠한 감축도 예상하지 않을 것이다."

(5) "모든 정원 유보 방법이 응용되고 활용되는 것이 필수적이다. 그 과정에서 부대의 완전한 상태가 유지되어야 한다. 부대는 미 보충병과 장비로 신속하게 재구성될 수 있어야 한다."

(6) "사단을 제외한 모든 부대는 감축표 인원수를 초과하지 않도록 조직되어야 한다. 사단은 인원수의 90%."

(7) "카투사 또는 현지 인원은 표 인원의 감축으로 발생한 결원 및 특수한 임무로 인한 인력 손실을 보충하는 데 활용되어야 한다."

(8) "기본 편성 및 장비표는 최대한으로 활용되어야 한다."

(9) "일시적 기본 임무를 띤 부대 또는 개인에게 부차적 임무가 주어질 것이다. 가능한 한 이러한 부차적 임무는 그들의 기본 임무와 군사 주특기에 관련되고 촉진하는 것이어야 한다."

(10) “부대기준표의 주요 변경 승인에 예상되는 지연 및 필수 인원 확보까지 4개월 내지 5개월이 걸리는 것을 고려하여, 현 1955회계연도 부대기준표의 변경은 최소로 유지해야 한다. 승인을 기다리는 기간에 필수적 요구사항을 충족시키기 위해 전방 미 제8군의 가용 자원 내에서 임시 부대가 조직될 수 있다.”

7. 재배치 작전의 기본 구상

a. 일반적으로 주한 미군 및 유엔군의 재조정과 이동에 대한 기본 구상은 다음을 필요로 했다.

(1) 미군 및 유엔군 전투부대 주요 일원의 철수

(2) 서울-인천 단지에 근거한 자립형 잔류병력

(3) 상호방위원조계획 아래 군수 자립을 위한 대한민국 육군 군수 체계의 발전

(4) 미 육군 보급 체계로 중요 보급 품목 반납

(5) 한국에서 초과 보급품 및 장비의 재배치와 처리

(6) 1955년 3월 31일까지 잔류 미군과 유엔군, 주한미군사고문단, 유엔사령부 군사정전위원회, 중립국감독위원회와 여러 주한 군사 및 민간 유형 기관에 대한 한국후방관구사령부의 군수 지원 책임을 해제한다.

(7) 묵덴 케이블, 감독 및 개선된 초단파 시설을 포함한 장거리 신호 통신시설에 대한 작전 책임을 인수한다.

(8) 한국으로 반입되는 전투물자 통제에 대한 육군 책임을 맡는다.

b. 전방 미 제8군은 이동에 따라 미군 및 유엔군과 대한민국 부대의 전투 준비를 보장하고 교전이 재개될 경우 필수적인 지원을 보장하기 위해 현재의 제한적 군수 지원을 계속한다. 추가하여, 전방 미 제8군은 한국후방관구사령부의 단계적 철수 시 잔류한 주한 공군의 제한적 군수 지원에 대한 책임을 맡는다.

8. 재배치 최종기간 동안 상세한 계획 수립

a. 1955년 1월 1일부터 6월 30일까지 기간에, 전방 미 제8군이 당면했던 기본 임무는 다음을 포괄했다.

(1) 이동에 따라 미군 및 유엔군과 대한민국 부대의 전투 준비를 보장하고 교전이 재개될 경우 필수적인 지원을 보장하기 위해 현재의 제한적 군수 지원을 계속한다. 추가하여 한국후방관구사령부의 단계적 철수 시 잔류한 주한 공군의 제한적 군수 지원에 대한 책임을 맡는다.

(2) 보급품과 장비의 재배치

(3) 한국후방관구사령부로부터 군수 지원 책임을 인수

(4) 보급소와 보급창 설치

(5) 하위지역 사령부 창설

(6) 항만 운영

b. 따라서 미 제8군 전방사령부의 재배치 활동과 주한 미군 및 유엔군 잔류부대에 대한 군수 지원에 대한 행정적 계획이 1955년 3월 14일로 발표되었다. 이 계획은 이루어질 조치, 뒤따르는 절차를 확립했고, 미 제8군의 보급품과 장비 재배치 완료에 관하여 지침을 제공했다. 이외에도 미 공군을 포함하여 잔류 주한 미군 및 유엔군에 대한 군수 지원 시설을 제공했다.

c. 한국후방관구사령부 책임의 인수와 부산 단지의 잔류 미군 및 유엔군 지원에 대해 이루어질 조치와 뒤따르는 절차는 전방 미 제8군, 〈군수 지원 계획-부산〉, 1955년 5월 30일자에서 확립되었다.

9. 중요 조치 요약

a. 1954년 1월 1일부터 6월 30일까지 기간

(1) 1954년 2월에 다소의 병참지원센터를 통합 정리하는 최초의 조치가 시행되었다. 최초의 통합 정리는 제2호 지원센터(춘천)의 활동 일부를 제3호 지원센터(야촌리)로 합치는 것이었다. 모든 수리 및 보수 활동이 제2호 지원센터에서 제3호 지원센터로 이동했다. 폐품 수집 활동은 춘천에서 계속되었다.

(2) 1954년 3월 4일, 미 제8군 군수참모부는 기술병과에 포장 및 크레이팅[89]에 대해 미 제8군 예규로 편입시키기 위한 부록을 준비하여 제출하도록 지시했다. 포장 및 크레이팅 절차를 공식화하는 동시에, 포장 및 크레이팅 팀 구상은 발전하고 있었다. 이러한 절차 아래 각 기술병과는 전체 범주의 보급품 이동에 대해 전체 포장 및 크레이팅 사안을 지원하도록 요구받은 만큼 포장 및 크레이팅 팀을 구성하는 책임을 부여받았다. 미 제8군 공병이 여러 기술병과 팀의 운영을 감독하고 조정하도록 지정되었다.

(3) 1954년 3월 14일, 장교 50명과 병사 1,071명으로 구성된 제45사단 부대가 미 해군 수송선 제너럴 맥레 호를 타고 인천항을 출발했다.

89 크레이팅(Crating)은 운송용 대형 나무상자에 넣는 작업을 말한다.

(4) 1954년 문산리 인근의 제43호 병참 보급소(1종)가 폐쇄되었다.

(5) 미 제8군 사령관이 전방 극동군 사령관에게 보낸 비밀 전문 KCG 4-26(1954)는 한국에서 육군 지휘 관계에 대한 구상과 미 제8군 본대를 일본으로 단계적으로 이동할 계획을 제안했다.

(6) 5월에 제3호 병참지원센터와 원주에 있던 폐품 수집소가 폐쇄되었다.

(7) 관대리에 있는 제6호 공병 보급소는 1954년 이후 활동이 없었으며, 육군 공병 보급 체계 중 재배치하는 최초의 부대였다. 1954년 5월 하순, 이 시설은 공병 야전 방비 시설 품목 약 1만t 및 가교와 함께 대한민국 육군에 양도되었다. 보유된 보급품 중 1만 쇼트톤short ton[90]은 원주의 제3호 공병 보급소로 이전된 대부분의 양과 함께 제6호 공병 보급소에서 남아있는 공병 보급소로 후송되었다.

(8) 1954년 6월 2일, 제40사단 부대가 미 해군 수송선 제너럴 위글 호를 타고 인천항을 출발했다.

b. 1954년 7월 1일부터 12월 31일까지 기간

(1) 1954년 7월까지, 제3호 병참지원센터는 제24보병사단, 제5야전포병단 및 사단 소속이 아닌 기타 소규모 부대만 지원하고 있었다. 한국 동북 지역에서 이러한 인원수 감축의 결과로 지원센터는 목욕, 세탁, 구두 수선, 냉장고 수리 및 작은 품목의 제한적 교환만을 제공하기로 재편되었다. 이 지원센터는 제24사단이 일본으로 이동할 것을 명령받을 때까지 전술한 상태로 존속했다. 1954년 12월 21일 지원센터 운영이 중단되었다.

(2) 1954년 8월 1일, 춘천 북쪽 25mi에 위치한 제38호 병참 보급소(1종 및 3종)가 폐쇄되었다.

(3) 1954년 9월 20일, 원주의 병참 2종 및 4종 분창分廠이 운영을 중단하게 되었다.

(4) 1954년 9월 23일, 속초리에 위치했던 제5호 미 화학 보급소가 폐쇄되었다. 재고 중 100쇼트톤은 대한민국 육군의 제15호 보급소에서 대한민국 육군에 양도되었고, 남아있던 미국 측 재고는 배편으로 부산기지 화학 보급창으로 이동되었다.

(5) 1954년 9월 23일, 1,025명의 호송단으로 감축된 제2보병사단이 미국을 향해 인천을 출발했다.

(6) 1954년 9월에 대한민국 육군에 L-19 전투기가 처음으로 인도되었고, 1954년 10월,

---

90 쇼트톤(Short ton)은 미국에서 사용하는 무게 측정단위로서 1쇼트톤은 약 907Kg에 해당한다.

11월 및 12월에 후속 인도가 이루어졌다.

(7) 1954년 9월, 1만 4,200명의 제25보병사단이 인천항을 통해 하와이로 이동되었다.

(8) 1954년 9월 27일, 미 제10군단이 병력 없이 비전투지대로 이전되었다.

(9) 1954년 9월 27일, 기간요원 750명으로 감축된 제5연대 전투단이 미국을 향해 부산항을 출발했다.

(10) 1954년 10월, 잔류병력 보급창 건설용으로 애스컴시티[91] 단지에 필요한 토지에 관해 대한민국 육군과 협상이 시작되었다. 협상은 유엔군 사용 용도의 토지 취득에 대한 대한민국 측의 정책 변화를 반영했다. 1954년 12월에 토지가 최종적으로 취득되자 그 결정이 대한민국 내각에 전달되어야 했다.

(11) 1954년 10월 30일, 1,025명의 호송단으로 감축된 제3보병사단이 미국을 향해 인천항을 출발했다.

(12) 1954년 11월 1일, 육군 사령관은 추가 계획 수립의 근거로서 계획 Ⅱ(6g항 참조)를 승인했고, 작전참모부는 참모부서에 (1) 1955년 6월 30일까지 재배치 완료, (2) 1955년 6월 30일까지 애스컴시티에서 건설 계획 완료, 그리고 (3) 필수적인 건설 노력을 포함하여 탄약 재보관 및 재건 계획에 대한 최대한의 노력 경주가 가능하도록 이동 일정을 수정하라고 요청했다.

(13) 제4호 병참지원센터(양문리)는 1954년 11월 1일을 기하여 폐쇄되었다.

(14) 1954년 11월, 제24보병사단(제18보병연대 제외)이 일본으로 이동되었다.

(15) 1954년 11월 13일, 인사참모부, 정보참모부, 작전참모부 및 군수참모부의 대표자로 구성된 미 제8군 계획 수립단이 잔류병력 부대표와 이동 일정을 논의할 목적으로 극동육군 사령부를 방문했다.

(16) 1954년 11월 15일을 기하여 제23병참단을 제443병참보급창에 배정하도록 명령이 발령되었다. 최종 통합 정리는 1954년 12월 15일에 완료되었다.

(17) 1954년 11월 15일, 미 9군단이 감축된 병력으로 일본으로 전출되었다.

(18) 1954년 12월 15일, 속초리 인근의 제33호 병참지원센터(3종)가 대한민국 육군에 양도되었다.

(19) 1954년 12월 22일, 미 제8군 전방사령관은 극동육군 및 미 제8군으로부터 국방부

---

91 애스컴시티는 일본군 군수품 창고가 있던 부평으로, 해방 이후 진주한 미 공병여단, 군수부대가 주둔했다(김경록, 『외국군 주둔과 용산의 군사역사』, 군사편찬연구소, 2019, 164쪽).

장관이 제24보병사단이 잔류병력의 일원으로서 제1해병사단을 대신할 것이라고 공표했음을 통지하는 전문 FM 551194를 받았다.

(20) 1954년 12월 23일, 전방 미 제8군은 전방 미 제8군이 가능한 한 신속하게 다음을 상한선으로 하는 개정된 부대 계획을 재산정하여 극동육군 및 미 제8군에 제출할 것을 지시하는 극동육군 및 미 제8군 전문 908707을 받았다.

장교	준사관	병사	합계
3,666	427	49,513	53,606

(21) 1954년 12월 24일, 전방 미 제8군은 전방 미 제8군 육군 부사령관이 다음을 완수할 계획을 준비할 것을 권고하는 극동육군 및 미 제8군 전문 908207을 받았다.

(a) 1. 제1해병사단의 교체

2. 제24보병사단의 한국 복귀에 대한 한국의 상황

3. 유엔군 부대의 배속을 포함한 부대 구성

4. 인천-애스컴시티의 적절한 변경

(b) 1. 잔류병력의 현재 구성은 제1해병사단 대신 제19보병연대를 제외한 제24보병사단으로 대체하도록 바뀔 것이다. 제19보병연대는 한국후방관구사령부에 배속되어 남을 것이다.

2. 1955년 2월 15일경부터 제1해병사단은 행정적으로 미국 본토로 이동할 것이다. 동시에 제24보병사단은 한국으로 복귀할 것이다.

3. 임무는 실질적으로 변함이 없을 것이고 주한 미 공군 잔류 기지 지원을 포함할 것이다.

(22) 1954년 12월 31일, 원주에 있는 제27호 병참지원센터(3종)가 대한민국 육군에 양도되었다.

c. 1955년 1월 1일부터 6월 30일까지 기간

(1) 1955년 1월 11일, 전방 미 제8군은 극동육군 및 미 제8군으로부터 전문 FM 908960을 받았다. 이 전문은 다음과 같은 잔류병력 병력 상한선에 활용할 목적으로 전방 미 제8군 부대표의 검토를 지시했다.

장교	준사관	병사	합계
3,686	423	49,003	53,112

(2) 잔류부대는 인사참모부, 정보참모부, 작전참모부, 군수참모부의 대표자로 이루어

진 특별위원회에 의해 그리고 작전참모부의 감독 아래 알려진 요건에 따라 진척 되었다.

(3) 1955년 1월 15일, 주한미군유류사무소가 한국의 유류 계획 및 배분에 대한 책임과 함께 한국후방관구사령부에서 전방 미 제8군 통제로 이전되었다.

(4) 1955년 2월 4일, 관대리에 있는 제3호 화학 보급소가 폐쇄되었고, 재고 337t은 대한민국 육군에 양도되었다.

(5) 1955년 2월 8일, 극동육군 및 미 제8군으로부터 통제 전투물자 기능이 1955년 3월 1일 한국후방관구사령부에서 전방 미 제8군으로 이전되고, 극동육군 및 미 제8군 〈작전 계획 12-54〉는 이러한 변경을 반영하도록 수정될 것이라고 지시하는 전문이 접수되었다.

(6) 1955년 2월 10일, 춘천에 있는 제4호 화학 보급소가 폐쇄되었고, 그곳에 남겨진 515t은 대한민국 육군에 양도되었다.

(7) 1955년 2월 15일, 전방 미 제8군은 한국 전역에 대한 화학 군수 지원 책임을 맡았다.

(8) 1955년 2월 24일, 제1해병사단의 마지막 일원이 미국을 향해 인천항을 출발했다.

(9) 1955년 2월, 제24보병사단은 제1해병사단을 대체하고자 한국으로 복귀했다.

(10) 1955년 3월 10일, 작전 통제와 기술 훈련을 제외하고 제8226부대 장거리통신단이 전방 미 제8군에 배속되었다.

(11) 1955년 3월 15일, 전방 미 제8군은 인천 유류 터미널, 1종, 2종 및 4종 보급소와 인천 단지 내 관련 활동에 대한 작전 책임을 맡았다

(12) 1955년 3월 15일, 인천 보충대가 한국후방관구사령부로부터 이전되어 전방 미 제8군으로 배정되고 부관부의 작전 통제하에 배치되었다.

(13) 1955년 3월 15일, 인천항이 한국후방관구사령부에서 전방 미 제8군으로 이전되었다.

(14) 1955년 3월 28일, 장거리통신에 대한 책임이 한국후방관구사령부에서 극동육군 및 미 제8군으로 이전되었다. 이는 모든 나선선로裸線線路와 초단파 지원을 받는 묵덴 케이블을 포함한다.

(15) 1955년 3월 31일까지 전방 미 제8군은 부산 단지 북쪽에 남아있는 전체 주한미군 및 유엔군에 대해 군수 지원 책임을 맡았다. 그리고 1955년 5월 31일까지 한국후방관구사령부의 수중에 있던 한국후방관구사령부 탄약고 2개소와 한국 국립철도에 대한 보안 임무를 제외한 지역 책임을 맡았다.

(16) 전방 미 제8군 사령부는 한국 내의 다양한 활동에 대한 군수 지원이 1955년 3월

31일 현재로 중단된다고 알리는 편지를 발송했다(13항 참조).

(17) 1955년 4월 1일, 전방 미 제8군 병참부서는 한국 전역에서 1종 재고 관리 임무를 맡았다. 전방 미 제8군은 최초로 통합 정리된 재고 현황 보고서를 그날 제출했다. 부산에 있는 제55병참보급창의 부패성 식량부서도 같은 날 전방 미 제8군이 인수했다.

(18) 1955년 4월 1일, 전방 미 제8군은 한국에서 병참 2종 및 4종에 대한 군수 지원 임무를 전적으로 맡았다.

(19) 극동육군 및 미 제8군 사령부, 서한 〈잔류병력 부대표〉, AG 381.1 GC-OE, 1955년 4월 15일자는 1955 회계연도 병력 상한선을 다음과 같이 확정했다.

장교	양식관리장교	준사관	병사	합계
3,760	49	461	52,028	56,298

서한은 더 나아가 두 잔류병력 보병사단인 제7사단과 제14사단이 편성 및 장비표 상의 최대 인원으로 재편될 것이라고 명시했다.

(20) 1955년 5월 15일, 제21위수병원이 공식적으로 한국후방관구사령부에서 전방 미 제8군의 작전 통제하에 스웨덴 적십자병원으로 양도되었다.

(21) 중립국시찰단에 대한 군수 지원과 안전에 대한 책임은 한국후방관구사령부로부터 전방 미 제8군으로 이전되었다.

(22) 1955년 5월 제8226장거리통신부대는 한국에서 전체 극동육군 및 미 제8군과 전방 미 제8군 초단파 및 극초단파 라디오 선에 대한 작전 책임을 맡았다.

(23) 1955년 5월, 한국후방관구사령부는 애스컴시티와 인천 통신시설을 미 제8군 통제로 이전했다.

(24) 1955년 5월 23일, 제6호 화학 보급소(부산 화학 기지창)이 폐쇄되었다.

(25) 1955년 6월 1일, 한국후방관구사령부 잔류 지역에 대한 부동산 책임이 전방 미 제8군으로 이전되었다. 이 조치에 의거, 전방 미 제8군은 한국 전역에 대한 부동산 직무를 맡았다.

(26) 1955년 6월 15일, 전방 미 제8군은 한국 전역의 근거지에서 병참 자산 처리 활동을 전적으로 맡았다.

(27) 1955년 6월 15일, 전방 미 제8군은 부산 단지 내의 공병 책임 인수를 완료했다. 직무는 기반시설 파견대, 동력 바지선, 소방 장비 및 야전 정비 파견대의 운영을 포함했다.

(28) 부산에 위치한 한국후방관구사령부의 부관부 기록처리부서는 한국후방관구사령부의 단계적 철수 중에 사실상 지속되었고, "재배치 작전"에 관련된 한국후방관구사령부의 그러한 부대들의 기록을 최종 정리하는 임무를 띠고, 1955년 6월 21일 전방 미 제8군의 작전 통제하에 배치되었다.

(29) 1955년 6월 23일, 서울에 있는 제2호 화학 보급소는 남은 재고와 함께 대한민국 육군으로 양도되었다.

10. 대한민국 국군에 대한 군수 지원

a. 대한민국 국군이 1955년 6월 30일까지 병참 면에서 독립할 것이라는 구상에 근거하여, 대한민국 육군 보급창은 1955년 3월 31일까지 주일駐日 보급창에 청구 중이었다. 주일 보급창으로부터 지시받은 대로, 한국후방관구사령부와 전방 미 제8군은 "이용 가능한 만큼"의 기준으로 특정 물품 제공을 계속했다.

b. 한국에서 미국 부대를 이동시킬 때, 반납 및 미국과 유엔 요구사항의 초과로 발생한 장비는 극동사령부의 군수 재조정에 대한 육군부 계획에 맞추어 대한민국 육군에게 이전되었다. 한국후방관구사령부가 대한민국 육군에 대한 주요 공급자였지만, 미 제8군은 한국에서 장비 없이 이동한 미국 사단과 개별 부대로부터 이용할 수 있게 된 초과량에서 대한민국 육군 20개 사단 계획에 지급 인가된 장비 양도를 시행했다.

c. 1954년 10월 1일부터 1955년 6월 30일까지, 미 제8군 보급 시설은 대한민국 육군에 일반 작전용 2종 및 4종 보급품 9,000쇼트톤에 더하여 대한민국 육군 보급창 재고용으로 2만 1,000쇼트톤을 양도했다.

d. 1954년 7월 1일부터 1955년 6월 30일까지 기간에, 수송병과 차량은 대한민국 육군 작전을 지원하는 데 124만 6,632mi을 주행했다.

11. 대한민국 육군에 대한 보급 시설 양도

a. 탄약보급소는 1955년 4월과 5월에 50, 57, 60, 62, 66, 76, 77, 87, 79, 80탄약보급소가 폐쇄되었고, 합동으로 재고 조사되어 대한민국 육군으로 양도되었다. 탄약보급소는 탄약 4만 5,000쇼트톤을 보유했고, 영구 지속 건물 16동, 불활성 구성부품 건물 18동, 건조용 건물 10동, 보관소 1,299개소 및 보관대 2,312개를 갖추고 있었다. 작전 도구, 장비 및 소모품이 정비 계획을 촉진하기 위해 대한민국 육군으로 양도되었다.

b. 관대리에 있는 제6호 공병 보급소는 1954년 이후 활동이 없었으며, 육군 공병 보급 체계

중 재배치되는 최초의 부대였다. 1954년 5월 하순, 이 시설은 공병 야전 방비 시설 품목 약 1만 t 및 가교와 함께 대한민국 육군에 양도되었다. 게다가 그곳에 있는 상당한 물자와 함께 공병 보급소가 다음과 같이 대한민국 육군에 양도되었다.

1공병 보급소(영등포)	1955년 4월 1일
2공병 보급소(가평)	1955년 2월 17일
3공병 보급소(원주)	1955년 1월 20일
5공병 보급소(신공덕)	1955년 4월 1일에 목재 야적장을 제외하고 대외사업처에 매각. 목재 야적장은 1955년 5월 12일에 대한민국 육군에 양도됨.

c. 화학 보급소는 상당한 재고 물자와 함께 다음과 같이 대한민국 육군에 양도되었다.

2화학 보급소(서울)	1955년 6월 23일
3화학 보급소(관대리)	1955년 2월 4일
4화학 보급소(춘천)	1955년 2월 10일

d. 병참 3종 보급소 2개소, 속초리에 있는 제33호 및 원주에 있는 제27호가 12월 15일과 31일에 각각 대한민국 육군에 양도되었다.

12. 대한민국 근무부대의 훈련

a. 대한민국 육군 탄약부대의 훈련은 1952년 말에 시작했고, 1953년 8월까지 공식 계획으로 발전했다. 훈련계획은 야전군을 지원하는 5종 군수 체계를 운영하는 대한민국 육군 인력의 필요를 충족시키려고 입안되었다. 계획은 야전에서 병기 탄약 부대 편제의 지휘, 행정 및 기술적 측면과 운영을 다루었다. 훈련 프로그램에 이용된 교육 방법은 교실 설명과 관찰 및 참여였다. 프로그램은 1개 탄약단, 3개 대대 및 11개 중대로 구성된 대한민국 육군 탄약 편제의 훈련을 망라했다.

b. 3개 통신건설대대가 미 통신부대의 감독 아래 나선裸線 설치와 정비 및 피복전선 건설에 대한 실무훈련을 받았다.

c. 대한민국 육군 통신대의 장교 3명과 사병 13명을 위해 항공기 무선 수리에 대한 8주 과정이 개설되었다.

d. 여러 단기 과정이 선발된 대한민국 육군 통신 인력에게 제공되었다. 다음 주제들이 제공된 과정에 포함되었다.

(1) 텔레타이프 작동과 정비

(2) 교환대 설치와 정비

(3) 무선 설치, 작동 및 정비

(4) 동력 장치 작동 및 정비

e. 제40수송대대(육군 항공 정비)는 선발된 대한민국 육군 수송대원에게 실무훈련을 제공했다. 이들 대원은 그들에게 육군 항공 보급 및 정비 절차를 숙지시킨 제40수송대대 대원과 직접 근무하면서 훈련을 받았다.

f. 대한민국 육군 제6수송대대와 대한민국 육군 제80육군항공수송야전보급창중대의 창설에 따라, 제46육군항공수송정비중대(미국)의 보급 및 기술 자문팀이 대한민국 육군에게 항공기 군수 지원 이전의 최종 단계를 교육하고 지원하기 위해 파견되었다.

g. 미 제8군 의무요원팀이 대한민국 육군 병원에서 그 직원을 지원하고, 자문을 제공하며 훈련하는 임무에 배치되었다.

h. 한국인 의사, 간호사 및 기술자에 대해 미 제8군 의무시설에서 실무훈련이 실시되었다.

i. 미 제8군 전문 요원이 한국 병원과 의과대학의 직원에게 강의와 회의를 제공했다.

j. 1954년 8월 중에, 선발된 대한민국 육군 의무병과 장교, 의무지원병과 장교, 치과병과 장교 및 간호사에 대한 실무훈련 계획이 미 의무부대에서 준비되어 실행되었다. 이 장교들은 1년 기간의 훈련을 위해 미국 의무부대로 통합되었다.

k. 1954년 9월 초, 미 육군 의무장교와 유엔 의무부대의 의무장교 및 선발된 대한민국 육군 의무장교에 대해 출혈열에 관한 오리엔테이션 프로그램이 제11후송병원(반半 이동)에서 시작되었다.

l. 1954년 4월 1일부터 1955년 5월 20일까지 미 제8군은 대한민국 육군에게 다음과 같이 의료 지원을 제공했다.

(1) 훈련 인일人日[92]: 12,786

(2) 훈련 인시: 48,680

(3) 전문적 조력 인시: 38,364

13. 여러 주한 기관에 대한 군수 지원

a. 6·25전쟁 동안과 정전 직후 미 제8군은 기타 기관들을 위해 지원을 해 왔다. 붕괴된 민간경제가 그러한 비군사 기관을 지원할 수 없었기 때문이다. 미 육군에는 당시 엄청난 지원을 할 수 있는 보급 체계가 있었지만, 근무부대의 필적할 만한 감소를 수반하는 전투부대의 이동으로 육군의 역량이 감소했기 때문에 비군사 기관에 제공하던 지원을 뚜렷이 삭감해야

92 人日은 한 사람이 하루 동안 한 일의 양을 의미한다.

한다는 점이 분명해졌다. 미 제8군 군수참모부가 주관하고 전체 지원 기관 대표자들이 참석한 회의에서, 근무부대가 잔류병력 인원으로 감축되었을 때 얼마나 지원이 제공될 수 있는지의 문제가 논의되었다.

b. 다음 방침에 의견을 같이했다.

(1) 선교사를 위한 우편 혜택은 1955년 3월 31일 이후 중단될 것이다.

(2) 선교사와 구제기관을 위한 미군 부대 식료품점 혜택은 1955년 3월 31일 이후 중단될 것이다.

(3) 선교사를 위한 유류 구매는 1955년 3월 31일 이후 중단될 것이다.

(4) 여유가 있으면 선교를 위한 비 한국인 인원 수송은 지속될 것이다.

(5) 유엔한국재건단, 유엔한국통일부흥위원단 및 미 대사관을 위한 주요 품목(특히 자동차) 정비는 중단될 것이다.

(6) 미 대사관, 유엔한국재건단, 유엔한국통일부흥위원단 및 외국 대사관을 위한 신호통신은 그들의 전화교환대의 전화 중계 회선 서비스로 축소될 것이다.

(7) 상회에는 1955년 3월 31일 이후 모든 지원이 중단될 것이다.

(8) 연합선원서비스에 대한 지원은 1955년 4월 30일 이후 중단될 것이다.

c. 방침은 1954년 12월 12일 사령관에게 제출되었고 승인을 받았다. 방침을 시행하는 미 제8군 전방사령부의 〈회람문서 제4호〉가 1955년 2월 2일 발표되었다. 영향을 받는 기관에 90일 예고를 주는 통지서가 극동육군 사령부, 서한 〈기타 주한 기관에 대한 군수 지원〉, AG 400 GD/O, 1954년 10월 1일에 따라 발송되었다.

d. 앞 항목에 기재된 서한에서는 기타 기관을 다음과 같이 6개 범주로 구분했다.

(1) 국방부 기관

(2) (국방부가 아닌) 정부 기관

(3) 유엔군사령부 기관

(4) 공인된 외국 대사관

(5) 군을 지원하는 민간 기관

(6) 선교, 구제기관 및 상회

e. (1), (2) 및 (5) 이하에 기재된 기관에 대한 지원은 위의 사항이 변하지 않았다.

f. 선교사들은 군사우체국 혜택을 유지하려고 상당한 압력을 가했다. 혜택은 중단되었지만 미국 정부에까지 온 힘을 다한 압력으로 1955년 12월 31일까지 선교사에 대한 제1종 편지 우편 혜택은 복구되었다.

g. 극동육군 및 미 제8군, 서한 AG-095 AG-PO, 1955년 5월 20일자에 의해 시행된 〈육군규정 65-10〉, 〈우편규정〉은 유엔한국통일부흥위원단, 유엔한국재건단, 일본중앙 거래소, 육군부 군무원 및 유엔한국통일부흥위원단과 유엔한국재건단의 후원을 받는 기관에서 미국 시민이 아닌 자에 대한 군사우체국 혜택을 종결했다. 유엔한국통일부흥위원단과 유엔한국재건단은 극동육군 및 미 제8군 사령관에 청원해서 혜택을 유지하게 되었다.

h. 기타 기관에 대한 군수 지원 요구는 신중히 선별되고 있으며, 특별히 미국 계약으로 작성된 지원을 제외하면, 지원이 제공되지 않는다.

14. 기타 미군에 대한 군수 지원

a. 국방부 지시에 근거하여, 육군부는 보급 식량(1종)과 다른 부 특유의 품목을 제외한 모든 종류의 보급에 대해 비상환 기준으로 육군이 모든 주한 미군에 대한 재보급(교체) 지원을 한다는 방침을 수립했다. 각 부서는 식량에 대한 예산을 책정하여 육군에 상환했다. 함대 해병대는 한국에 배치되었든 아니든 재보급 지원 및 공공의 조력을 받는 이 범주에 포함되었다. 비상환 지급품은 2종 교체 품목 및 모든 4종 지급품을 포함했다.

b. 육군이 다른 주한 미군에게 제공하는 재보급 지원은 그런 병력 중 배정된 최소한을 지원하기 위해 건설에서 활용되는 물자와 통신, 시설, 세탁 및 기타 서비스 시설의 확장에 활용되는 물자를 포함했다. 지원은 타당한 경우에 구형 장비를 신형으로 교체하는 것도 포함했다.

c. a항과 b항에서 약술한 지원 유형은 재배치 작전 내내 계속되었다. 이러한 지원의 규모는 한국후방관구사령부가 이 지원에 대한 모든 서류를 다루었고, 아울러 다른 부의 여러 부대가 한국후방관구사령부에 위치했기 때문에 본 사령부에서는 가능하지 않다. 지원 제공은 미 제1해병사단, 제1해병항공단 및 모든 미 공군 부대를 포함했다.

d. 1954년 11월에 극동육군 및 미 제8군, 제5공군, 한국후방관구사령부 및 전방 미 제8군 간에 한국후방관구사령부에서 열린 회의에서 공군의 한국에 있는 비행장 사용 계획이 공개되었다. 다음 사항이 자세히 설명되었다.

(1) 지원될 공군 병력의 60% 이상이 인천 단지 지역에 있을 것이다.

(2) 잔류 기지는 인천에서 이어지는 철로상에 있을 것이다(현재 전차상륙함과 공중으로 지원받는 강릉비행장 제외).

(3) 2개 방공포 대대가 인천 단지 외부에 배치될 것이다.

(4) 수영비행장의 항공병참단은 1955년 12월에 대기 상태로 복귀할 것이다.

(5) 인천 지역 외부 작전에 필요한 유류 보급계통 체계는 울산-포항-대구선으로 제한될

것이다. 나머지는 철도 수송으로 지원된다.

(6) 1종 보급은 대전의 재동결 공장이 다른 경우에 필요할 수 있으므로 부산이나 인천에서 수송될 수 있다. 1종 분류 항목이 대전, 대구 및 부산에 필요할 것이다.

(7) 육군은 공군에게 입원이나 후송을 요구하지 않을 것이다.

(8) 모든 2종 및 4종 보급품은 인천부터 한국 국립철도 수송에 의해 영향을 받을 수 있다.

15. 전방 미 제8군으로 한국후방관구사령부 책임의 이전

a. 미 제8군이 1955년 3월 31일까지 한국후방관구사령부를 미군 및 유엔군과 대한민국 국군 지원에 대한 병참 책임에서 해제한다는 구상에 따라, 전방 미 제8군은 이러한 이전을 실행하기 위해 한국후방관구사령부와 초기 계획 수립 및 조정을 시작했다.

b. 1955년 2월 3일자 미 극동육군 및 미 제8군 전문 FM909437에 따라 임무와 책임의 최종 이전을 위해 한국후방관구사령부를 전방 미 제8군에 배정하는 것이 바람직함을 결정하고, 한국후방관구사령부의 단계적 철수 및 전방 미 제8군이 특정 책임을 뒤이어 인수하는 데서 예상되는 의외의 문제점이 무엇인지 해결하기 위해 1955년 2월 18일 서울에서 회의가 열렸다. 도달한 합의는 기본적으로 다음과 같았다.

(1) 육군 부사령관이나 한국후방관구사령부 사령관은 한국후방관구사령부를 전방 미 제8군의 작전 통제하에 두는 것을 찬성하지 않았다.

(2) 결정될 특정한 기능, 시설 및 인원 수는 실행 가능한 가장 빠른 날짜에 한국후방관구사령부에서 미 제8군으로 이전되어야 한다.

(3) 전방 미 제8군의 인천항 및 애스컴시티의 보충대 운영

(4) 전방 미 제8군의 유류 보급계통 체계 운영

(5) 한국후방관구사령부는 실행 가능한 가장 빠른 날짜에 전투 준비 책임에서 해제되어야 한다.

(6) 한국민사원조사령부 하의 부산항 민간 운영은, 특히 항구 운영 장비 구입에 대해 커지는 문제로 인식되었다.

c. 1955년 3월 31일까지, 전방 미 제8군은 부산 단지 북쪽에 남아있는 전체 주한 미군 및 유엔군에 대해 군수 지원을 맡았다. 그리고 1955년 5월 31일까지 한국후방관구사령부의 수중에 있던 한국후방관구사령부 탄약고 2개소와 한국 국립철도에 대한 보안 임무를 제외한 지역 책임을 맡았다.

d. 전방 미 제8군과 한국후방관구사령부 참모들 간에 부산 지역에 필요한 잔류 시설 인력을 구체적으로 결정하기 위한 수많은 회의가 개최되었다. 실질적으로 전방 미 제8군이 다음 지원을 제공할 것으로 결정되었다.

(1) 제32병참단 및 제55병참보급창 지역에서 기존 시설을 활용하는 병참 1종, 2종, 3종 및 4종, 세탁, 제빵 및 아이스크림 공장

(2) 공병 수리 및 영선 야전 정비, 급수소 및 소방, 주로 하이얼리어[93] 기지에서 이루어질 활동

(3) 의무실, 수의사 점검, 치과 진료 및 병원 진료. 제21위수병원의 기존 시설을 사용하여 스웨덴 적십자병원이 제공하는 병원 진료

(4) 제8069보충대 지역에 있는 대형 창고형 건물을 활용하는 병기 야전 정비

(5) 제8중립국시찰단에 대한 군수 지원

(6) 방첩대 포괄

(7) 1종 부패성 식품 및 3종 대량 화물 취급용 항만 시설

(8) 제8226통신장거리단이 제공하는 통신 서비스

(9) 전방 미 제8군 보급창에서 준비되는 통신 및 화학 2종 및 4종 보급

e. 1955년 5월 18일, 전방 미 제8군은 부산 단지 내의 전방 미 제8군 활동을 통합 정리하는 임무를 띠고 나머지 기능에 대한 책임 이전에 관해 한국후방관구사령부와 조정하는 부산 지역의 하위지역사령관을 임명했다. 하위지역사령관은 하이얼리어 기지 안에 그 사령부를 창설했다.

16. 보급품과 장비의 반납

a. 전방에서 후방까지 보급품 재배치는 사실상 보급품의 흐름을 완전히 바꾸었다. 군수 지원을 위해 사용된 기존 경로와 시설은 최대한도로 활용되었다. 보급 및 정비 지원 부대는 그 능력의 최대한도까지 활용되었고 필요한 경우에는 보강되었다. 보급창과 처리센터는 보급품의 현재 출납부를 유지하며 지시받은 대로 처분을 실시했다. 한국에서 철수해야 하는 품목은 보급창 및 처리센터에서 발송 처리되어 기항 때까지 대기 장소에 보관되었다.

b. 한국에서 이전 또는 이동된 부대는 그들의 편성 및 장비표 장비의 대부분을 남아있는 부대에 반납하거나 횡적 전환[94]하여 한국에 남겼다. 제1해병사단도 마찬가지이다.

---

93 하이얼리어(Hialeoh)는 미국 플로리다주 동남부 마이애미 부근의 도시이다.

c. 보급 반납의 기본 구상은 기본 임무 수행에 필요한 최소한도까지 운영 장애를 즉각 감소시키는 것이었다. 단계적 철수일 2개월 전에 현재 임무에 필요하지 않은 모든 기술 업무 장비를 반납하라는 공식 서한이 부대로 발송되었다. 이 계획이 강력히 추진되지 않으면, 부대가 장비 반납을 주저하리라는 점이 여실히 나타났다. 각 기술병과는 부대 반납을 처리하는 절차를 개발했다. 가능한 최대 범위까지 부대 단위에서 자체적인 포장 및 크레이팅을 했다. 포장 및 크레이팅 재료는 이 목적을 위해 재고 정리일 전에 충분히 지급되었다.

d. 발전기, 소화기, 설치된 실내용 난방기구, 천막 뼈대 및 조립식 건물은 해당 공간에 남겨 횡적 전환하도록 승인되었다.

e. 차량 초과분은 직접 지원 부대로 반납되어, 처리 및 발송 지시를 기다리는 보관장소에 이를 보관하는 제59병기단 부대로 철수되었다. 반납되어 쓸만한 상태의 차량은 기술적 점검을 받았으며, 필요한 경우에는 수리를 받고 정비 유동 차량으로 배분되었다.

f. 제1해병사단과 공군 제75전술병원이 반납한 의료 장비는 제6의무 보급창에 과중하고 예기치 못한 분류 및 수리 작업량을 부과했다.

g. 출발 전에 부대가 반납한 보급품과 장비는 다음과 같이 처리되었다.

(1) 쓸만한 초과 품목은 부대에 공급하는 보급소를 통해 보급 경로로 반환되었다.

(2) 소유 조직의 수리 능력을 넘어서는 쓸모없는 품목은 일반적인 경로를 통해 철수시켰다.

(3) 보급창 및 처리센터는 보급소에서 보급품을 수령하여 지시받은 대로 철수 또는 재분배를 시행할 책임이 있는 기관이었다.

17. 보급품과 장비의 재배치(2종 및 4종)

a. 한국의 미 제8군 책임 지역에서 2종 및 4종 재고의 수집, 처리 및 처분은 엄청난 과업이었다. 1954년 10월 1일 현재, 미 제8군 보급창과 보급소는 2종 및 4종 재고 26만 9,000쇼트톤을 보유했다. 1954년 10월 1일부터 1955년 6월 30일까지 기간에 14만 4,000쇼트톤이 수입되었고, 부대 반납으로 같은 기간 동안 12만 3,000쇼트톤이 더 생겨나 1954년 10월 1일부터 재배치 완료까지 미 제8군 보급창과 보급소를 통해 총 53만 6,000쇼트톤이 유입되었다. 이 총량 중 16만 7,000쇼트톤은 일반 작전에서 다음과 같이 소비되었다.

- 미 제8군 및 미 공군: 154,000
- 대한민국 육군: 9,000

94 초과 군수품을 부족한 부대로 전환하는 것을 말한다.

• 기타: 4,000

나머지 36만 9,000쇼트톤은 다음과 같이 처리되었다.

• 잔류부대 보급창 재고용: 145,000
• 대한민국 육군 보급창 재고: 21,000
• 한국에서 철수: 164,000
• 자산 매각: 23,000
• 기타: 16,000

b. 그러나 위 자료는 실제 작업량을 적절하게 나타내지 못했다. 발송을 위한 수령, 분류, 수리, 포장 및 크레이팅 기타는 과업의 주요 부분이었다. 예를 들어 재배치 동안 병기는 이동 중인 사단이 반납한 장비의 수령, 분류 및 처리에 26만 7,000인시를 썼다. 여기에는 인천항에서 물자 발송 시 필요했던 추가 인시와 제24보병사단이 한국으로 복귀할 때 장비를 다시 갖추는 데 소모된 인시가 포함되지 않는다.

c. 이 작업의 세부 사항에 대해서는 부록 FF 및 기술병과 보고서, 부록 A부터 G까지 참조.

18. 통제 전투물자에 대한 보고

a. 1955년 3월 이전, 통제 전투물자에 관한 미 제8군의 책임은 제한적이었다. 이 책임은 미 제8군 구역 내의 전체 유엔 및 대한민국 부대로부터 파기, 철수 및 경비 보고서 수령, 정확도와 완성을 위한 보고서 편집, 적정한 등록 번호 부여 및 조치 완료를 위해 한국후방관구사령부의 전투물자통제단으로 발송하는 것이었다.

b. 〈극동육군 작전계획 5-54〉는 잔류 병력이 1955년 3월 31일까지 통제 전투물자에 대한 육군 책임을 맡도록 지시했다. 이 책임은 실제로 1955년 3월 1일 한국후방관구사령부에서 전방 미 제8군으로 이전되었다.

c. 이 책임 이전에 대한 자세한 보고서는 부록 EE에 포함되어 있다.

19. 탄약 운영

a. 1954년 3월, 미 제8군 지역 내의 16개 탄약보급소에는 5종 보급품 약 13만 1,000쇼트톤이 배급되어 있었다. 전체 탄약은 탄약보급소와 부대가 관리하는 양쪽 모두 야외에서 보관되었다. 특히 부대가 관리하는 재고에서 악화 조짐이 분명했다. 이동이 예정된 부대가 반납한 양과 상태(대부분 쓸모없는)는 즉각적 조치의 필요성을 강력하게 나타냈다. 야외에서 보관되고 있는 것 외에도, 탄약보급소 보유 탄약은 일반적으로 기존 안전 지시를 위반하여

보관되었다. 이 상황을 바로잡고 보유한 재고의 유용성을 보존하기 위해, 합동 수리 및 재보관 계획이 착상되어 시작되었다.

b. 대한민국 육군을 위한 독립적인 5종 군수 체계 수립, 그 중에서도 포괄적인 탄약 보존 프로그램의 다양한 하위 프로그램 계획 수립 및 실행이 필요했다. 3가지 주요 하위 프로그램인 감시, 정비 및 보관은 부록 D(병기), 5절의 6, 7, 8항에서 자세히 논의된다.

c. 대한민국 육군 탄약부대의 훈련은 최종적으로 미국 부대와 교체하는 것이 지속적인 목표였다. 대한민국 육군 탄약부대를 위한 훈련소는 미국 감독 아래 62탄약보급소에 설립되었다. 기술적(교실)이고 실용적인(실무) 훈련 둘 다 제공되었다.

d. 5종으로만 한정된 대한민국 육군에 대한 재산 양도 및 군수 기능에 대한 계획 수립은 극동육군이 미 제8군 사령관, 한국후방관구사령부 사령관 및 주한미군사고문단 단장에게 발송한 제안된 전문을 받은 1954년 10월에 시작했다. 이 전문은 1954년 10월 18일, FM 907677로 최종 승인되어 발송되었다. 1954년 10월 25일 회답을 논의하고 진전시키기 위해 한국후방관구사령부, 주한미군사고문단 및 미 제8군의 대표들이 참석한 회의가 소집되었다. 한국후방관구사령부와 주한미군사고문단이 동의한 미 제8군의 회답이 1954년 10월 31일, 전문 KGL 10-45로 전달되었다. 이들 전문에서 제시된 목표를 촉진하기 위해 탄약, 건물, 도구, 장비, 부품, 소모품 및 부동산 중 지정된 양을 대한민국 육군으로 양도하기 위해 제안된 계획이 1954년 12월 18일, 극동육군 및 미 제8군에 전문 KOD 12-54로 발송되었다. 전문 FM 908778로 전반적인 동의 성격의 회답이 1954년 12월 29일 접수되었다. 다음은 앞서 언급한 참고 문헌에 포함된 중요 사항의 요약이다.

(1) 잔류부대 및 대한민국 육군의 보유 수준은 1955회계연도 중에 전투소모율에 훈련 지급량을 더하여 40일로 확정되었다.

(2) 잔류부대는 최대 보관능력 40일 및 1년 훈련 지급량을 지닌 탄약보급소 3개소(46, 56 및 63)를 보유할 것이다.

(3) 한국후방관구사령부 보급창은 대한민국 육군 통제로 이전.

(4) 잔류부대에 대한 탄약 재보급 및 철수에 인천항 이용.

(5) 대한민국 육군에 대한 탄약 재보급 및 철수에 부산항(해운대) 이용.

(6) 대한민국 육군에 대한 탄약보급소 및 보급창 양도와 보관, 재고 관리, 재보급, 보고, 감시 및 정비에 대한 대한민국 육군의 책임 인수는 1955년 2월 28일까지 완료.

(7) 탄약에 대한 비밀 사항이나 텅스텐 카바이드 코어를 포함한 탄약은 대한민국 육군에 양도를 승인하지 않는다.

(8) 대한민국 육군은 5종 군수 체계를 운영하는 자체적 "요령"이 있지만, 추가로 7개 탄약 중대 정도까지의 부대 증편이 필요할 것이다.

(9) 건물, 도구 및 장비는 현재 계획된 정비 프로그램을 지속하기 위해 대한민국 육군으로 양도되어야 한다.

(10) 육군부는 한국에서 대한민국 육군이 소유한 무기에 대해 모든 초과된 5종 보유를 위한 권한을 승인하라는 요청을 받을 것이다.

(11) 기본 휴대량에 있어 탄약의 양은 40일 전투 예비량에 포함되며, 그에 추가되지 않을 것이다.

(12) 극동육군 및 미 제8군은 보유 수준 산출을 위해 무기 밀도 목록을 제공할 것이다.

e. 육군부, 전문 974116, 1955년 1월 15일자는 이전에 전문 FM 908778에서 극동육군 및 미 제8군이 계획 수립 목표를 위해 제공했던 보유 기준을 다음 사항에 관해 변경했다.

(1) 잔류병력 및 대한민국 육군 전투 예비량 수준은 미국 3개 현역 사단 및 대한민국 21개 현역 사단(육군 20 및 해병대 1)의 전투소모율에 따라 40일에서 45일로 높였다.

(2) 1957회계연도 중에 잔류부대 부대 훈련을 지원하는 자산을 보유할 수 있다.

(3) 1956회계연도 중에 대한민국 육군 부대 훈련을 지원하는 자산을 보유할 수 있다.

f. 이전에 탄약보급소, 시설 및 탄약을 대한민국 육군에 양도하려고 확정했던 목표 기일 1955년 2월 28일은 육군부와 극동육군 및 미 제8군으로부터의 양도 권한 결여로 인해 실현되지 못했다. 45일 전투 예비량 및 1955회계연도 훈련 요구사항의 나머지를 대한민국 육군에 양도하는 권한은 육군부 전문 DA 976992에서 받아 극동육군 및 미 제8군이 전문 FM 910138, 1955년 3월 14일자에서 시행했다. 이 전문은 대한민국 육군에 대한 5종 자산의 결정 및 양도에 관해 접수된 관련 전문의 참조 목록을 포함한다. 대한민국 육군 1956회계연도 훈련 탄약은 상호방위원조계획에 따라 양도 권한을 받을 때까지 미국의 통제하에 있게 된다.

g. 1955년 4월과 5월에 50, 57, 60, 62, 66, 76, 77, 78, 80탄약보급소가 폐쇄되었고, 합동으로 재고 조사되어 대한민국 육군으로 양도되었다. 탄약보급소는 탄약 4만 5,000쇼트톤을 보유했고, 영구 지속 건물 16동, 불활성 구성부품 건물 18동, 건조용 건물 10동, 보관소 1,299개소 및 보관대 2,312개를 갖추고 있었다. 작전 도구, 장비 및 소모품이 정비 계획을 촉진하기 위해 대한민국 육군으로 양도되었다. 또한 부동산이 대한민국 육군으로 양도되었다.

h. 1955년 6월은 대한민국 육군이 최대한 독립적으로 자체의 5종 군수 체계 운영을 시작한

다소 과도기였다.

20. 유류 운영

a. 유류에 대한 군수 책임은 1955년 1월 15일 주한미군유류사무소를 전방 미 제8군으로 이전할 때까지 한국 전역에 대해 한국후방관구사령부의 직무였다. 유류 운영은 부록 E(병참)에서 논의된다. 주한 유류 시설의 양도 및 단계적 철수는 극동육군 및 미 제8군 차원에서 준비한 이 주제에 대한 포괄적 검토에서 다뤄지며 부록 E(병참)의 별지VI로 포함된다. 이 검토는 다음과 같이 세 단계로 제시된다.

Ⅰ단계: 대한민국 민간경제에 석유제품 공급 및 미국 육군 운영 시설 양도

Ⅱ단계: 대한민국 국군에 석유제품 공급 및 추가적인 미국 육군 시설 양도

Ⅲ단계: 모든 미국 육군 운영 시설의 최종 양도와 함께 용역 계약에 따라 잔류 주한 미군 및 유엔군에 석유제품 공급

b. 이 검토의 Ⅰ단계는 대한석유저장주식회사와 대한민국 간의 계약이 1955년 5월 31일에야 공식 체결되었기 때문에 목표 기일인 1955년 3월 31일까지 완수되지 못했다. 이 단계는 현재 1955년 7월 31일을 목표 기일로 하여 시행 중이다.

c. Ⅱ단계 시행에 대한 목표 기일은 1955년 7월 1일로 정해졌으나 Ⅰ단계 시행의 지연으로 맞추지 못했다. Ⅱ단계 시행의 현재 목표 기일은 1955년 10월 1일이다.

d. Ⅲ단계 시행의 목표 기일은 미래 세계, 정치 및 경제 상황에 따른 아마도 불명확한 미래의 날짜이다.

21. 대한군사원조계획

a. 1953년 11월에 육군부는 부대 지원 계획용 보급품과 물자의 전용轉用을 승인했다. 그 계획은 "대한군사원조"로 명명되었으며 재정 원조금 합계는 1,500만 달러에 달했다. 이 돈은 비무장지대 이남의 한국 전역에서 학교, 진료소 및 기타와 같이 승인받은 프로젝트 건설용 보급품과 물자를 제공하는 데 쓰였다. 유엔군 인력은 기술 지원 및 행정 통제를 제공하는 데 활용되었지만, 건설에 쓰인 유엔 인력이나 유엔 장비에 대해 대한군사원조 자금 앞으로는 비용이 부과되지 않았다.

b. 제5공군, 한국후방관구사령부 및 미 제8군 부대를 포함한 주요 사령부에 1,500만 달러의 하위 분배가 이루어졌다. 수송 비용 및 기타 만일의 사태에 대비해 일정 금액을 예비로 두고, 의료 원조 계획을 집행하기 위해 하위 분배가 이루어졌다. 게다가 상호보안기금이

수송 비용으로 200만 달러를 지불했다.

c. 대한군사원조에 대한 반응은 매우 열광적이어서 1954년 5월까지 1,500만 달러 전액이 승인된 프로젝트에 충당되었다. 계획을 "마무리"할 수 있도록 그리고 계획의 초기 부분에 포함될 수 없었던 가장 가치 있는 프로젝트에 착수하기 위해 추가 자금으로 500만 달러가 대한군사원조 계획에 할당되었다. 이 돈으로 착수된 프로젝트 중에는 한국 최초의 흉부외과인 미 제8군 기념병원이 있었다.

d. 통제 및 감독을 더 잘 시행하기 위해, 대한군사원조 계획은 미 제8군 군수참모부의 대한군사원조과에서 관리하기로 했다. 또한 계획은 계획 부국장의 권한 하에 주요 사령부가 시행하기로 했다. 이러한 각 주요 사령부는 자금 최고 한도를 받았다. 계획을 신속하게 추진하기 위해 미국 자재로 5만 달러 이상이 필요한 그러한 프로젝트만 미 제8군 자체의 승인을 받도록 했다. 기타 모든 프로젝트에 대한 자세한 검토는 기술자 조언을 계속 받으면서 주요 예하 사령부가 실시했다.

e. 1954년 6월, 한미재단은 대한군사원조계획을 지원하기 위해 20만 달러의 예산을 책정했다. 이 자금은 매우 부족하여 지역 대한군사원조 요건을 채울 수 없었지만, 대한군사원조의 지원을 받을 자격이 가장 큰 지역사회 지원에 활용하기 위한 것이었다.

f. 대한군사원조계획의 상세한 보고서에 대해서는 부록 DD(대한군사원조 운영) 및 부록 B(공병) 참조.

22. 재정착 계획: 1954년 3월 15일~12월 31일

a. 1954년 3월 15일에 미 제8군 통제하에 있는 관할 구역에 재정착시키는 계획이 시작되었다. 계획은 일반적으로 군사 작전을 방해하지 않는 한 해당 지역의 이전 주민이었던 농민들의 단계적 재정착을 허용하는 것이었다. 1954년 6월 30일, 그 계획은 해당 지역을 정상적인 시민 지역사회로 복구하기 위해 농민 외에 이전 주민들의 귀환을 허용하는 것으로 확장되었다. 재정착 지역의 대부분이 38선 이북에 위치하여 (당시) 대한민국의 관할권 밖에 있었기 때문에 유엔 명의의 군사정부가 수립되었다. 그러한 재정착민에게 그들이 농작물을 수확할 수 있을 때까지 수송, 거처, 식량, 의약품, 종자, 도구, 비료 및 역축役畜 제공이 필요했다. 이러한 원조는 대한민국, 한미재단, 한국민사원조사령부 및 케아[95]가 제공했다.

---

95 케아(CARE, Cooperative for American Relief Everywhere)는 미국 비영리 민간구호단체로 1945년 11월 'Cooperative for American Remittances to Europe'으로 설립되었다. 단체명 변경을 거쳐 현재 'Cooperative for Assistance and Relief Everywhere'라는 명칭으로 국제 민간구호 활동을 지속하고 있다

b. 1954년 8월 9일, 유엔한국통일부흥위원단은 유엔군 사령관에게 통합사령부가 38선 이북과 비무장지대 이남의 행정권을 실행 가능한 한 빨리 대한민국에 이양할 것을 권고하는 결의문을 발송했다. 대한민국 국회는 1954년 9월 29일, 해당 지역을 8개의 군郡으로 분할하는 행정체계를 통과시켰다.[96] 대한민국과 미 제8군을 대표하는 이양위원회가 1954년 11월 17일 대한민국에 해당 지역의 행정권을 이양하는 임무를 완료했다.

c. 이러한 계획하에 프로젝트의 실질적 재정착은 작전을 책임진 각 군단 사령관과 함께 군이 완수했다.

23. 보급품과 장비의 재생

a. 재배치 계획의 결과, 정전에 이르러 한국 전역에 흩어져 있던 손상되고 쓸모없는 재산의 상당량에 대해 복구 및 재생이 실행되었다. 한국 영등포의 통신대 처리센터는 1954년 3월 한국후방관구사령부의 활동으로서 설립되어 1955년 3월에 전방 미 제8군으로 이전되었다. 이곳은 1955년 6월에 단계적으로 폐지되었다. 이 처리센터는 활동 기간에 약 3,700만 달러 가치의 장비 약 6,600쇼트톤을 받아서 처리했다. 약 40만 달러(취득 가격) 가치의 통신 장비는 폐품 이용으로 처리되었다. 이 작업에 대한 세부 사항은 부록 F(통신)에 포함되어 있다.

b. 병기 보급품 및 장비의 처리와 수리는 복구 계획의 주요 작업이었다. 1954년 3월, 미 제8군 지역 내의 16개 탄약보급소에는 탄약 약 13만 1,000쇼트톤이 배급되어 있었다. 전체 탄약은 야외에서 보관되었다. 특히 부대가 관리하는 재고에서 악화 조짐이 분명했다. 이동이 예정된 부대가 반납한 양과 상태(대부분 쓸모없는)는 즉각적 조치의 필요성을 나타냈다. 결과적으로 탄약 수리 및 재보관 계획이 시작되었다. 시설이 계획되고 처리 라인, 불활성 창고 건물, 지붕 있는 창고, 보관대, 건조용 건물 및 상자 제조 공장 건설이 시행되었다. 탄약 수리 계획은 1954년 10월에 시작하여 1955년 6월 30일 현재로 약 50%가 완료되었다.

24. 애스컴시티 보급창 건설

(한봉석, 「구호물자에 담긴 냉전: 주한 케아(C.A.R.E.)의 패키지로 살펴보는 냉전과 인도주의」, 『통일과 평화』 12-1, 2020, 88쪽).

96 제3대 국회 제51차 본회의에서 「수복지구임시행정조치법」이 통과되었다(국회사무처, 『제19회 국회임시회의 속기록』 제51호, 1954년 9월 29일). 「수복지구임시행정조치법」은 1954년 10월 21일 법률 제350호로 공포되었다(『관보』 호외, 1954년 10월 21일).

a. 주한 미군의 제안된 재배치 및 이동은 중요한 한국 재산을 민간경제에 반환하는 정책과 더불어 다양한 기술지원 보급 시설을 이전하고 통합 정리할 필요성과 기회를 모두 가져왔다. 이러한 종합적 이전 및 통합 계획은 애스컴시티 보급창 건설 계획으로 알려지게 되었다.

b. 1955년 7월 1일 현재, 보급창 건설 작업은 병참 보급창을 제외하고 원래의 설계 명세서 및 인가된 범위까지 완료되었다. 매우 상당한 양의 작업이 여전히 각 현장에서 실행되고 있지만, 이는 인가된 원래 프로젝트에 추가로 행해지고 있는 작업이다. 이것이 완료되면 계획은 자재 비용으로 250만 달러를 초과하고 약 24개월분의 대대 작업이 필요하게 될 것이다.

c. 보급창 건설과 동시에 인천 보충대 지역을 제121후송병원의 신규 부지로 개조하는 작업이 있었다. 이를 위해 보충대 활동용 신규 처리 건물을 건설하고, 이전의 보급창 건물을 병원 건물로 쓸 수 있도록 그 건물들의 상당 부분을 대부분 재건해야 했다. 이 작업이 완료되었고 병원은 1955년 6월 15일 새로운 위치로 이전했다.

d. 이 계획에 대한 상세한 보고서는 부록 B(공병)에 포함되어 있다. 또한 부록 CC(애스컴시티 및 잔류부대 보급창 위치) 참조.

25. 통신시설의 양도

a. 대한민국 국무총리[97]가 극동군 사령관에게 보낸 1954년 3월 29일자 서한은 1950년에 미군이 사용할 수 있도록 했던 대한민국 통신시설 반환을 요구했다.

b. 극동육군은 1954년 4월 4일 극동사령부에 묵덴 케이블을 미국 통제하에 유지하도록 권고했다. 또한 통신시설을 임대해야 하는 경우에 대한민국 정부에 지불하는 데 쓸 수 있는 자금이 없다는 점도 지적되었다.

c. 1954년 4월, 극동사령부가 극동육군에 요청해서 다음에는 극동육군이 미 제8군에 대한민국 통신시설 반환에 대한 권고를 제출하라고 요청했다. 미 제8군의 검토는 1954년 5월 5일 극동군에게 전송되었다. 극동사령부에 대한 극동육군의 권고는 다음을 포함했다.

(1) 미 제8군 사령관을 대한민국 통신시설 양도에 대한 집행자로 임명한다.

(2) 미 제8군 사령관은 어떤 통신시설을 반환하고 언제 반환할지 결정하는 권한을 위임받는다.

(3) 미 제8군 사령관은 반환 완수를 위해 상세한 행정 절차를 제공받는다.

---

97 1954년 3월 29일 당시 국무총리는 白斗鎭(1908~1993)이다.

d. 1954년 6월 12일, 미 제8군 및 한국후방관구사령부가 대한민국 통신시설 반환에 대해 통합된 계획을 준비할 것을 권고하는 조정된 전문이 극동육군에게 전송되었다.

e. 1954년 5월 이전에 한국민간구호계획이 자금을 지원한 4종 프로젝트 시설(미화 약 600만 달러)에 대해 한국후방관구사령부가 체신부에 회선을 할당했다. 회선은 또한 묵덴 케이블을 통해 서울과 부산 사이에도 할당되었다. 현지 기준으로 서울과 춘천 간에 상용 C형 반송파搬送波 장비를 체신부에 할당하는 계획은 1954년 5월에 완료되었다. 1954년 6월에 미 제8군 지역 내 나선도선 회선이 체신부에 할당되었다. 쌍 할당으로 체신부는 서울과 동해안 주요 도시 간 C 반송파를 운용할 수 있었다. 이러한 시설 할당 조정은 체신부 차관, 한국민사원조사령부 통신장교 및 한국후방관구사령부 통신장교와 함께 미 제8군 통신장교가 실행했다.

f. 1955년 1월에 극동육군 및 미 제8군은 원격 통신 시설 및 자재를 대한민국 체신부에 양도할 것을 지시했다. 한국민간구호계획이 자금을 지원한 한국경제원조 4종 프로젝트의 양도 일정이 승인을 받기 위해 극동육군 및 미 제8군으로 전송되었다. 한국후방관구사령부는 자기 책임 지역에서 한국경제원조 프로젝트의 양도를 위해 유사한 일정을 준비했다. 일정은 상용 반송파 장비 및 나선 도선의 양도를 보여주었다.

g. 1955년 6월에 한국후방관구사령부는 전방 미 제8군에게 남한에 남아있는 모든 통신시설에 대한 책임을 넘겼다.

h. 1955년 6월 30일까지 한국민간구호계획이 250만 달러 가치의 자금을 지원한 자재가 양도되었다. 다음 요소 및 그 예상 달러 가치는, 이러한 자재와 관련되어 있지만 "절충교역" 계획에 공식적으로 포함되지 않은 것이다.

(단위: 달러)

요소	예상 가치
노동	3,700,000
수송	3,000,000
감독	360,000

26. 부동산의 양도

a. 1954년 6월 말까지 미 제8군이 보유한 중요 재산은 학교 34곳, 상용 건물 73채, 개인 주택 75채로 감소했다. 6월에만 용산기지 내의 토지 200ac 이상이 대한민국에 양도되었다.

b. 1954년도의 마지막 분기 동안, 특히 12월에 재배치 계획의 효과가 토지 및 중요 재산 양도에 반영되었다. 제9군단 병력의 단계적 철수 및 제24보병사단의 이동이 한국에 토지

대부분을 반환하는 원인이 되었다. 양도 합계는 경작지 1만 3,320ac와 비경작지 12만 800ac가 되었다. 학교 3곳, 공장 3개, 창고 6개, 개인 주택 21채 및 사무실 건물 4채가 대한민국 경제로 반환되었다.

c. 1955년 1월에 26건의 중요 재산이 서울 영등포 지역에서 대한민국 육군으로 양도되었다. 용산 군사기지(메인포스트와 사우스포스트의 서쪽 끝)의 일부는 양도되어 대한민국 육군 본부에 할당되었다. 재배치에 따라 66건의 중요 재산이 4월에 대한민국 육군에 양도되었다. 5월에는 29건 그리고 6월에는 37건의 중요 재산이 추가로 양도되었다.

d. 일상적인 부동산 직무 외에, 1955년도 2분기 동안 두 가지 문제에 직면했다. (1) 제3수송철도사령부가 관리하는 부동산을 한국 국립철도에 매각하는 것과 (2) 한국인 중요 부동산 소유주로부터 가능한 한 빨리 그들의 재산을 반환하라고 요구하는 수많은 편지가 오기 시작한 것이다. 제3수송철도사령부-한국 국립철도 매각의 경우, 현행 부동산 지시 및 방침에 대한 명확한 조정, 통보 및 고려가 부족했기 때문에 발송 서류에 기재된 많은 재산이 재배치 계획 중 재산의 신속한 처리 및 재할당에 따라 대한민국 육군 민사참모부에 양도되었거나 다른 유엔군에 재할당되었다. 조사를 통해 발송 서류에 기재된 건물 44채와 해군 큐브 1개는 한국 국립철도에 양도하는 데 사용할 수 없는 것으로 밝혀졌다. 이 글을 쓰는 시점에 사용 가능한 대체 건물 목록이 그러한 누락을 교체하기 위해 준비되고 있다. 이 목록이 완성되면, 한국 국립철도 및 대한민국 교통부와 회의가 준비될 것이고 우리가 제안한 누락 건물을 사용 가능한 건물로 교체하는 계획을 그들이 수락할지 수락하지 않을지, 그들에게 제시할 것이다.

e. 한국인 소유자들의 수많은 청원은 잔류병력 인원의 단계적 철수 계획을 보여주는 것이었다. 이는 본 사령부에 그들의 부동산 양도를 요구하는 편지를 쓰거나 계획된 양도에 대한 정보를 요구하는 소유자 측에 큰 반응을 일으켰다. 대부분 경우에 부동산은 재배치의 정상적 과정에서 양도되었다. 그러나 부동산의 무기한 보유에 대해 나머지 요구가 있었던 개별적 경우에는 소유자에게 이 요구에 대해 통보하는 회신이 발송되었다. 어떤 경우에 이는 대한민국 정부 관리들의 직간접적인 압력을 초래했다. 모든 경우에 철저한 조사가 실시되었고 질문에 응답하여 회신이 준비되어 발송되었다.

f. 서울의 부동산 양도는 용산기지 안의 여러 부대와 기관이 단계적으로 철수하여 가능할 수 있었다. 한국민사원조사령부와 주한미군사고문단 사령부는 용산에 이전된 사무소 중 가장 큰 것이었다.

27. 인력

a. 잔류병력에 대한 초기 극동육군 병력 상한선 군 정원 3만 8,310명은 1954년 초에 있었던 임무 구상을 근거로 했다. 그러나 계획 수립이 진행됨에 따라, 많은 임무가 변경되고 추가되어 더 많은 인력이 필요했으나, 그 병력 상한선은 제24사단을 추가한 것 외에는 전혀 증가하지 않았다. 이러한 미리 결정된 병력 상한선으로 임무 변경을 조정하면서 상한선 안에 머물러 있기는 어려웠다.

b. 계획 I의 구상(6c항 참조)에는 전방 미 제8군 사령부가 미 제8군 본대와 잔류부대(미 제1군단 집단), 대한민국 육군, 대한민국 육군 제1군 및 주한미군사고문단 사이에서 조정기관으로 기능할 것이라고 제안되었다. 계획 Ⅱ구상(6g항 참조)은 전방 미 제8군 사령부가 미 1군단 사령부 대신 병참관구와 야전 유형 군수 지원을 제공하며 극동육군 및 미 제8군 사령부로 이전될 수 없는 그러한 야전군 유형의 행정 기능만 수행한다는 것이었다. 그러나 극동육군 및 미 제8군 사령부로 이전된 기능이 거의 없었고, 그 결과로 기능은 병력 상한선의 증가 없이 전방 미 제8군 사령부에 의해 흡수되어야 했다.

c. 재배치 활동을 수행하기 위해 기술병과는 실제로 임무가 증가했다. 예를 들어 병기에서는 부산에 있는 병기창 3개소의 탄약 2만 발을 수리하고 재보관해야 했다. 전체 병참 보급소는 애스컴시티에 있는 보급창에 통합될 수 있을 때까지 유지·운영되어야만 했다. 수송병과는 대한민국 육군이 그 운영을 인수하고, 또한 후송 화물 18만 1,000t을 발송할 준비가 될 때까지 부산에서 부두를 운영해야 했다. 교체 유입 감소뿐만 아니라 부대 이동 및 해체로 인해 군 병력이 계속 감소하면서 기술병과 요건에 부합하는 인력 제공이 문제가 되었다. 인력 요건은 다음의 몇 가지 방법으로 충족되었다. (1) 직접 고용 노동, 카투사 및 한국노무단 활용 증가, (2) 한국후방관구사령부의 단계적 철수로 확보한 인력 활용, (3) 초기 이동 날짜 이후 특정한 극동육군 부대 유지. 특정한 부대 및 활동에 현재 임무를 수행하기 충분한 인력을 공급하기 위해, 정원 요건을 검토하고 필요한 경우 조정하기 위해 특별위원회가 설립되었다. 이러한 조정은 일시적인 과다 병력 증원 기준에 따라 이루어졌다.

d. 주한 유엔군의 임무가 전투 작전에서 평시 병력으로 진행하면서, 초소, 기지, 주둔지 및 지역사령부 형식의 활동과 지속적 항만 운영의 필요성이 생겼다. 부대 기준을 확립한 원래의 구상이 전투 준비에서 2개 사단을 지원하는 것이었기 때문에 초소, 기지 및 주둔지 임무에 제공할 이용 가능한 정원이 없었다. 해결책은 기존 부대의 출장 인력을 활용하고 부대에 추가 근무를 부과하는 것이었다. 이는 사실상 부대의 기본 임무 수행 능력을 감소시키고 재배치 작전의 속도를 늦췄다.

28. 한국노무단

a. 1954년 3월, 한국노무단은 군단 사령부와 3개 사단으로 편성된 4만 500명이었다. 한국노무단 제101사단은 미 1군단을 지원했고, 한국노무단 제105사단은 미 10군단을 지원했으며, 한국노무단 제103사단의 1개 연대는 다양한 보급소 및 공병 활동을 지원하는 그 사단의 나머지와 함께 미 9군단을 지원했다. 재배치 작전이 진행됨에 따라 1954년 7월에 한국노무단 제105사단이, 그리고 1955년 5월에 한국노무단 제103사단이 해체되면서 한국노무단은 감소했다. 한국노무단 사령부는 1954년 6월에 해체되었다. 1955년 1월까지, 한국노무단 인원은 28,341명으로 축소되었다.

b. 잔류병력 부대를 위해 한국노무단 1만 5,000명이 필요한 것으로 계획되었고 이는 계획 Ⅰ, Ⅱ, Ⅲ 내내 변경되지 않았다.

c. 1955년 2월부터 6월까지 기간 동안 1956회계연도에 한국노무단을 유지하기 위한 협상이 대한민국 정부와 실시되었다. 이 보고서가 다루는 기간의 말미에 한국노무단 협상은 여전히 진행 중이었고 한국노무단의 미래는 아직 결정되지 않았다. 1955년 6월 30일까지 한국노무단의 인원은 소모로 인해 7,700명으로 축소되었다.

29. 1955년 6월 30일 이후의 작전

재배치 작전은 1955년 6월 30일까지 모든 의도와 목표를 달성했다고 여겨졌지만, 완료될 특정 활동이 남아있다. 이러한 활동이 포함된다.

(1) 재배치의 마지막 단계 중에 발생한 후송 화물의 발송 완료(예상 완료일 1955년 8월 15일)

(2) 애스컴시티에 있는 병참 보급창의 건설 완료 및 차례로 새 위치로 제55병참보급창의 이동 완료

(3) 애스컴시티로 보급창을 이동한 결과로 비우게 될 부동산의 양도

(4) 부산에 위치한 후방관구사령부의 부관부 기록처리부서는 한국후방관구사령부의 단계적 철수 중에 사실상 지속되었고, 재배치 작전에 관련된 한국후방관구사령부의 그러한 부대들의 기록을 최종 정리하는 임무를 띠고, 1955년 6월 21일 전방 미 제8군의 작전 통제하에 배치되었다.

30. 전방 미 제8군 참모부의 작전

전방 미 제8군 일반 참모(군수참모부 제외), 특수, 행정 및 기술병과 참모부의 작전에 대한

상세한 보고서는 부록 A부터 J까지에 포함되어 있다. 이 부록에 포함된 결론은 관계 부서장들의 결론이다. 부록은 다음과 같이 요약된다.

(1) 화학(부록 A)

이 부록은 편성, 재고 조사, 재고 상태, 감시 및 재고 구분을 포함한 화학 작전 보고서에 해당한다. 여기서는 미 제8군 화학 보급창이 오종리의 잔류병력 위치에 설립된 것과 미국 화학 보급소 폐쇄를 강조한다. 전방 미 제8군은 1955년 2월 15일자로 한국 전역의 화학 군수 보급에 대한 책임을 맡았다.

(2) 공병(부록 B)

이 부록은 재배치 작전 중 공병 작전에 대한 상세한 보고서이다. 이는 그 밖의 고려사항 중에서 포장 및 크레이팅 팀 활동, 부동산 활동, 대한군사원조 계획에 대한 관리와 감독, 한국후방관구사령부 기능을 전방 미 제8군으로 이전한 것에 해당한다. 여기서는 공병 보급 체계 재배치 및 애스컴시티 보급창 건설을 강조한다.

(3) 의무(부록 C)

이 부록은 재배치의 시작부터 한국후방관구사령부의 단계적 폐지까지 의무 계획 수립 및 작전에 대한 보고서에 해당한다. 여기서는 제6의무보급창의 보급 및 유지 수준 확정, 부대의 이동, 대한군사원조의 원칙 내에서 의료 원조, 한국후방관구사령부 의료 임무의 흡수 및 예방의학 작업량을 논의한다.

(4) 병기(부록 D)

이 부록은 1954년 2월 제24사단에 의해 제45보병사단을 그 작전 임무에서 해제하라고 지시하는 전문 KGO 2-8을 받은 때부터 1955년 6월 30일까지 병기부서의 상세한 작전에 해당한다. 여기서는 병기 장비의 처리 또는 반납, 탱크의 횡적 전환, 기술 점검, 포장 및 크레이팅 팀, 초과분 후송, 정비 및 차량의 반납에 대한 예규 개발을 강조한다. 여기서 탄약 수리 및 재보관 계획과 대한민국 육군으로 재산 및 군수 기능을 이전하는 것을 상세히 논의한다.

(5) 병참(부록 E)

이 부록은 1·2·3·4종 보급품 분야에서 병참부서의 상세한 작전에 해당한다. 이는 보급소의 단계적 축소, 야전 지원 활동 및 한국후방관구사령부 책임의 인수다. 여기서는 애스컴시티의 제443(현 제55)병참보급창의 이전 및 한국에 있는 유류 시설의 양도를 강조한다.

(6) 통신(부록 F)

통신 활동은 미 제8군 통신보급창의 운영, 영등포의 통신대 처리센터 설립, 전체 통합 주한 미 육군, 다수의 준군사기관 및 민간기관, 그리고 기타 한국에 있는 군대에 대한 통신 지원(정도는 다양함) 제공을 포함했다.

(7) 수송(부록 G)

이 부록은 재배치 동안 전방 미 제8군 수송부서의 계획 수립 및 작전을 다룬다. 여기서는 L-19 및 L-20 항공기의 대한민국 육군 이전, 대한민국 육군을 위한 항공기 예비 부품의 45일 재고 수준 확립, 수송 작업량, 인원의 단계적 축소, 미국 및 유엔 부대의 이동, 후송 화물의 발송, 중립국감독위원회에 수송(헬리콥터) 제공, 대한민국 육군에 보급 및 지원 제공, 인천 및 부산 항만의 시설과 운영을 논의한다.

(8) 인사참모부 활동(부록 H)

이 부록은 법무부서와 공보장교를 포함하여 인사참모부 활동을 요약한다. 이는 인력관리과, 민사, 부관부, 재정, 헌병 사령관 및 군목 활동을 상세히 보고하는 별지에 해당한다. 인력관리과 별지에서는 계획I에서 계획Ⅱ, 계획Ⅲ으로 변경됨에 따라 잔류병력 병력 상한선을 논의한다. 이는 한국노무단의 재배치 및 특별위원회 구성이다. 민사 별지는 1954년 3월 15일과 1954년 12월 31일 사이에 시행된 재정착 계획을 포함하여 민사부서의 책임과 기능에 해당한다. 부관부 별지는 인천 보충대 운영에 대한 자료와 출판지국, 우편지국 및 인사과의 활동에 해당한다. 재정 별지는 주로 단계적 축소, 한국후방관구사령부의 단계적 철수 시 기능 흡수 및 특정한 공인 민간 기관에 대한 제한적 재정 지원을 다룬다. 헌병 사령관 별지에서는 감금 시설, 중립국시찰단 안전 및 유류 시설 보호를 포함한 헌병 사무를 논의한다. 군목 별지에서는 보급을 포함한 다양한 활동을 다룬다.

(9) 정보참모부 활동(부록 I)

정보참모부는 한국후방관구사령부로부터 전방 미 제8군으로의 정보 활동 이전을 논의한다. 이는 방첩 포괄, 정보 부대 이동 일정 및 정보 부대의 잔류병력 편성이다. 재배치와 같은 작전 중에, 정보참모부는 기술 정보 생산에 관련된 기술병과 참모부서 및 부대와 면밀히 조정하여 그러한 부대의 해체 또는 이동 전에 자신의 임무를 완료하거나 책임을 이전하도록 보장해야 한다.

(10) 작전참모부 활동(부록 J)

이 부록은 계획Ⅰ, Ⅱ, Ⅲ의 발전에 대해 보고한다. 여기서는 잔류병력 부대표와 이동 일정 진척에 대해 논의한다. 여기서는 재배치 중에 훈련 점검 및 부대 정훈 계획을 강조한다.

31. 작전 분석

a. 총론

(1) 주한 미 제8군 재배치 작전은 가장 복잡했다. 실제로 세 가지 별개의 주요 작전이 동시에 진행되고 있었고, 각기 극동사령부의 전체 재조정 중 개별적인 단계였다. 이 세 가지 작전은 (1) 한국에서 미 전투부대 대부분의 이동, (2) 서울-인천 단지를 기반으로 한 자립형 잔류병력 창설, (3) 잔류병력용으로 설정된 수준을 초과한 모든 보급품과 장비의 재배치였다. 전방에서 후방으로 보급품을 재배치한 것은 사실상 보급품의 정상적 흐름을 완전히 바꾸었다. 기존 군수 지원용 경로와 시설은 최대한으로 활용되었다. 미 제8군 책임 지역 전역에 흩어진 막대한 양의 보급품 및 장비 수집, 이동하는 부대로부터 잔류하는 부대로 장비의 횡적 전환, 초과분 처리, 포장 및 크레이팅, 문서화 및 발송은 관련된 모든 사령부와 부대의 최대한 협력을 통해서만 완수되었다. 보급창 부지 선정, 보급창 시설 건설, 보급수준 확정 및 보급소 설립을 포함한 잔류병력 보급창 체계 확립이 주요 과업이었다. 1955년 1월부터 시작하여, 전방 미 제8군은 한국후방관구사령부로부터 책임을 인수하기 시작했다. 한국후방관구사령부가 1955년 6월 25일 단계적으로 철수할 때까지, 전방 미 제8군은 한국 전역에 대한 지역 및 군수 책임을 맡았다.

(2) 상위 사령부에 의한 지침의 신속한 변경은 불확실한 가정과 연결되어 계획 수립 문서의 질에 한계가 있었다. 이는 후임자를 "훈련"할 시간이 충분하지 않은 상황에서, 교대로 주요 참모 장교들이 급속히 교체되어 더욱 복잡해졌다. 전체 이동 계획 중에서 미군 부분에 대한 계획 수립은 상세하고 포괄적이었다. 기본 계획 수립의 여러 변경으로 지정된 잔류병력에 대한 군수 지원 계획에 지속적 수정이 필요했다.

(3) 재배치 작전에서 모든 관련자가 과업 및 절차를 완전히 이해하도록 작전보다 충분히 훨씬 앞서서 상세한 계획을 수립할 필요성이 전면에 강하게 제기되었다. 지정한 날짜와 장소에 화물 도착 및 발송을 보장하기 위해 보급 예상, 예약, 발송 요구사항 예상과 같은 복잡한 사안이 지속적으로 검토되었다.

(4) 미 제8군 사령관들과 그 참모들의 상세하고 질서 있는 계획 수립은 기본적으로 견실하다고 판명되었고, 기본 구상의 수정은 거의 필요하지 않았다. 그러나 추가 임무와 수정된 부대표로 인해 잔류부대를 지원할 재고 수준 유지, 보급소 설립 위치 및 사령부의 단계적 철수 시 후방관구사령부로부터 지역 및 군수 책임을 맡는 것과 같은 문제에 대한 계획 변경이 계속 필요했다. 재배치는 1955년 6월 30일로 예정된 날짜까지

완결로 검토되었지만, 전방 미 제8군이 통제할 수 없었던 특정한 장애물이 그 작전의 순조로운 연속을 지연시켰으며, 분석 및 해결책이 필요한 문제 수數의 큰 원인이 되었다. 이러한 상황은 다음을 포함했다.

(a) 탄약 재고 및 탄약보급소 시설을 대한민국 육군으로 이전하는 권한 인수 지연

(b) 대한민국 육군에 대한 지급 보류(대한민국 육군 "동결"): 대한민국 육군에 배당된 보급품은 중요한 공간을 점유하며 저장 중 특별한 보안 및 상당한 관리를 요하는 미국 보급 시설에 보관되었다.

(c) 동급 사령부와 세부적 조정의 필요성: 직간접적으로 모든 전방 미 제8군 활동은 주한미군사고문단, 한국민사원조사령부, 경제조정관실, 미 해군, 해병대, 공군 및 대한민국 국군의 작전에 명확한 관련이 있었다. 이해관계가 있는 기관과의 조정은 당연히 시간이 걸렸다. 전화로 논의할 수 없는 기밀 성격의 수많은 문제를 해결하려고 비행기나 철도편으로 여러 사령부로 출장을 많이 다녀야 했다. 1954년 3월의 1급비밀 분류는 조정 노력을 최저로 감소시켰다.

(d) 대한민국에 대한 특정한 군수 책임 양도의 불확실성. 대한석유저장주식회사의 유류 터미널 운영 계약, 체신부와 통신시설 양도 계약, 한국 국립철도와 철도사업 계약 및 대한민국으로의 부산항 양도는 한국후방관구사령부, 전방 미 제8군 및 관련된 대한민국 기관이 진행했던, 오래 끌었던 협상의 사례이다.

b. 화학

(1) 1954년 16일부터 19일까지 기간의 관찰에 따르면 미 제8군 화학부서는 다음 이유로 인해 그 가용 자원을 잘 알지 못했음이 드러났다.

(a) 보급소의 재고 조사 기록은 실제 보유한 재고와 일치하지 않았고, 이러한 결함을 지속적으로 시정할 수 있었을 순환 재고 조사도 이루어지지 않았다.

(b) 쓸모 있다고 두었던 자원에 쓸 수 없게 악화한 많은 품목이 포함되었다. 〈특별규정 742-507〉 시리즈에 규정된 순환 감시가 실시되지 않았기 때문에 쓸모없는 물자가 확인되지 않았다는 이유로 기록에서 지워지지 않았다.

(2) 1954년 8월 15일 화학 재고에 대한 첫 번째 순환 재고 조사가 시작되었다. 이는 1950년 6월 전쟁 개시 이래 미 제8군의 화학 재고에 대한 첫 번째 재고 조사였다. 뒤섞인 재고, 미숙하고 훈련받지 않은 인력으로 인해 한계가 있었지만 순환 감시는 1954년 9월 1일 시작되었다. 육안 검사와 재고 표기는 1954년 8월에 시작했다.

(3) 한국으로부터 화학병과 초과분을 내보내는 데 가장 크게 도움이 된 것은 자동 출하에

대한 육군부(수석화학장교실) 권한이었을 것이다. 화학병과 물자사령부, 서한 〈미국 보급 체계에서 보유할 품목 목록〉, CMLWX-SM.4, 1954년 3월 12일자로 그러한 권한이 미 본토 목적지와 함께 극동육군에 부여되었다. 이러한 자동 출하는 1954년 12월부터 1955년 3월까지 미 제8군 화학병과에서 진행되었다.

(4) 부산기지 보급창을 운영하던 제95화학중대(근무)는 1955년 2월 15일 한국후방관구사령부로부터 전방 미 제8군 통제로 이전되었다. 이 날짜에 전방 미 제8군은 한국후방관구사령부로부터 한국 전역의 화학 군수 지원에 대한 책임을 맡았다.

(5) 신속한 재배치에 대한 첫 번째 장애물은 확실한 요구 및 자원 상황의 부족이었다. 부대 근거지가 안정되고, 4종 프로젝트가 수정되고, 요구사항 산정이 전방 미 제8군으로 집중되고 이러한 요구사항에 대한 합의를 극동육군 및 한국후방관구사령부로부터 얻은 후에야 요구의 기본이 확실해졌다. 자원 가치는 재고 구분, 재고 조사, 감시 및 분류가 완료되고서야 충분히 정확하게 알려졌다.

(6) 두 번째 주요 장애물은 수백 가지 품목에 대한 군수 책임의 기술병과 간 이전을 시행하기 부적당한 시점이었다. 이는 재배치 작전이 한창일 때였다. 결과적으로 일이 급하게 되어, 재배치 기간 전에 이전이 시행되었다면 피할 수 있었을 일부 바람직하지 않은 사고가 발생했다.

(7) 다른 주요 장애물은 잔류병력 보급창 부대로서 제92화학중대가 제95화학중대를 대체한 것이었다. 한국후방관구사령부의 한 부대인 제95화학중대에는 더욱 유능하고 숙련된 관리, 유일한 재고 수리 경험 및 유일한 해외 발송 경험이 있었다. 제95화학중대가 유지되었다면, 한국 전역 임무 실시에 대해 통합하고 준비하는 뛰어난 지도력이 두드러졌을 것이다.

c. 공병

(1) 초기 계획 수립 중에 미 제8군의 공병 보급 임무는 7개의 공병 보급소에서 수령 및 지급을 통해 수행되었다. 이 보급 체계에서 보유한 총량은 18만 쇼트톤으로 추산되었다. 1954년 7월로 예정된 미군의 이동으로 발생할 초과 보급품의 일부는 대한민국 국군에 대해 책임을 이행하고, 잔류병력 보급창에 비축 물자를 제공하며, 현재 소비 수요를 지원하는 데 활용되도록 계획되었다. 보급품의 나머지는 일본의 공병보급관리 사무소가 확립한 절차에 따라 질서정연한 방식으로 철거될 것이다. 이러한 재고의 실제 재배치에서 직면한 주요 난관으로는 다음이 있었다.

(a) 잔류부대 지원용으로 보관할 품목과 수량에 대한 상급 사령부의 시의적절한

지시 부족

(b) 재배치 임무와 일반 부대 지원을 둘 다 동시에 적절히 수행하기 충분한 인력 부족

(c) 사령부 내에서 보급품 위치를 옮기거나 사령부로부터 보급품을 철수시킬 적절한 수송 시설 부족

(d) 상급 사령부로부터 초과 보급품에 대한 처분 지시 수령 지연

(e) 한국후방관구사령부와 미 제8군 지역에서 재배치를 조정하는 하나의 지역 조정 사령부 결여

(f) 표준화 계획, 연방 재고 번호로의 변환 및 기술병과 간 군수 책임의 이전은 재배치의 일부는 아니지만, 전체 작전상 문제를 더했다.

(2) 애스컴시티 보급창 건설과 공병 장비 재배치 계획에서 발생한 변경으로 원래 일본과 한국후방관구사령부로 이동 예정이었던 공병 부대에 대한 요구사항이 확정되었다. 1954년 12월 5일, 제24공병단(건설) 본부 및 본부중대의 인원과 장비가 제19공병단(전투)로 이전되었다. 제24공병단의 부대는 제19공병단에 배정되었고, 제19공병단은 김포로 이동하여 애스컴시티 보급창 건설 임무를 맡았다. 12월에 제185공병대대(전투)가 애스컴시티 보급창 건설에 추가 노력을 제공하기 위해 미 1군단(집단)에서 해제되어 제19공병단(전투)으로 이전되었다.

(3) 야전 정비 부대의 능력을 넘어선, 재배치의 필수적 단계 중 하나는 초과 장비의 처리 및 발송이었다. 따라서 제630공병중대(경장비)는 1954년 7월 영등포로 이동되어 야전 정비 중대를 지원하기 위해 제45공병단(장비 및 보급)에 배정되었다.

(4) 미 제8군 포장 및 크레이팅 팀이 얻은 경험은 그 작전을 위해 개발된 조직 및 절차를 향후 대규모 이동 시에 따라야 함을 보여준다. 빈약한 병참선과 기지로부터 철도 및 항만 시설까지 관련된 거리에 더하여 다음 문제들이 지적되었다.

(a) 사단 공병대대 및 미 제8군 상자 공장 모두에서 상자와 나무상자용 조립 기술 개발. 예외 없이, 초기의 상자 및 나무상자는 품질이 조악했다. 이는 조립 인력이 미숙하고 필요한 기준을 잘 이해하지 못했기 때문이었다.

(b) 포장, 못 박기 및 묶기에서 다음의 모순이 지적되었다.

1. 상자의 대략 10%가 느슨히 포장되어, 상자 안의 내용물이 움직였다.
2. 처음에 상자의 5~25%가 부적절하게 묶였다. 끈을 조이기 전에 상자 옆면에 끈의 위치를 수직으로 하지 않아서, 끈이 곧 느슨해졌다.

(c) 면밀한 감독으로 이러한 모순의 대부분을 시정했다.

(5) 초기에 폐품 목재가 상자와 나무상자 조립에 활용되었다는 점은 흥미롭다. 폐품 목재로 조립한 상자의 대략 1/3이 폐기되어, 높은 등급의 내구성이 필요할 때 저급 자재를 사용하는 잘못된 절약의 예가 되었다.

(6) 재배치 중에 이동 중이거나 해체 중인 사단급 부대들이 12만 4,000개의 상자 및 나무상자를 조립했고, 목재 337만 4,000b.f.[98] 및 못 11만 5,200lb를 소비했다. 사단급 부대가 아닌 경우에 대해 미 제8군 상자 공장에서 8만 3,250개의 상자 및 나무상자를 제공했고, 목재 333만 b.f. 및 못 11만 lb를 소비했다.

d. 의무

(1) 퀀셋 또는 사용 가능한 기타 영구적 유형 부동산의 의무시설을 이전하기 위한 계획 수립이 준비되었다. 주요 건설 프로젝트는 제43외과병원(이동육군), 그리고 그들의 잔류병력 지역에 있는 제121후송병원(반이동)을 지원하기 위해 시작되었다. 의무실 및 기타 보조 의료 기관 또한 반영구 시설의 잔류병력 부대 밀도에 적합하게 이전될 예정이었다.

(2) 제6의무보급창(육군)의 보급 및 보유 수준을 확정하기 위한 재고 출하가 제60의무보급창(한국후방관구사령부)에서 1954년 10월 및 11월에 이루어졌다. 한국후방관구사령부로부터 더 나중의 출하는 군의관, 보급창 지휘관 간의 상호 합의 및 극동 군의관의 지시에 따라 이루어졌다.

(3) 1954년 8월 중에, 선발된 대한민국 육군 의무병과 장교, 의무지원병과 장교, 치과병과 장교 및 간호사에 대한 실무훈련 계획이 미 의무부대에서 준비되었다. 이 장교들은 1년 기간의 훈련을 위해 미 의무부대로 통합되었다. 이 계획은 대한민국 육군 장교들에 대한 미국 본토에서의 훈련이 대한민국 육군의 즉각적 필요를 충족시키지 못하기 때문에 개발되었다.

(4) 1955년 5월 15일자로 대구-부산 단지의 의무시설에서 사용할 의료용품에 대한 청구서가 부산의 스웨덴 적십자병원에 자리 잡은 조직된 임시의무연락반으로 제출되었다. 미 연락장교가 차례로 지역에 대한 통합 청구서를 제6의무보급창에 제출한다. 제6의무보급창을 기반으로 한 대전 이남의 모든 부대는 현재 또는 즉시 예상된 소모율로 보급 30일분을 승인받았다.

---

98 보드피트(board feet)는 목재의 계량단위로 1보드피트는 넓이 1ft, 두께 1in의 材積을 나타낸다.

(5) 제1해병사단과 공군 제75전술병원이 반납한 의료 장비는 제6의료보급창(육군)에 과중하고 예기치 못한 분류 및 수리 작업량을 부과했다.

e. 병기

(1) 제45사단 및 제40사단이 한국에 남긴 병기 장비는 병기 기술 점검 없이 다른 부대로 횡적 전환되었다. 이는 사용 가능한 최상의 장비로 가능한 한 빨리 편성 및 장비표를 채우려고 실시되었다. 이 절차는 불충분했다. 부대는 정비를 소홀히 하여 병기에 과도한 보급 부담을 주었다. 이전 시점의 장비 상태는 병기 기술 점검의 기록 사안이 아니었기 때문에 병기는 부대에 압력을 가할 근거가 없었다. 그 뒤에 모든 장비 이전은 병기 횡적 전환을 통해서, 그리고 그때부터 병기 장교의 구체적인 서면 승인을 통해서만 한다는 지시가 병기단으로 발송되었다.

(2) 재배치 작전의 개시는 한국에서 병기의 정비 능력에 무거운 부담을 주었다. 필요한 시간, 인력 및 물자가 일반적 정비 요건에 추가되었다. 이는 이동 내내 계속되었다. 무거운 부담은 상당 부분 사용자가 병기 장비를 적절히 정비하지 않았기 때문이었다. 부대의 단계적 철수 또는 해체에 임박한 일정으로 인해 장비는 전체 결함의 수정 없이 수용되었다. 이로 인해 결국 병기에서 재지급 전에 같은 차량을 수리해야만 했다. 제7보병사단과 제24보병사단 및 제1해병사단에서 교체용 초과 차량을 선정한 것은 심각한 잘못이었다. 이들 부대는 보유 차량에 대한 필요한 정비 실시를 중단하고 수리보다는 교환에 의존했다. 그 결과로 미 제8군 전체에서 수리대기 차량 평균이 급속도로 상승했다. 이러한 유산은 육군에서 지금까지 이어져 왔으며, 잔류부대에 정비를 최소한으로 실시하고 교체를 바라는 경향이 여전히 존재한다.

(3) 초과분 철수 계획은 단계적 철수 계획의 초기에 시작되었다. 미 제8군은 처리 지시를 결국 제공한 한국후방관구사령부에 초과분을 보고했다. 발송 명령이 달리 명시되지 않은 이상 모든 장비는 Ⅰ유형(제한 보관) 처리로 발송되었다. 1954년 5월 29일 회의에서 미 제8군 병기부서, 한국후방관구사령부 병기부서, 미 제8군 수송부서 및 병기 부대의 대표들이 차량 처리를 논의했다. 발송 명령을 받기 전에는 처리 유형을 알 수 없기 때문에, Ⅱ유형(장기 보관)를 사용하기로 결정되었다. 최종 처리를 완수하기 위해, 주로 인천항에서 활용하려고 제568병기중대를 한국후방관구사령부로 이전하기로 결정했다. 병기 발송의 대략 80%가 인천항에서 이루어질 것이기 때문이었다.

(4) 1954년 9월 11일, 병기부서는 모든 장비가 Ⅱ유형으로 처리되어 발송된다는 지시를 극동육군으로부터 받았다. Ⅱ유형 처리는 장기 보관용이며 원래 계획했던 작업량의

두 배에 이르렀다. 원래 일정상 알려진 변경을 고려하여, 반납할 장비에 대해 새로 조사가 이루어져 1954년 10월 13일에 총 반납이 약 35만 5,000용적톤[99]에 이를 것으로 측정되었다. 발송 처리에 최우선순위가 주어졌다. 1954년 12월 1일까지 병기에서 예상했던 장비의 양을 수용하지 못했던 것은 분명했다. 1954년 12월 8일 완료된 검토에 따르면 10월과 11월에 이동 일정상 변경 및 한국에서 사용 가능한 장비에 생긴 결빙으로 3만 4,000용적톤 이상이 손실되었다고 나타났다. 1954년 12월 31일까지 17만 7,000용적톤이 발송될 것으로 추정되었고, 이는 달성되었다. 1월에는 이용 가능하다고 예상된 총량이 예약되었다. 그러나 1954년 12월 8일 검토에서 측정된 자산 손실에 근거하여 2월을 검토해서 3만 용적톤으로 줄였다. 1월에, 그리고 2월 예약 예상이 감소한 이후, 계획된 수치를 초과한 장비는 부대들이 장비 현황 보고서에 보이는 것보다 평균 33% 이상의 장비를 반납하고 있었음을 나타냈다. 1955년 6월 30일 현재, 총 53만 3,3431용적톤이 발송 예약되었고, 총 47만 5,893 용적톤이 발송되었다. 대략 1만 6,000~2만 용적톤이 1955년 6월 30일 이후 초과분으로 발생할 것이라고 추정된다.

(5) 잔류부대와 대한민국 육군 모두에 대해 자산의 계산이나 보유 수준 및 배치에 대한 육군부와 극동육군의 지시는 기본 휴대량에 5종 자산의 포함을 명시했다. 즉 기본 휴대량에서 자산은 승인된 전투 예비량에 추가된 것이 아니라, 그 일부였다. 동일 무기에 대해 1일 보급 탄약량과 기본 휴대량 사이에는 수학적 관계가 없었기 때문에, 이러한 요건은 자산 배치에 뚜렷한 영향을 주었다. 따라서 보급 일자에서 남은 수효가 지원받은 무기용으로 탄약보관소에 비축될 수 없었다. 예를 들어 30구경 카빈 탄약의 기본 휴대량은 같은 수의 무기에 대해 45일가량이었다. 이 경우에 지원하는 탄약보급소에서 일부 재보급을 제공하기 위해 기본 휴대량 승인을 줄여야 했을 것이다.

(6) 1955년 1월 20일, 미 해병 제1사단은 미국으로 이동 준비를 시작했다. 한국에서 이동된 이 사단은 병기 경로에 육군 보급 장비의 대부분을 남겼다. 반환된 육군 장비의 정확한 가치를 미 해병대에 인정해 주기 위한 완전한 기술 점검이 완료되었다.

(7) 제1해병사단의 이동 중에 미 제24보병사단이 일본에서 한국으로 돌아올 예정이었다. 이 사단이 일본으로 그 이동을 완료하지 않았다는 점에 유의해야 한다. 제19보병연대는 아직 한국에 있었다. 이 사단은 그 장비 일부를 갖고 일본에서 돌아왔다. 나머지는

99 용적톤(Measurement Ton, M/T)은 적재 화물의 용적을 기준으로 환산한 무게이며 1용적톤은 1m^{3}이다.

한국에 있는 재고에서 지급될 것이었다. 사단 장비가 여전히 반납되고 있던 과정 중이었으므로, 정비 및 수리 계획은 완료될 수 없었다. 이전에 사단이 반납한 장비를 그들에게 다시 지급하려고 했지만 그들이 이를 수용하기를 거부했다. 따라서 제59병기단 부대들이 제24사단에 대해 장비 수리 계획을 수립했으며, 장비는 수리가 완료되는 대로 신속하게 지급되었다.

(8) "재배치"의 규모는 병기가 이동 중인 사단으로부터 받은 장비의 수령, 분류 및 처리에 26만 7,000인시를 썼다는 사실에서 알 수 있다. 이 총합에는 인천항에서 물자 발송 시 썼던 추가 인시와 제24보병사단이 한국으로 복귀할 때 장비를 다시 갖추는 데 소모된 인시가 포함되지 않는다.

f. 병참

(1) 이동 시행에 대한 확실한 날짜를 받는 것이 지연되어 수개월 전에 취해졌을 수 있는 여러 조치가 방해를 받았다. 예를 들어, 손모損耗로 인한 재고 감소가 이르게는 1954년 3월에 시작되어, 그로 인해 재고의 질서정연한 재배치 및 유입 보급품의 감소를 확실히 할 수도 있었다. 실제로 전체 이동에 대한 확실한 목표 기일은 주요 전투부대의 약 절반이 이동된 후에야 받았다.

(2) 대한민국 육군이 1954년 10월 1일까지 병참 면에서 독립할 것이라는 원래 가정은 타당하지 않았다. 정치적 합의에 대한 서명을 미루고 있는 대한민국 육군에 대한 보급품 및 장비 양도에 부과된 제한으로 상황은 더욱 복잡했다.

(3) 병참부대의 이동 일정을 진척시키기 위해 시설을 폐쇄할 특정한 목표 기일을 확정하여 부대 이동이 임무 중단과 모순이 없도록 해야 했다. 이는 이동 또는 단계적 철수 작전의 주요 문제 영역 중 하나로 판명되었다. 부대가 지역으로부터 이동하기 전의 마지막 날까지 1종 및 3종 보급을 지속해야 했기 때문에 병참은 이동 일정을 진전시키는 데 특수한 문제가 있었다.

(4) 1954년 12월 31일, 극동육군 및 미 제8군은 I부 "극동사령부를 위한 병참 보급 및 지원 계획"을 공표했다. 이 계획은 프로그램의 일반적 구상을 변경시키지 않았지만, 한국후방관구사령부의 특정 임무를 인수하거나 그로부터 해제할 목표 기일의 일부를 바꾸었다. 전방 미 제8군 병참 계획은 1955년 5월까지 부산 사상 및 울산의 유류 터미널 인수를 예상하지 않았다. 극동육군 및 미 제8군 계획은 늦어도 1955년 4월 1일까지 한국의 모든 유류 터미널을 전방 미 제8군 통제에 넘기기로 결정했다. 이를 위해 전방 미 제8군 계획의 재조정이 필요했다. 또한 극동육군 및 미 제8군

계획은 전방 미 제8군이 1955년 4월 1일까지 한국후방관구사령부 내의 모든 냉장 시설과 부산 단지 외부의 모든 보급소를 인수할 것이라고 밝혔다. 전방 미 제8군은 1955년 5월이나 오히려 늦게는 1955년 6월에 가서야 이러한 임무를 맡을 것을 계획했다. 1종, 2종 및 4종 보급소(부산)와 제55병참보급창의 운영을 제외하면, 대체로 이는 한국에서 모든 병참 기능이 1955년 4월 1일까지 전방 미 제8군의 책임이 된다는 것을 의미했다. 이러한 목표 기일의 변경은 전방 미 제8군 부대와 또 한국후방관구사령부 부대 배치에 대한 계획 수립을 완전히 바꾸었다. 한국후방관구사령부는 한국후방관구사령부로 이전할 예정이었던 전방 미 제8군 병참부대를 요구하지 않고, 전방 미 제8군은 이들 부대를 해소하고 그에 따라 초과 인원 유지를 허용하기로 상호 합의했다. 또한 한국후방관구사령부와 전방 미 제8군 사이에는 전방 미 제8군이 임무를 맡을 때 이미 임무를 수행하고 있는 부대, 인력 및 장비도 인수하기로 상호 합의되었다. 이 합의에 따라 1954년 11월에 이전된 1개의 세탁중대를 제외하고 한국후방관구사령부로 어떠한 전방 미 제8군 부대도 이전되지 않았다. 전방 미 제8군은 1955년 1월부터 6월까지 기간에 실제로 한국후방관구사령부로부터 대략 15개의 병참부대를 인수했다.

g. 통신

(1) "수리 작전"은 1954년 9월 28일에 시작되어 1955년 4월 27일 종료되었다. 제205 통신중대(수리)는 수리용 밴 10대, 장교 2명 및 사병 30명을 갖추었다. 대한민국 육군 사단은 2회, 대한민국 육군과 군단 부대는 1회 방문을 받았다. 통신 장비 2만 7,430점이 검사를 받았고, 장비 2만 4,634점은 수리되었으며 나머지 장비는 상위 단계 수리용으로 모아놓거나 수리 부품을 기다리는 것이었다. 이 작전에는 약 10만 개의 수리 부품이 사용되었다.

(2) 극동육군과 한국후방관구령부가 협력하여 1954년 2월에 통신장비 포장 및 크레이팅 목적으로 처리센터를 설립하려는 계획이 채택되고 활동이 시작되었다. 시설은 미 제8군 통신보급창이 수립한 뒤에 한국후방관구사령부로 이전되었다. 한국 영등포에 있던 이 통신대 처리센터의 활동 기간 중에, 장비 총계 약 2만 용적톤을 받아서 처리했다. 이 총계 중에서 1만 9,150용적톤은 한국 밖으로 발송되어 보급 계통으로 돌아갔다. 약 850용적톤은 폐품으로, 재산 처분을 통해 대한민국에 공급 및 대한민국 체신부에 매각하여 처리되었다. 이 활동에 대한 실제 작업량의 요약은 부록 F(통신), 별지 7에 포함되어 있다.

(3) 초기의 조정은 완전하고 상세했다. 1954년 3월의 1급비밀 분류는 조정 노력을 최저로 감소시켰다. 일반적인 계획 조정은 보통 사령부, 극동육군, 제5공군, 미 제8군, 한국후방관구사령부, 주한미군사고문단, 한국민사원조사령부, 미 제1군단, 제9군단, 제10군단에 한했다.

(4) 모든 문서 및 통신의 등급 격상으로 모든 계획 수립이 중단되었다. 계획 수립 인원을 최소로 줄이고, 비밀취급 인가를 점검하며, 통지 및 논의는 지정된 계획자로 제한하고, 작업 절차를 수정하고, 파일과 문서를 분리하고, 문서는 등급을 격상했다.

(5) 통신시설은 가능한 한 신속하게 규모가 축소되었다. 그 다음으로 더 작은 장비가 통신 요구사항을 취급할 때마다, 더 작은 유형의 장비가 설치되었다. 이 절차는 철수체계를 통해 상당히 일정한 작업량과 초과 통신 장비의 더욱 규칙적인 공급 모두를 제공했다.

(6) 극동육군, 전문 FM 906024, 1954년 6월 21일은 일반 보급 경로를 통해 통신 장비를 철수하고 필요에 따라 별도의 처분 지시를 제공하는 방침을 세웠다.

(7) 대한민국 정부, 국군 및 여러 기타 기관 및 활동에 제공된 대량의 통신 지원 및 시설은 자기의 임무를 수행하는 통신부대의 효율성을 크게 감소시켰다.

h. 수송

(1) 1954년 7월 1일부터 12월 31일까지 기간에 대한민국 육군을 위한 항공기 예비부품 및 보급품의 45일 재고 수준이 확정되었다. 초기 재고 수준은 미 육군 항공기 보급품에서 직접 공급되었다. 대한민국 육군 재고 수준의 보충 및 유지를 위해, 대한민국 육군 제80육군항공수송야전보급창 중대는 일본 다치카와[立川]에 있는 미 공군 제718사단보급장교에게 직접 요구하는 권한을 받았다.

(2) 항공 보급품과 장비의 보급은 충분했고, 잔류병력 지원을 위한 재고 수준은 쉽게 확립되었다. 이에 대한 유일한 예외는 H-13 헬리콥터 엔진과 날개가 가끔 긴요 보급에 들어 있었다는 점이다.

(3) 1954년 말에 잔류부대로 예정된 수송경량트럭중대에는 정식 인가를 받은 M시리즈 2.5t 6×6트럭이 심각하게 부족했다. 이러한 상황은 1955년 초 다른 트럭 부대들이 해소했을 때 그 부대들로부터 차량을 이전받음으로써 상당히 완화되었다.

(4) 1954년 7월 1일부터 1955년 6월 30일까지 기간에 수송병과 차량은 대한민국 육군 작전을 지원하여 124만 6,632mi을 주행했다. 이러한 지원은 운전자 및 정비사 부족과 맞물려, 이동 및 재배치 계획을 위해 최대의 트럭 지원이 필요한 시기에 충분한

간선도로 수송 능력이 종종 크게 부족했다.

(5) 원래 계획은 부산항을 1종(부패성 식품) 및 3종(대량) 수령에만 활용할 것을 구상했다. 그러나 대외사업처 1956회계연도 자금의 의회 승인 및 대한민국 국군 화물을 수용하는 대한민국 육군 역량 발전이 미뤄져, 1955회계연도 계획에 따라 조달된 대한민국 국군 화물의 하역을 포함하기 위해 잔류병력 역량을 확대하기로 결정되었다. 이는 잠정 조치로 간주되었으며, 정원 초과 인원 및 직접 고용 노동으로 달성될 것이다.

(6) 잔류병력 부대표와 이동 일정의 무수한 수정은 잔류부대 임무의 지속적인 변경으로 인해 필요했고 강제적 병력 상한선을 수반한 것으로, 계획자들은 충분한 수송 지원을 보장하기 위해 재배치의 후반 단계까지 한국에서 수송병과 부대의 대부분을 유지해야 했다. 이 문제는 재배치 계획에 관련된 수송 t수의 확실한 견적이 부족하여 더욱 복잡해졌다.

(7) 극동육군의 기본 지침에 따르면 미국 소유의 모든 철도 장비는 한국에서 철수하거나 대외사업처 자금을 활용해서 한국 국립철도에 매각하여 한구후방관구사령부가 처분할 것이라고 했다. 후속 계획 수립에서는 인천 유류 터미널에서 사용할 디젤 스위치 엔진 2개 및 병원차 5대에 대한 잔류병력 요구사항을 전개했다. 장비는 운영 및 기관의 정비 요원들을 공급할 사용 부대로 발송되었다. 그러나 이러한 장비에 대한 야전 정비 지원의 문제는 1955년 6월 30일 현재까지 해결되지 않았다. 철도자문단과의 협의를 통해 한국 국립철도는 계약에 따른 이러한 지원을 제공할 능력이 없는 것으로 나타났다.

(8) 1954년 8월 3일, 수송병과는 중립국감독위원회 인원의 수송을 위해 H-19 헬리콥터를 제공하기 시작했다. 헬리콥터 7대가 이 임무를 위해 매일 대기하도록 배치되었다. 대구에 2대, 인천에 2대, 부산에 2대, 군산에 1대였다. 이외에도 헬리콥터는 매일 필요에 따라 판문점을 오가는 중립국감독위원회 인원을 수송하는 데 사용되었다. 이 후자의 책임은 평균 매일 항공기 1대였다. 이러한 작전의 영향은 한국에서 모든 다른 수송 헬리콥터 부대가 이동하여 미 제8군 지역의 전반적인 헬리콥터 지원 역량이 최저로 줄어들자 한꺼번에 제13수송중대(헬리콥터)의 역량도 크게 줄어든 것이다. 매일 대기하는 H-19 헬리콥터의 수는 부산에서 1대, 인천에서 1대가 감소하여 1955년 6월 30일 현재 6대로 줄었다.

(9) 1954년 12월, 10~11월 중에 이동했던 몇몇 부대에서 상당한 양의 화물과 수화물이 분실되거나 도난당했다고 보고했다. 추적 조치가 즉시 개시되었다. 대부분의 화물과

수화물은 요코하마항에서 창고로 잘못 보냈던 일본에서 발견되거나 여전히 한국에서 수송을 기다리는 중이었다. 향후 이러한 유형의 손실을 막으려는 노력으로, 제55수송대대는 소속 차량에 실은 화물 및 부대 안전 제공 요원과 함께 전차상륙함을 타고 일본으로 이동했다. 이 부대는 부대 선박을 어떠한 손실도 없이 이동하여, 이 방법이 인력과 화물이 화물선을 타고 별도로 수송되는 군 수송선을 이용하는 것보다 더 효율적임을 입증했다. 그 후에 극동육군은 이에 따라 부대 이동 방침을 변경했다.

(10) 후송 화물 발송

(a) 매달 발송 기간의 상반기에는 지정된 선박이 부족한 사례가 많았다. 이는 선박을 지정하는 예약이 늦게 제출되었기 때문이었다. 화물 예약 마감 날짜를 정해서, 이는 어느 정도 수정되었다.

(b) 많은 사례에서 선박 지정 변경이나 지정 철회는 특히 화물이 기항되고 항구로 발송 중이거나 도착했던 경우에 난관을 초래했다. 화물이 화주貨主로부터 항구로 그리고 선박에 실리기까지 구애받지 않고 이동하도록 사용 가능한 제한 보관 구역을, 특히 인천의 경우에는 계속 열어 놓아야 했다.

(c) 화물은 목적지 및 이용 가능 날짜에 따라 예약되었다. 1954년 12월 말, 선박의 최대 활용을 보장하기에는 입수 가능한 화물이 부족했던 목적지에 대해 선박이 지정되었다. 모든 기술병과와 긴밀히 협력하여 화물을 처리하고 이러한 선박에 실을 수 있도록 했다. 그러나, 이는 긴급 상황에서만 할 수 있었고, 장기간 지속되었다면 후송 계획에 심각한 영향을 미쳤을 것이다.

(d) 상당한 손상이 특히 미 본토로 가는 선적물에 발생했다. 이는 부적절한 포장 및 크레이팅, 특히 여러 해 동안 야외 보관되었던 오래된 나무상자를 사용했기 때문이었다. 장래의 손상을 방지하기 위해 항구에서는 부적절하게 표시되거나 부적절하게 나무상자에 담긴 화물을 거부하기 시작했고 화주는 표시를 완료하려고, 또는 부적절한 크레이팅의 경우에 항구 지역에서 화물을 이동시키려고 팀을 항구로 보냈다. 관련 문제에 대해 기술병과를 교육하기 위해 모든 기술병과와 함께 세미나 및 회의가 열렸다. 이는 화물 손상이 뚜렷하게 감소하자 당연해졌다.

(11) 전방 미 제8군 탄약보급소에서 발송된 무기 탄약은 1만 369용적톤이었다. 이 총량에서 9,526용적톤은 부산에서 발송되었고, 843용적톤은 인천에서 발송되었다. 또한 해병항공대 탄약 중 1만 68용적톤이 인천항 시설을 통해 발송되었다.

(12) 통상적 교대 이외에 수송부대 이동의 당연한 결과로 발생한 인원의 단계적 감축은

실제로 1954년 12월까지 특히 항공기 및 차량 정비사 분야에서 인원 부족을 초래했다. 그 후에 차량 운전자를 포함하여 이러한 부족은 재배치의 후반 국면에 심각해졌고, 1955년 3월과 4월의 카투사 증원 계획을 시행하고 나서야 어느 정도 완화되었다. 1955년 6월, 한국후방관구사령부의 해체 및 전방 미 제8군으로 한국후방관구사령부 인원의 동반 이전은 수송부대에서 장교와 사병 모두의 일시적 정원 초과를 초래했지만, 향후 교대 손실은 다시 인원을 승인된 잔류병력 정원으로 단계적으로 감축시킬 것이다.

(13) 잔류병력 중 2개 중형트럭중대에 중형 차량을 갖추는 데서 주요 문제가 나타났다. 강제적 병력 상한선으로 인해 1개 경량트럭중대인 제28중대를 중형트럭중대로 전환하는 승인을 얻어, 그렇게 약간의 인원 증가와 함께 더 많은 양의 이동 능력을 제공하게 되었다. 이전의 한국후방관구사령부 부대였던 제46수송중대(중형 트럭)를 잔류병력에 포함하는 것은 미리 상급 사령부의 승인을 받았으나, 이 부대에는 중형 장비가 갖춰지지 않았다. 이 부대들을 위해 M52 트랙터, 12t 화물 밴 및 12t 세미트레일러를 확보하려는 조치가 개시되었다. 이 조치는 상급 사령부의 승인을 받았지만, 장비 보급이 부족한 것으로 밝혀졌고, 1955년 6월 30일 현재 중형 장비를 확보하려는 노력이 지속되는 동안 두 부대 모두에 여전히 2.5t 트럭은 갖추어져 있었다.

32. 결론

a. 총론

(1) 미 제8군에는 수행하기 매우 복잡한 임무가 있었다. 이는 (1) 부대의 대규모 이동 (2) 자립형 잔류병력의 창설, (3) 초과 보급품 및 장비의 후송으로 구성되었다. 어느 작전에서도 그렇듯, 그리고 특히 이러한 규모의 작전에서는 상세하고 정확한 계획 수립의 필요성이 요구된다. 이와 관련하여 계획에 대한 변경은 최소한도로 유지하는 것이 바람직하다. 계획은 모든 기관이 작전의 구상과 방법에 대해 철저히 익숙해질 수 있도록 충분히 사전에 발표되어야 한다. 예하 사령부가 그 자체적인 시행 계획을 수립하고 가장 낮은 운영 수준까지 지시를 내릴 충분한 시간이 주어져야 한다. 계획자는 사령부 편성 및 물리적 배치에 대한 철저한 지식을 갖고 있어야 한다.

(2) 조치의 과정에 대한 이해 및 합의를 보장하기 위해 상급, 동급, 하급 사령부와 완전한 조정이 실행되어야 한다. 조치 및 결과의 완성을 실행하기 위한 구체적인 날짜가 확정

되어야 한다.

(3) 시행 사령부의 작전 감독 및 통제는 적극적이고 지속적이어야 한다. 참모 시찰은 유익하고 필수적이다. 재배치 중에 부대와 행정 및 보급 활동에 대한 빈번한 점검은 예하 지휘관들의 적절하고 시기에 알맞은 조치를 보장하는데, 일어날 수 있는 문제를 예측하거나 해결한다는 면에서 그들을 돕는 데 가장 효과적이다. 경험 많은 기술병과 담당자의 시찰, 연락관 시찰 및 점검이 매우 바람직하다.

(4) 한 사령부가 다른 사령부로부터 책임 지역을 인수해야 하는 경우, 관련된 여러 세부 사항을 조정하고, 시기에 알맞은 결정을 얻을 수 있는 집중 연락 시점을 제공하기 위해 각 사령부는 계획수립위원회를 설립해야 한다.

(5) 재배치 계획의 단계 대부분에 대한 높은 등급의 비밀 분류 및 비밀 등급 하향 지연으로 이러한 뉴스 가치가 있고 매우 칭찬할 만한 작전에 관한 중요한 정보를 미국 대중에게 적절하게 보급하지 못했다. 지나친 비밀 분류는 기관 간의 적절한 조정에 악영향을 미치고 통신을 불필요하게 부담스럽게 한다. 중요한 군사정보를 보호하기 위해 실제 필요성에 맞추어, 미래의 재배치 계획의 보안 등급은 육군 전체에서 현실적으로 낮고 균일해야 한다. 가능한 경우, 사령부의 가치 있는 성취가 적절히 공표될 수 있도록 가장 빠른 실행 가능한 시기에 비밀 등급을 낮추어야 한다.

(6) 다른 사령부가 특정한 기능을 인수할 것이고 인원 할당이 이러한 기능 이전에 근거한 지휘 개념으로 계획되는 작전에서 두 사령부 모두의 능력에 대한 완전한 검토 없이 원래 계획에서 벗어나서는 안 된다.

(7) 계획이 영구성을 띠려면 어떠한 인원의 단계적 감축이라도 임무의 단계적 축소에 부합하게 이루어져야 한다. 부대 정원 상한선에 대한 확고하고 단호한 방침은 유연한 임무 구상과 밀접한 연관이 없다.

(8) 한국처럼 상대적으로 미발달한 전구戰區의 지원 병력 규모를 계획할 때, 이른바 "예비" 또는 후방 지역 근무 및 지원 부대의 비율이 숙련노동, 보급품, 기반 시설 및 기타 서비스를 지역 경제에서 이용할 수 있는 잘 발전된 지역보다 더 크다는 것을 확실히 이해해야 한다.

b. 인원

(1) 적절히 훈련된 인원으로 군을 보강할 수 없는 지역에서 감축된 대로 군부대 또는 기본형 편성 및 장비표의 인력을 유지하려는 시도는 단념해야 한다. 비숙련 노동자도 때에 맞게 발전시키는 것이 전적으로 가능하다고 인정된다. 그러나 가능한 경우, 훈련

되지 않은 군인 및 민간인 인원에 대한 광범위한 훈련계획은 예상되는 부대의 단계적 철수 또는 축소된 편성표 부과에 앞서 행해야 한다. 수많은 인원을 훈련시키려고 필사적 시도를 하는 동안 병력이 감축된 부대가 그 임무를 수행하기는 극도로 어렵다.

(2) 편성 및 장비표 부대의 군 인원을 카투사, 직접 고용 노동 및 육군부 군무원으로 대체한 것과 어느 정도의 증원으로 육군 의무 서비스에서 예상되는 높은 수준을 유지하기 다소 어려워졌다. 그러나 이러한 대체 및 증원은 부대가 다른 기술병과에서 최대한의 수용력을 갖도록 하는 쪽으로 만족스럽게 작용했다.

(3) 하나의 주요 사령부가 단계적으로 축소하는 중이고 다른 사령부가 단계별로 그 관할 구역 및 기능적 임무를 인수할 때, 그 임무를 수행하는 인원은 책임 이전과 동시에 해제되어야 한다.

(4) 부과된 엄격한 정원 수준은 현재 및 계획된 임무를 수행하기에 부적절했다. 가끔 정원 증가 승인 없이 새로운 임무가 생겨났다. 계획 수립의 초기 단계에서 확고한 임무 원칙 준비와 인원 요건에 대한 평가가 필수적이다. 뒤이은 임무가 변경될 때 기본 인력 소요량도 변경되어야 한다. 인원 상한선이 임의 변경되면 결과적으로 기본 구상을 수정하게 된다.

(5) 전투 작전에서 평시 병력으로 전환하면서, 초소, 기지, 주둔지 및 지역사령부 활동을 위해 정원 제공이 필요하다.

c. 정보

(1) 재배치와 같은 작전 중에 정보참모부는 기술 정보 생산 관련 부대의 해체 또는 이동 전에 임무나 책임 이전의 완수를 보장하기 위해, 기술병과 참모 부서 및 기술 정보 생산 관련 부대와 긴밀히 협력해야 한다. 정보 부대의 해제는 정보 책임의 이전과 일치해야 한다.

(2) 정보기관 및 역량이 부대 감축에 비례하여 감소되어서는 안 된다. 야전군 수준에서 정보참모부의 통상적인 정보 책임과 역량이 상급 사령부로 이전되어서는 안 된다. 완결된 정보 생산 능력은 정보에 대한 활동 증가와 아울러 야전군 수준에서 유지해야 한다.

d. 보안

(1) 재배치 중에 사령부는 특히 공격에 취약하다. 비상 계획을 최신으로 유지하고 관련 절차 및 조치의 완전한 이해를 보장하기 위해 적절한 예행연습 실시가 중요하다.

(2) 한국 국립철도로 운반되는 미국 재산의 절취율이 높아지는 경우에만 활용되도록 보안

파견대가 예방 조치로서 부산과 영등포에 설치되었다. 한국 국립철도는 1955년 6월 1일 미국 재산의 전체 철도 위탁 화물 운반에 대한 책임을 인수했다. 1955년 6월 30일 현재, 보안 파견대가 필요하지 않을 것이라는 의미 있는 동향은 나타나지 않았다.

(3) 헌병 사령관 활동의 재배치 계획 수립은 확고한 목표 결여로 방해받았을 뿐이다. 헌병 사령관은 현재 할당된 부대로 한국에서 작전을 지원할 수 있다.

e. 민사: 부대 이동 중에 대한군사원조와 같은 민간경제에 대한 원조 프로그램 관리는 공병 보급 체계에 추가 부담을 주고 프로젝트 후원을 책임져야 하는 부대의 자발적 정신을 손상시켰다. 그러한 계획은 미완료 프로젝트가 다른 부대로 이전되어야 하지 않도록 이동 계획 수립이 완료되는 대로 종료되어야 한다.

f. 군수 고려사항

(1) 재배치 작전을 위해 보유 자산의 정확한 재고를 반드시 알아야 한다. 이는 정리 및 해외 배송을 적절하게 계획하기 위해, 필요한 경우에 요청된 수입품에 대한 근거 제공을 위해 필요하다. 재배치 시작 전 가능한 한 빨리 보급창과 보급소에서뿐만 아니라 부대 및 기타 사용 기관이 보유한 보급품과 장비에 대해 완전하고 정확한 재고 조사가 이루어져야 한다.

(2) 재고 관리 및 재고 기록 카드는 보급창 현장에서 보관되어야 한다. 이로써 보급창 지휘관은 그의 작전을 최대한 관리하고 오류 및 소실을 때맞춰 조정할 수 있다.

(3) 상급 사령부로부터 신속하고 시기적절한 정리 지시를 받을 필요가 있다. 다른 군 및 정부 기관과 함께 기존의 잉여재산 심사 절차 간소화에 대해 고려해야 한다.

(4) 기타 기관에 대한 군수 지원은 미 제8군에 특별한 문제를 일으키지 않았다. 그러나 미래에 유사한 지원 임무가 부과된다면, 초기에 지원받는 기관에게 사령부가 더 이상 지원 제공 방법이 없는 경우에는 지원이 끝나거나 축소될 수 있음을 분명히 해야 한다.

(5) 영등포의 통신대 처리센터와 같은 처리센터는 대량 생산이 필요할 때마다 유리하게 사용될 수 있다. 처리센터의 운영에서 수많은 기능이 작업 간소화 기술에 쉽게 적응할 수 있고, 개별 과업은 비숙련 노동이 효과적으로 쓰일 수 있는 단계로 단순화할 수 있다. 따라서 약간의 숙련된 포장 및 크레이팅 전문가와 함께 재고 관리 감독자가 처리센터를 효율적으로 운영할 수 있다.

(6) 항구 인근의 부대 집결지는 부대의 발송에 크게 도움이 된다.

(7) 특정 지역에서 기술지원 시설의 재배치 순서에 대한 충분한 지침 및 병과 간 적절한

조정은 이동 계획에 크게 기여할 것이다. 그렇지 않으면, 재배치를 시행하는 지역의 모든 활동에 관해 주저하게 되고, 이는 계획 지연의 원인이 된다.

(8) 수입 및 부대의 단계적 철수 또는 이동과 동시에 화물의 대규모 후송 이동을 수행하려면, 일정이 적절히 시간 조정되어야 한다. 기술병과는 정확한 화물 증가량 및 이러한 증가량이 준비되어 해외 배송에 이용 가능한 날짜를 확정하기 위해 그들의 작업 능력을 현실적으로 계획해야 한다.

(9) "양도"를 대한민국 육군의 탄약 재고 양도 관련 업무에 사용할 때 용어의 의미를 설명할 필요가 있다. "양도"라는 용어가 대한민국 육군으로의 소유권 이전을 다루지 않는다면, 미 육군 인원이 행사해야 하는 탄약 통제 조치에 대해 결정할 추가적 필요가 있다.

(10) 탄약의 기본 휴대량이 해외 사령부를 위해 확정한 전투 예비량 수준에 포함되어서는 안 된다.

(11) 야전군 잔류병력에 대한 예비 계획 수립 단계에서 공군은 계획이 적절한 지원 부대 및 장비를 포함할 수 있도록 통신 및 군수 지원에 대한 그 공통 사용자의 요구를 서면으로 제출해야 한다.

(12) 주요 공사 완료에 필요한 시간을 과소평가하여 지원 활동의 단계적 축소에 있어 결과적 지연과 함께 공병 부대를 이동 날짜 이후에도 유지해야 하는 일이 일어났다.

(13) 미 제8군 포장 및 크레이팅 팀이 얻은 경험은 그 작전을 위해 개발된 조직 및 절차를 향후 대규모 이동 작전에서 따라야 함을 보여준다.

33. 권고

다음과 같이 권고한다.

a. 한국의 재배치 작전처럼 광범위한 장래의 작전에서 실행 가능한 정도까지 시행 사령부는 실행 수준에서 적절한 사전 계획 수립을 달성할 수 있도록 가장 이른 시점에 장래의 계획 및 구상에 관계된 정보를 제공받도록 한다.

b. 병력 상한선이 결정되기 전에 임무와 기능이 수립되고 확정되도록 한다. 병력 상한선은 어떠한 임무 변경에도 대처하기 충분하도록 유연하게 유지되어야 한다.

c. 병과학교 및 도서관으로의 배포와 연구를 위해 어떤 부분의 복제가 유익할지 결정하기에 적합한 자격을 갖춘 인원이 이 보고서 내용을 분석하는 것을 고려하도록 한다.

d. 미래에 유사한 작전을 담당할 수 있는 모든 사령부의 정보 및 지침용으로 재배치 작전에

관한 적절한 야전 교범 간행을 고려하도록 한다.

사령관을 대신하여.

존 W. 하모니
소장, 일반 참모, 참모장

약어 목록

약어	원명칭	번역어
AAM	Army Aircraft Maintenance	육군 항공 정비
AAOPE	Armistice Agreement Officer Port of Entry	정전협정 장교 출입지
ACED	ASCOM City Engineer Depot	애스컴시티 공병창
Advance CP	Advance Commanding Post	전방지휘소
ADVATIS	Advanced Allied Translator and Interpreter Section	고급연합통변역대
AFAK	Armed Forces Assistance to Korea	대한군사원조
AFFE	Army Forces Far East	극동육군
AFFE/AREIGHT, AFFE/8A	Army Forces Far East and Eighth US Army	극동육군 및 미8군
AFKN	Armed Forces Korea Network	주한미군방송
AFP	Annual Funding Program	연간예산안
AG	Adjutant General	부관
AGC	Adjutant General Corps	부관병과
AKF	American Korean Foundation	한미재단
AMIK	American Mission in Korea	주한미사절단
APO	Army Post Office	군사우체국
AR	Army Regulation	육군규정
ASA	Ammunition Storage Area	탄약고
ASA	Army Service Area	육군 근무 지역
ASD	Army Shipping Document	육군 발송 서류
ASP	Ammunition Supply Point	탄약보급소
ATO	Area Transportation Office	지역수송사무소
BOK	Bank of Korea	한국은행
BTRY	battery	포대(砲隊)
c/o	care of	전교(轉交)
C/S	Chief of Staff	참모장
CARE	Cooperative for American Relief Everywhere	케아
CBR	Chemical, Biological, and Radiological	화생방
CE	Combat Engineer	전투공병
CE	Command Element	지휘부
CEBREP	Combined Economic Board	합동경제위원회 대표
CG	Commanding General	사령관
CINCFE	Commander in Chief Far East	극동군 사령관
CINCREP	Commander in Chief, Pacific, Representative	태평양사령관 직무대행
CINCREP	Representative of the Commander in Chief	사령관 직무대행
CINCUNC	Commander in Chief United Nations Command	유엔군 사령관

약어	원명칭	번역어
CMC	Combat Materiel Control	전투물자 통제
CO	Commanding Officer	지휘관
KCOMZ	Korean Communications Zone/Communication Zone Korea	한국후방관구사령부
COMNAVFE	Commander Naval Forces, Far East	극동해군 사령관
ComZ	Communications Zone	병참관구
CONUS	Continental US	미 본토
CPV	Chinese Peoples Volunteers	중국인민지원군
CRAC	Community Relations Advisory Council	지역사회관계 자문위원회
CRIK	Civilian Relief in Korea	한국민간구호계획
DA	Department of the Army	미 육군부
DAC	Department of the Army civilian	미 육군부 군무원
DD, DOD	Department of Defense	미 국방부
DEE	Destruction Evacuation and Expenditure	파기 소개 및 경비
DHL	Direct Hire Labor	직접 고용 노동
DMZ	Demilitarized Zone	비무장지대
DSO	Division Supply Officer	사단보급장교
EDC	Estimated Date of Completion	완공예정일
EM	Enlisted Man	사병
EOD	Explosive Ordnance Disposal	폭발물처리
ESCO	Engineer Supply Control Office	공병 군수 통제 사무소
ESP	Engineer Supply Point	공병 보급소
EUSAK	Eighth United States Army in Korea	주한 미8군
FAF	Fifth Air Force	제5공군
FEAF	Far East Air Force	극동공군
FECOM	Far East Command	극동사령부
FOA	Foreign Operations Administration	대외사업처
FOID	Field Operations and Intelligence Duties	야전 작전 및 정보 업무
FROKA	First Republic of Korea Army	대한민국 육군 제1군
FTO	Field Transportation Officer	야전 수송 장교
GO	General Order	일반명령
GRS	Graves Registration Service	영현등록반
GS	General Staff	일반 참모
Hq Comdt	Headquarters Commandant	본부 사령
Hqs Co.	Headquarters Company	본부중대
I & E	Information and Education	정훈교육
IMP	Inchon Military Post	인천 군사기지

약어	원명칭	번역어
ITO	Installation Transportation Officer	기지 수송 장교
JCE	Japan Central Exchange	일본 중앙 거래소
JLCOM	Japan Logistical Command	주일군수사령부
JOC	Japan Ordnance Command/Joint Operations Center	일본 병기사령부/합동작전본부
JUSMAG	Joint United States Military Advisory Group	미 합동 군사고문단
K-(숫자)	Korea Airfield Designation	한국 군용 비행장 명칭 예) K-55: 오산비행장
KATUSA	Korean Augmentation to United States Army	카투사
KBS	Korean Base Section	한국병참기지관구
KCAC	Korean Civil Assistance Command	한국민사원조사령부
KEA	Korean Economic Aid	한국경제원조
KMAG	Korean Military Advisory Group	주한미군사고문단
KN	Korean National	한국 국립
KNP	Korean National Police	한국 국립경찰
KNR	Korean National Railway	한국 국립철도
KOSCO	Korean Oil Storage Company	대한석유저장주식회사
KP	Kitchen Police	취사근무병
KPA	Korean Procurement Agency	주한미육군구매처
KPA	Korean Peoples Amy	조선인민군
KSC	Korean Service Corps	한국노무단
LOI	Letter of Instructions	훈령
LST	Landing Ship, Tank	전차상륙함
MAC	Military Armistice Commission	군사정전위원회
MARS	Military Auxiliary Radio System	군사보조무선체게
MASH	mobile army surgical hospital	육군이동외과병원
MAW	Marine Air Wing	해병비행단
MDAP	Mutual Defense Assistance Program	상호방위원조계획
MHE	Materials Handling Equipment	물류취급장비
MOC	Ministry of Communications ROK	대한민국 체신부
MoGas	Motor Gasoline	자동차유
MOS	military occupational specialty	군사 주특기
MOT	Ministry of Transportation ROK	대한민국 교통부
MRU	Machine Records Units	기계화 기록부서
Msg Ctr	Message Center	문서취급소
MSR	Main Supply Route	주 보급로
MSTS	Military Sea Transportation Service	미군 해상 수송 지원단

약어	원명칭	번역어
MT	Measurement Ton	용적톤
MT	Medium Truck	중형 트럭
NCO	Moncommissioned Officer	부사관
NNIT	Neutral Nations Inspection Team	중립국시찰단
NNSC	Neutral Nations Supervisory Commission	중립국감독위원회
OBD	Ordnance Base Depot	병기 기기창
OCCmlo	Office of the Chief Chemical Officer	수석화학장교실
OEC	Office of the Economic Coordinator	경제조정관실
OMAD	Ordnance Main Army Depot	육군 주요 병기창
OPR	Office of Primary Responsibility	주무책임부서
OSR	Office of the Special Representative for Korean Economic Affairs	한국경제특별사절단실
OST	Order and Shipping Time	주문 및 발송 시간
P & C	Purchasing and Contracting	구매계약
PDO	Property Disposal Officer	재산 처리 장교
PM	Provost Marshal	헌병 사령관
POL	Petroleum Oil Lubricants	유류
PX	Post Exchange	부대 내 매점
QM	Quartermaster	병참
QMD	Quartermaster Depot	병참 기기창
R & U	repairs and utilities	수리 및 영선
RCT	Regimental Combat Team	연대전투단
RF	Residual Forces	잔류부대
Rly	Railway	철도
ROK	Republic of Korea	대한민국
ROKA	Republic of Korea Army	대한민국 육군
ROKAF	Republic of Korea Air Force	대한민국 공군
ROKASU	Republic of Korea Army Service Unit	대한민국 육군 근무부대
ROKF	Republic of Korea Forces	대한민국 국군
ROKMC	Republic of Korea Marine Corps	대한민국 해병대
ROKN	Republic of Korea Navy	대한민국 해군
SAPOK	Sub-Area Petroleum Office Korea	주한미군 유류사무소
SCC	Seoul City Command	서울시사령부
SMP	Seoul Military Post	서울 군사기지
SOG	Seat of Government	정부 소재지
SOP	Standing Operational Procedure	예규

약어	원명칭	번역어
SOQ	Senior Officer Quarters	선임장교숙소
SP	Supply Point	보급소
SPE	Special Purpose Equipment	특수목적장비
SPV	Special Purpose Vehicle	특수목적차량
SR	Special Regulation	특별규정
SROKA	Second Republic of Korea Army	대한민국 제2군
ST	Short Ton	쇼트톤
T/D	Table of Distribution	분배표
T/O&E	Table of Organization and Equipment	편성 및 장비표
TAAFD Co	Transportation Army Aircraft Field Depot Company	육군 항공수송 야전보급창 중대
TAAM	Transportation Army Aircraft Maintenance	육군항공 수송정비
TDY	Temporary Duty	출장
TM	Technical Manual	기술교범
TMRS	Transportation Military Railway Service	수송군사철도근무대
TOO	Time of Origin	발신 시간
TOR	Time of Receipt	수신 시간
TPC	Transportation Port Command	수송항만사령부
TQMD	Tokyo Quartermaster Depot	도쿄 병참 기지창
TRC	Transportation Railway Command	철도수송사령부
TTRG	Transportation Traffic Regulating Group	수송교통관리단
UHF	Ultra High Frequency	극초단파
UN	United Nations	유엔, 국제연합
UNC	United Nations Command	유엔군사령부
UNCACK	United Nations Civil Assistance Corps Korea	유엔한국민사지원단
UNCMAC	United Nations Command Military Armistice Commission	유엔군사령부 군사정전위원회
UNCURK	United Nations Commission for the Unification and Rehabilitation of Korea	유엔한국통일부흥위원단
UNKRA	United Nations Korean Reconstruction Agency	유엔한국재건단
USAF	United States Air Force	미 공군
USAFFE	United States Army Forces Far East	미 극동육군
USO	United Service Organizations	미국위문협회
VHF	Very High Frequency	초단파
WAC	Women's Army Corps	미 육군 여군단
YED	Yokohama Engineer Depot	요코하마 공병창
ZI	Zone of Interior	비전투지대